그리스도인의 가정은 그리스도의 작은 학교다. 청교도들은 가정을 교회와 국가를 위하여 꿀을 저장하는 신학교라고 했다. 가정에서 믿음의 계승을 잘 이어가도록 하는 가정 경건 생활이야말로 개혁교회의 전통이다. 가정에서 신앙 교육하는 화란 개혁교회의 유산을 이어가고 있는 캐나다 개혁교회 성도들의 실천사항은 본받을 만한 일이라 말하지 않을 수 없다. 이번에 소개된 이 책이 코로나 펜데믹 시대에 더욱 적용가능한 실천학습서가 될 것이라고 확신한다.

― **서창원** 총신대학교 신학대학원 역사신학과 교수

《캐나다 개혁교회 체험기》는 저자가 약 7년간 네덜란드, 캐나다, 미국 등을 체류하면서 경험했던 개혁교회의 가정과 학교와 교회에 관한 이야기이다. 저자는 이 책에서 개혁교회의 신자들은 그 신앙을 교회에만 맡기지 않고 경건한 가정의 식탁에서 출발하여 기독교 학교에서의 교육으로 확장되며 비로소 교회 안에서 완성된다고 말한다. 한 사람의 신자를 올바르게 양육하기 위해서는 가정과 학교와 교회가 긴밀하게 협력해야 한다는 것이다. 이 책을 읽다보면, 나의 영국과 미국 유학 당시 함께 신학을 공부했던 친구들과, 출석했던 개혁교회 성도들의 가정에서 겪었던 수많은 귀한 교제의 경험들이 새록새록 떠오른다. "영국인의 집은 마치 그의 성castle과 같다!"라는 속담이 있다. 영국의 가정은 중세의 성처럼 다른 사람들에게 쉽게 문을 열지 않는다는 것이다. 그럼에도 내가 경험한 영국 개혁교회 성도들은 자기 집을 개방하여 사람들을 환대하고 손 대접하는 일에 큰 은사를 지닌 것 같았다(롬 12:13). 저자는 캐나다 개혁교회와 교인들에게서 이런 환대를 경험했고 곁에서 지켜보고 함께 호흡하며 그것을 글로 풀어냈다. 이 체험기는 저자의 교단 배경인 장로교회의 모습과

상당 부분 유사하지만 차이점도 적지 않다. 또한 장로 교단 안에서 활동하는 여러 개혁교회의 모습과도 완전히 일치하지는 않는다. "가정에서의 신앙교육을 어떻게 구체적으로 시행할 것인가?", "일부 개혁교회의 지나친 엄밀성과 시편 찬송의 대중적 한계를 어떻게 극복할 것인가?", "한국에서의 기독교 학교 또는 기독교적 홈스쿨링의 진정한 정착은 가능할 것인가?" 등은 한국의 개혁교회들이 여전히 풀어야 할 과제일 것이다. 그럼에도 《캐나다 개혁교회 체험기》를 통해 다른 나라의 교회 전통을 배우는 일은 여러모로 유익하다. 장로교회의 전통을 존중하면서 캐나다 개혁교회의 장점을 잘 본받는다면, 개혁주의 신앙의 교회 건설과 복음화에 일조할 것이라 사료된다.

— **신호섭** 올곧은교회 담임목사, 고려신학대학원 교의학 겸임교수,
《교회다운 교회》 저자

한국 교회에는 아직 화란 개혁교회 이야기도 낯선 편인데, 이번에 출간되는 캐나다 개혁교회 이야기는 정말 생경한 체험기이다. 고신에서 신학 공부를 한 후에 네덜란드, 미국, 그리고 캐나다 개혁교회의 현장에서 7년여간 참여하면서 관찰한 체험기이기 때문에 흥미진진하고 배우는 바가 많다. 캐나다 개혁교회는 화란 31조파 교단(혹은 해방파라 부름)과 신학적인 동질성을 가진 북미의 개혁교회이기에, 본서에 담긴 많은 내용들은 화란 개혁교회와 연관된 것이기도 하다. 성경적이고 개혁주의적인 교회와 가정을 경험하고 실현하기를 소망했던 저자는 본서 속에서도 캐나다 개혁교회의 교회뿐 아니라 가정과 학교생활에 대해서도 세심한 관찰을 기록하고 있다. 세속화되어 가는 현대 사회와 시대에 발맞추어 변신해 가는 주류적 기독교에 저항하며, 성경적인 교회, 학교, 가정을 세워 나가고

자 분투노력해 온 캐나다 개혁교회 안에서 신앙생활하면서 경험한 것들을 기록한 이 책을 한국의 그리스도인들에게 추천한다. 낯선 세계로의 독서 체험이지만, 절대 후회하지 않을 흥미진진한 시간이 될 것이다.

– 이상웅 총신대학교 신학대학원 조직신학 교수

개혁파 신앙은 이념으로 멈추지 않고 일상에서 실현된다. 마음에만 두고 삶으로 표현하지 않는 것은 이미 개혁파 신앙이 아니다. 이런 시각에서 볼 때, 캐나다 개혁교회는 매우 중요한 면모를 제시한다. 거기에서는 믿음과 생활을 일치시키려는 끈질긴 싸움이 진행 중이기 때문이다. 저자가 캐나다 개혁교회에서 몸소 체험한 것을 가정, 학교, 교회라는 세 꼭짓점으로 실감나게 그려내는 내용은 개혁파의 이상을 추구하는 사람들이라면 반드시 숙지해야 한다.

– 조병수 합동신학대학원대학교 총장 역임 및 명예교수, 프랑스 위그노 연구소 대표

캐나다 개혁교회 체험기

너무 사소하지만 또 너무 당연해서
아무도 말해 주지 않고, 책에서도 읽어 볼 수 없는
그들의 가정과 학교, 그리고 교회 이야기

캐나다 개혁교회 체험기

지은이 이종표

펴낸이 김종진

편집 김예담

초판 발행 2022. 1. 20.

등록번호 제2018-000357호

등록된 곳 서울특별시 강남구 선릉로107길 15, 202호

발행처 개혁된실천사

전화번호 02)6052-9696

이메일 mail@dailylearning.co.kr

웹사이트 www.dailylearning.co.kr

책값은 뒤표지에 있습니다.
ISBN 979-11-89697-29-7 03230

캐나다
개혁교회
체험기

이종표 지음

개혁된실천사

목차

제3부 교회

서문

본서의 목적은 지난 7년 남짓한 시간 동안 나와 아내와 우리 아이들이 개혁교회 안에서 살면서 그들의 가정과 학교, 그리고 교회의 삶 속에서 보고 배운 것들을 담담하게 정리하여 나누고자 하는 것입니다. 따라서 본서는 "가정 – 학교 – 교회" 순서로 기술되었습니다. 개혁신앙 안에서 한 명의 신자가 태어나 자라면서 그 신앙 안에서 교육을 받고, 결국 교회의 성숙하고 독립적인 한 교인이 되어 세상으로 나아가는 그들의 자연적인 시간표를 따라가보고자 합니다.

가정과 학교에 관한 장에서 각각 다섯 개의 주제를 담았고, 교회에 관한 장에서는 그보다 조금 더 많은 이야기들을 다뤘습니다. 이 이야기들은 우리 가족이 직접 겪은 일들일 뿐 아니라, 우리와 가까운 친구, 지인들의 실제 이야기입니다. 과거에 있었던 일도 있고, 현재 진행 중인 이야기들도 있습니다. 지면의 한계로 인해 우리가 겪은 일들을 다 담지 못한 데에는 많은 아쉬움이 남습니다. 훗날 어떤 식으로든 기회가 주어진다면 이 책에서 다루지 못한 더 많은 주제들과 보다 실제적인 삶의 모습들을 나누게 되기를 고대합니다.

이 책에 등장하는 친구들이 실명을 써도 된다고 했지만, 개인정보 보호를 위해 실명은 가급적 밝히지 않으려고 합니다. 다만 우리 가족이 교인으로 있었던 교회나 우리 아이들이 다녔던 학교는 허락을 받고 실제 이름을 공개하였습니다. 마찬가지로 본문에 실은 사진에서도 가급적 그들의 얼굴을 드러내지 않고자 합니다.

이 책에서 한국 교회나 한국 교회의 그리스도인들에 대한 직접적인 적용이나 비교는 삼갈 것입니다. 그러한 비평적이고 발전적인 논의는 글을 읽는 독자들께 전적으로 맡기고자 합니다. 다만 책의 내용과 관련해서 질문이 있거나 실제적인 적용에 대해 도움을 요청하시는 분들께는 언제나 모든 채널과 문이 활짝 열려 있음을 알려 드립니다.

마지막으로 적당한 때를 허락하신 하나님께 모든 영광과 찬송을 올려 드립니다. 그리고 나와 같은 하나님을 믿고 의지하며 길고 긴 시간 동안 용기를 불어넣어 준 평생의 동반자 김태은과, 언약 안에서 우리에게 주신 두 아이 다빛David, 소휘Sophie에게 사랑과 고마움을 전합니다. 또한 이 책을 완성하는 데 큰 도움을 주신 유은교회 성도들께도 깊은 감사의 뜻을 전하며, 끝으로 부족한 글을 편집하느라 고생하신 개혁된출판사 편집팀에게도 심심한 감사의 말을 전합니다.

2021년 9월
저자 이종표

프롤로그

2007년 말, 신학교를 졸업할 즈음 나는 문득 '내가 교회의 말씀 사역자가 될 수 있을까' 하는 의문에 사로잡혔다. 앞으로 감당해야 할 직분의 크기와 중요성에 비해 배움이 너무 일천하여 내 안에 한없는 부족함을 느꼈기 때문이다. 그래서 조금 더 공부해야 할 필요성을 깨닫고 유학을 가기로 결정했다. 처음에는 캐나다에 있는 개혁교회 신학교를 가려고 했다. 캐나다 개혁교회(정식 명칭은 Canadian and American Reformed Churches이며 2021년 10월 현재 66개 교회로 이루어진 개혁교회 연합체federation임—편집주)가 내가 속한 교단과 같은 신앙을 고백하고 자매관계를 맺고 있었기 때문이다. 유학을 가려면 교수님의 추천서가 필요했기에 존경하는 한 교수님을 찾아갔다. 그런데 갑자기 교수님이 "너, 화란 갈래?"라고 말씀하셨다. 그 교수님은 네덜란드에 있는 개혁교회 신학교에서 공부하신 분이다. 교수님께서 짧지만 깊은 고민 끝에 던지신 제안에 나는 "한 번 생각해 보겠습니다."라고만 답을 하고 돌아왔다. 당시 결혼을 앞두고 있었기에 배우자가 될 사람과 의논해 보아야겠다고 생각했기 때문이다. 얼마간의 기도와 논의 끝에 우리 두 사람은 캐나다가 아닌 네덜란드를 가기로 했다. 그렇게 계획했던 것과는 조금 다른 장소에서 개혁교회를 향한 첫발을 내딛게 되었다.

2008년 11월 14일 비가 부슬부슬 내리는 아침, 아내와 나는 암스테르담 스키폴 공항에서 인천행 비행기에 올랐다. 지난 5월 코끝 찡한 녹음 가운데 그곳에 간 지 고작 반년 만에 우리는 아쉬운 발걸음을 다시 옮겨야 했다. 그러나 그 짧은 시간이 우리 부부에게 준 충격과 교훈은 남달랐다. 적어도 책에서만 본 이야기들이 실제로 살아 숨 쉬는 곳이 있다는 사실에, 아니 고작 책 몇 권으로는 그 깊이를 다 느낄 수조차 없는 살아 있는 사람들의 살아 있는 이야기가 있다는 것을 발견하고 신선한 어지러움을 참 많이도 느꼈다. 그 모든 울렁거림의 밑자락에 이 책의 부제가 말해 주는 '가정 - 학교 - 교회'의 연결고리가 있다는 사실만을 가슴에 품고 우리는 출국장을 빠져나왔다.

신세 진 많은 분들께 죄송한 마음을 뒤로 하고 고국으로 돌아왔고, 그렇게 우려했던 부교역자의 삶이 다시 시작되었다. 머지않아 그 우려는 현실이 되었고, 순탄치 않은 시간들이 줄지어 뒤따랐다. 그때는 그 이유를 다 알 수 없었다. 혹 공부를 더 하지 못한 나의 부족함 때문일까 싶어 다시 대학원에 들어가 학업을 이어 갔다. 그러던 중 우리 가정에 첫아이가 태어났고, 아이는 우리 부부의 고민을 전혀 다른 차원으로 승화시켰다. 바로 자녀 교육에 관한 문제였다.

하나님이 주신 자녀를 믿음 안에서 어떻게 키워 갈 것인가 하는 근본적인 질문에 다다르자, 우리는 다시 이전의 기억들을 불러내기 시작했다. 짧은 시간 네덜란드 개혁교회에서 경험했던 신앙인들의 모습을 추억했던 것이다. 그러고는 가정과 (기독교) 학교, 그리고 교회가 신자들의 자녀를 신앙 안에서 유기적으로 양육하는 이 구조를 더 배워야겠다고 결론 내렸다. 그래서 우리 부부는 다시 맨 처음의 계획으로 돌아와 캐나다로 향했다. 거기서 딱 1년만 보고 돌아와 홈스쿨링을 준비하려고 했다.

2011년 12월 말, 토론토 피어슨 공항에서 만 두 살도 안 된 아이를 안은 젊은 부부가 정신없이 고개를 돌리며 누군가를 찾는다. 그때 저쪽에서 작은 종이에 초록색 형광펜으로 수줍게 적힌 자기의 이름을 들고 서 있는 두 명의 젊은 남성(온타리오 주 해밀턴에 있는 캐나다 개혁교회 신학교의 학생들)을 발견한다. 그렇게 우리 가족의 첫 캐나다 여행이 시작되었다. 도착 후 약 일주일 동안은 거처가 아직 마련되지 않았기에, 신학교의 한 교수님이 우리 가족을 자기 집에 머물게 해 주셨다. 우리는 그곳에 머물면서 개혁교인의 가장 표준적인 가정에 대해 배울 수 있었다. 물론 그 이후부터 수많은 가정들과 교제하는 가운데 다양한 모습들을 볼 수 있었지만, 그 교수님 댁에서 경험한 것들은 가히 그 모든 변이형들의 이론적 출발점이라 해도 과언이 아닐 만큼 놀라운 것들이었다. 흡사 교과서의 인물이 책을 뚫고 현실 세계로 나온 것처럼 느껴졌다. 그러나 이번에도 그리 오래지 않아 의료보험 문제로 인해 우리는 또 한 번 캐나다를 뒤로 하고 들어와야만 했다.

2012년 7월 말, 캐나다 개혁교회 신학교와 그리 멀지 않은 미국 미시간 주의 그랜드 래피즈가 우리의 다음 목적지가 되었다. 비록 미국이지만 그곳에도 캐나다 개혁교회의 회원 교회가 하나 있었다 (캐나다 개혁교회는 미국에 네 개의 회원 교회가 있다). 물론 이름은 캐나다가 아니라 미국에 있기에 아메리칸 개혁교회^{American Reformed Church}였다. 그곳에서의 삶은 온전히 교회 생활과 성도의 교제에 맞추어져 있다. 교회 규모가 작아 독자적인 기독교 학교를 운영할 수 없었기에, 이곳의 교인들은 홈스쿨링을 하거나 인근의 다른 교단 기독교 학교에 아이들을 보냈다. 그곳에 있으면서 우리 가정은 그 교회 교인들과 교회 생활과 사적인 교제에 많은 시간을 보냈고, 그것이 지금 우리 가정의 근간이 되었다. 그리고 그때 근처에 있던 한 신학교에서 개혁교회의 교리적 근간이 되는 신앙고백서들을 배우고 연구할 수 있는 귀한 시간도 가질 수 있었다. 하지만 이내 우리는 그곳 또한 떠나야 했다.

2013년 5월, 우리 가족은 다시 한국으로 돌아왔다. 네덜란드에서 6개월, 해밀턴에서 7개월, 그랜드 래피즈에서 10개월, 총 2년이 채 안되는 시간이었지만 우리에게는 더없이 소중하고 값진 경험들이었다. 그래서 그 자산을 가지고 뭐라도 해야겠다고 마음먹었다. 우리가 가진 것으로 내 조국 땅에도 새로운 교회와 새로운 교육을 심는 일이 가능할 것만 같았기 때문이다. 그러나 어쩐 일인지 현실은 많이 달랐고, 그런 희망은 그저 치기 어린 의욕일 뿐이라는 것을 깨닫게 되었다. 어쩌면 토양이 전혀 다른 땅에 심지 말아야 할 작물을 심었던 것인지도 모르겠다는 결론에 다다랐다. 그리고 그 결론은 지금도 변함이 없다. 아무튼 다음 행보는 그때까지와는 전혀 결이 다른 방향으로 나아갔다.

2015년 5월, 눈을 떠보니 이번에는 캐나다 브리티시 콜롬비아 주의 밴쿠버 공항에 내려 있었다. 그때쯤 나는, 더 이상 내 조국 땅에는 나를 향한 하나님의 부르심이 없다고 결론 내렸다. 다시 말해, 나 한 사람이 목사로 살아가는 것보다 내 가족이 바른 신자로 사는 것이 어쩌면 하나님의 더 큰 부르심일 수도 있겠다고 생각했다. 그래서 이제는 개혁교회 안에서 살아가는 것만이 우리의 마지막 선택이라고 믿었다. 우리는 다시 한 번 캐나다 개혁교회의 교인이 되었고, 아이들은 캐나다 개혁교회 학교에 입학하여 개혁신앙 안에서 교육을 받았다. 바른 교회, 올바른 신앙 교육을 위해 우리 부부는 여느 개혁교회 신자들처럼 열심히 일했다. 기독교 교육이 전공인 아내는 기독교 어린이집a childcare centre에서 일했고, 또 우리 아이들이 다니는 캐나다 개혁교회 학교에서 보조교사an educational assistant로도 일했다. 나는 출석하던 교회에서 장로로 선출되어 3년간 개혁교회 운영의 원리들을 배울 수 있었고, 동시에 인근 한인 이민자들에게 개혁신앙 안에서 복음을 전하는 전도자a mission worker로 고용되어 일할 기회도 얻었다. 그 당시만 해도 우리 가족은 밴더리Vander Lee라는 네덜란드식 성姓을 갖고 네덜란드계 이민자들의 캐나다 개혁교회 안에서 뿌리내리며 계속해서 그곳에 살게 될 것처럼 보였다. 그것이 우리의 목표였으니 그 목표대로 잘 이루어지고 있다고 믿었다.

2020년 6월, 코로나 바이러스^{COVID-19}로 인해 전 세계가 들썩이던 초여름, 캐나다 정부는 우리 가족의 비자를 연장해 주지 않았다. 그것이 이미 세 번째 거절이었고 그 이유에 대해서도 말해 주지 않았다. 주위 사람들의 많은 억측과 추측들이 있었고 결정을 되돌리기 위한 시도들도 있었지만, 결국 우리 가족은 다시 한 번 캐나다를 떠나야 했다. 개혁교회 안에서 살겠다고 마음먹고 조국을 떠난 지 5년 반 만에 우리 가족은 다시 귀국행 비행기에 몸을 실어야만 했다. 아직은 이 모든 드나듦의 이면에 있는 하나님의 크신 뜻을 다 알지는 못하겠으나, 어쩌면 이 작은 책 한 권이 그 이유일는지 모르겠다.

제1부

가정

1장
가정, 교제의 중추

명심보감에는 '가화만사성家和萬事成'이라는 말이 나온다. 말 그대로 가정(집안)이 화목하면 모든 일이 잘된다는 뜻이다. 이처럼 가정의 중요성은 동서고금을 막론하고 의문의 여지가 없을 것이다. 사람이 세상에 처음 태어나고 성숙한 인격체로 자라가는 가장 중요한 현장이며, 사람 간의 사회적 관계를 가장 처음, 그리고 가장 영향력 있게 배우는 곳이 바로 '가정'이기 때문이다.

그래서인지 사탄이 가장 공들여 파괴해 나가는 인간관계 역시 가정인 것 같다. 남편과 아내의 관계는 이미 아담과 하와 때부터 서서히 금이 가기 시작했다. 역사상 그 본래의 모습이 조금씩 사라지면서, 지금은 더 이상 남편의 돕는 배필이라는 역할 안에서 자신의 정체성을 찾으려는 아내들을 찾아보기 힘들게 되었고, 아내를 자신의 뼈 중의 뼈요, 살 중의 살로 사랑하는 남편들을 마주치기 쉽지 않은 세상이 되어 버렸다. 부모와 자녀의 관계 역시 원래 그러해야 할 모습을 잃어버린지 오래다. 부모를 공경하라는 십계명의 가르침은 고리타분한 '꼰대'식 발상으로 들리기 십상이고, 자녀를 노엽게 하지 말라는 성경의 금언金言 역시 거짓된 권위주의의 희생양이 되는 일이 허다하다. 이렇듯 죄로 물든 인간 세상에서 가장 쉽게, 그리고 가장 크게 타격을 받는 대상이 바로 가정이다. 가정은 부모와 자녀, 남편과 아내의 관계를 말살하려는 사탄의 계략이 치밀하게 묻어나는 공간이다.

그 때문에 개혁신앙인들은 더욱더 가정의 중요성을 부각시켜 왔다. 그들의 신앙 체계 안에서 가정은, 소위 하나님의 '언약'이 실현되는 첫 발걸음과 같은 곳이기 때문이다. 그리고 그 믿음의 언약이 대물림되어 내려가는 실제적인 장소 역시 가정이기에, 그들은 언제나 새로운 생명이 태어나는 이 가정에서 모든 신앙의 발걸음이 시작된다고 믿는다. 이런 신앙을 단적으로 드러내 보여 주는 것이 바로 유아 세례이다. 그들은 아기가 태어나면, 산모와 아기가 건강을 회복하는 대로 최대한 빨리 하나님의 언약을 인치는 세례를 받게 함으로써 그 아이가 언약의 가정 안에서 태어난 존재임을 확인하고 공포한다. 이처럼 개혁교회 신자들의 삶 속에서 가정의 위치와 중요성은 이루 말로 다할 수 없다.

그런데 한편으로는 이처럼 가정의 중요성을 모르는 사람이 어디 있겠는가 하며, 이것이 개혁교회, 개혁신앙인들만의 전유물이 아닐

거라는 생각도 든다. 그러나 내가 여기서 말하고 싶은 것은 그러한 사상적 기반을 책으로 읽어 머리로 끄덕이는 것과, 실제 삶 속에서 깊이 뿌리내려 수많은 열매를 맺는 것은 전혀 다른 차원의 문제라는 것이다.

많은 차이 중에 하나가 바로 교제의 모습에서 나타난다. 개혁교회 신자들의 교제는 언제나 가정(가족) 중심적이다. 소위 '성도의 교제the communion of saints'라고 불리는 이 관계적 실체의 중심에 항상 가정이 있다. 앞에서 언급한 가정의 중요성에 비추어 생각해 보면, 이는 너무도 당연한 것이다. 가정 안에 있는 모든 사람(젖먹이 갓난쟁이부터 백발의 노인까지)은 누구 하나 소홀히 할 만한 사람 없이 다 중요하다. 하나님은 가정 안에 권위와 순종을 명하셨지만, 동시에 상호 간에 사랑의 짐도 지우셨다. 따라서 하나님 앞에서 더 높고 낮은 사람은 없다. 가족은 그저 서로 사랑해야 할 존재일 뿐이다. 그러니 성도들 간에 사귐이 있으려면 가정과 가정이 온전히 만나는 데서부터 시작되어야 한다.

물론 그렇다고 해서 젊은이들만의 독자적인 만남과 교제가 없다거나, 그런 모임이 있어서는 안 된다는 말이 아니다. 개혁교회 신자들도 초등학생 친구들끼리 친구 집에 가서 하룻밤을 함께 보내는 슬립오버sleepover를 종종 하고, 청소년들이 함께 모여 성경 공부나 다른 활동들을 하는 일도 많이 있다. 그러나 중요한 것은 그런 특정 세대만의 독립적인 모임과 만남에도 그 '중심'에 언제나 가족이 있고, 그 관리와 감독을 언제나 가정의 영역에서 담당한다는 것이다.

쉽게 말해서, 아이들이 엄마 몰래, 혹은 아빠한테 말하지 않고 하는 일탈성 외유는 흔치 않다.

그리고 이런 가정 단위의 교제에서 가장 중요한 역할을 하는 것이 바로 식사이다. '가화만사성'에서 '화和'는 화목을 뜻하는데, 이 한자는 벼 화禾에 입 구口가 합쳐진 것이다. 즉, 함께 모여 밥을 먹는데 화목함의 핵심이 담겨 있다는 뜻이다. 그래서 개혁교회 신자들의 가정 중심의 교제는 대부분 식사 자리에서 이루어진다. 이제 이러한 교제의 모습을 몇 가정의 실례를 통해 살펴보겠다.

갓 결혼한 새내기 부부인 우리는 곧장 네덜란드 유학길에 올랐다. 하나부터 열까지 모든 것이 새롭고 낯선 그 땅에서 우리를 반갑게 맞아 준 화란인들이 있었다. 70대 노인이었던 한 미망인은 우리를 자주 초대하여 밥을 차려 주었다. 같은 교회에 다니지도 않았는데, 그는 가끔씩 주일 아침이면 차가 없던 우리를 위해 2~30분 되

교회의 친구 가정과 함께 저녁 식사 도중에

는 거리를 차를 몰고 달려와 자신이 다니는 교회로 우리를 데려갔다. 그리고 예배 후에 자신의 집으로 데려와 진귀한 화란식 점심 식사를 제공해 주었고, 오후에는 다시 교회로 데리고 갔다가 예배 후에 또 집으로 와서 이런저런 맛난 간식들을 베풀어 주며 늦게까지 대화 나누는 일을 귀찮아 하지 않았다. 네덜란드에 있던 반년 동안, 그 부인은 여러 차례 우리에게 따뜻한 호의를 베풀어 주었다.

또한 화란개혁교회 신학교에서 나의 지도를 맡아 주셨던 교수님도 기억이 난다. 우리는 같은 교회에 다니고 있었는데, 주일 오전 예배를 마치면 그분은 우리 부부를 자기 집으로 초대하셨고, 그 집에서 교수님과 부인은 물론, 7살에서 20대 중반의 자녀 여섯 명이 함께 모여 점심 식사를 했다. 다 같이 한 테이블에 앉았고, 함께 기도한 후 같은 음식을 먹었다. 대화 내내 아이들은 소외되지 않았고, 실제로 멀리 동양에서 온 우리에게 호기심 가득한 눈으로 이런저런 질문을 하는 아이도 있었다. 개혁교회 가정들과 교제하면서 느꼈던 점들 중에 가장 의미 있게 다가오는 점이 바로 이것이다. 즉, 아이들이 어른들의 대화에서 전혀 배제되지 않는다. 내가 한국에서 왔다고 하면 아이들도 "한국 어느 지역에서 왔냐", "그곳의 날씨는 어떠냐" 등의 질문을 스스럼없이 한다. 그리고 어느 부모도 아이들의 이런 담대하고 자신감 넘치는 대화 참여를 가로막거나 끊지 않는다. 이를 문화 차이로 볼 수도 있으나, 언약적 신앙 안에서 자녀들을 인격적으로 존중하는 이들의 신앙적 유산으로 보아도 전혀 잘못된 해석은 아닐 것이다.

이런 예를 극대화하여 경험할 수 있었던 곳은 캐나다에 도착했을 때 우리를 맞아 주신 신학교 교수님 댁에서였다. 당시 그 집에는 다섯 명의 자녀들과 여섯 째를 임신 중인 부인이 있었다. 그럼에도 교수님은 만 두 살배기 아이가 있는 학생 가정을 받아 일주일 동안 숙박을 책임져 주셨다. 학교에서 구해 준 집이 아직 준비되지 않아 우리가 갈 곳이 없다는 소식을 듣고 그 교수님이 우리를 돕기로 자원하셨던 것이다. 우리는 이 가정에서 일주일 동안 삼시 세끼를 함께 하며 개혁신앙의 전통을 지닌 가정의 가장 모범적인 모습을 눈과 마음에 담았다. 이후에 우리 가족의 거처가 마련되어 그곳을 떠난 후에도 교수님은 가끔씩 우리 세 사람을 초대해 함께 식사하며 안부를 묻곤 했다. 일곱 명의 식구와 세 명의 손님들이 한 상에 둘러앉아 식사하는 모습은 참으로 보기 드문 모습이라 할 수 있지만, 지금 우리에겐 아주 익숙한 그림이 되어 버렸다. 그리고 그 밥상 머리에서 당돌하게 이런저런 질문을 하는 어린 자녀들의 모습 또한 더이상 낯설지 않은 장면이 되었다.

캐나다 반대편에는 우리와 좀 더 친밀하게 일상적인 교제를 나눴던 친구 가정이 있다. 다섯 자녀 중 네 명은 모두 출가하였고, 늦둥이 10대 딸과 함께 살던 이 가정은 우리와 매우 깊은 우정을 나눴다. 첫 만남은 늘 그렇듯이 정형적인 식사 초대로부터 시작되었다. 주일 오전 예배 후에 집으로 초대해 화란식 썬데이 수프^{Sunday soup} 와 북미식 점심 식사를 나누며 낯선 나라에서 온 손님들과 친밀한 대화를 나누려 애를 쓰는 그들의 모습을 볼 수 있었다. 그렇게 우리 두 가정의 관계는 더욱 깊어져 갔다. 그들은 결국 우리가 캐나다를 떠나는 마지막 순간까지도 우리와 함께 있어 준 사람들이다. 이렇게 관계가 깊어지면 정형적인 식사 초대는 물론 간단한 다과를 나누는 교제나, 아니면 오다가다 들러 안부를 묻는 일이 자주 일어나는데, 중요한 것은 언제나 그 모든 교제의 중심이 바로 가정이라는 점이다. 그들이 우리를 초대할 때도, 우리가 그들을 초대할 때도, 그들의 자녀와 우리의 아이들이 만나 놀 때도, 그리고 이 관계가 확장되어 다른 가정들이 함께하게 되더라도, 만남과 교제의 중심에는 언제나 가정이 있다. 물론 이것이 '집'이라는 장소에 국한되는 개념은 아니다. 가까운 공원에 피크닉을 갈 수도 있고, 좀 더 달려 해변에 가서 한나절을 보낼 수도 있다. 어디에서 무엇을 하든, 신앙 안에서 나누는 교제와 대화는 언제나 가정을 중심으로 이루어지고, 그렇게 더 깊이 알게 된 우리는 서로의 가정을 위해 함께 기도하는 일을 게을리하지 않게 된다.

이런 가정 중심의 교제를 단적으로 보여 주는 캐나다 개혁교회의 중요한 전통 중 하나가 바로 '호스트 패밀리host family'이다. 각 교회는 성도들의 자발적인 참여로 여러 호스트 패밀리를 지정한다. 그러면 매주일 다른 호스트 패밀리가 교회에 찾아오는 손님들을 맞이한다. 교회 로비에는 금주의 호스트 패밀리 이름이 적혀 있고, 안내를 담당하는 분들ushers은 손님이 찾아오면 가장 먼저 이 호스트 패밀리와 연결해 준다. 오전 예배를 마치고 오후 예배 전에 딱히 갈 곳이 없는 손님이 있다면, 이 호스트 패밀리가 그 사람을 자기들의 집으로

초대한다. 그리고 점심 식사를 제공하며 교제의 시간을 갖는다. 그
후, 다시 교회에 함께 와서 오후 예배에 참석한다. 우리는 해밀턴과
그랜드 래피즈의 경험을 통해 이 제도에 익숙해 있었고, 그래서 밴
쿠버에 도착했을 때는 그들과 가까워지기 위해 이 호스트 패밀리를
적극적으로 활용했다. 매주일 바뀌는 호스트 패밀리를 능동적으로
찾아갔고, 그들과 식사하며 교제했다. 모든 교인이 다 호스트 패밀
리에 지원하는 것은 아니지만, 우리는 그 제도를 통해 교회 안의 많
은 가정들을 더 빨리 알 수 있게 되었다. 그 후 연차가 쌓인 뒤에는
우리 가정도 받은 은혜를 나누기 위해 호스트 패밀리에 지원하여
동참했다.

지금 캐나다 개혁교회는 전도에 관한 인식이 제고되는 가운데 있
다. 2차 세계 대전 이후, 네덜란드에서 이민 온 사람들이 가장 먼저
는 교회를 세우고, 그다음에는 학교를 세우느라 정신없이 살았다면,
이제 그들(이민 3~4세대)은 비로소 교회 밖으로 복음을 전하는 일에

더 관심을 가지려고 노력하고 있다. 많은 시행착오들을 겪는 가운데, 북미의 캐나다와 미국 땅에서 참되고 바른 복음을 전하기 위해 새로운 노력들을 아끼지 않고 있다. 이러한 분위기 속에서 가장 중심적인 역할로 등장하고 있는 것이 그들의 가정이다. 가정을 중심으로 이웃에게 다가가고, 가정을 중심으로 이웃과 교제하며 그들을 초대하는 일을 더욱 장려하고 있다. 이런 새로운 시도 가운데 로사리아 버터필드의 《*The Gospel Comes with a House Key*》(개혁된실천사 출간 예정)라는 책을 함께 읽는 모습도 볼 수 있다. 이 책은, 내 가정의 문을 열고 이웃을 초대할 때 그곳에서 복음이 가장 잘 전해질 수 있다는 내용을 담고 있다. 이처럼 개혁신앙과 그 삶 속에서 가장 기초적이고 본질적인 역할을 하는 것이 바로 가정이다. 내 가정과 가족이 먼저 성경적인 원리 위에 바로 서고, 그다음에 그 문을 열어 사랑으로 이웃을 받아들이는 일이 복음의 핵심을 증거하는 것이다.

2장
가족 모임

캐나다 개혁교회 교인들은 주로 언제 가족 모임을 갖는가? 여기서 말하는 가족은 같이 살고 있는 직계 가족이 아니라 부모나 조부모, 혹은 형제, 자매 등 더 넓은 범위의 가족extended families을 말한다. 가장 흔히 볼 수 있는 가족 모임은 생일 잔치이다. 가족 중에 생일을 맞은 사람이 있으면, 가족들은 그의 생일을 축하하기 위해 함께 모여 파티를 열고 식사를 나눈다. 만일 학교에 다니는 자녀가 있으면 학교 친구들이나 이웃의 친구들을 초대해 파티를 열기도 한다. 혹 나이가 많은 어르신의 생일에는 교회에서 예배 후에 교인들에게 케이크를 돌리며 함께 축하하기도 하는데, 그런 경우라도 집에서는 가족들끼리 또 모여 생일 파티를 갖는다. 그 외에는 대부분 가족들끼리 모여 선물을 주고받으며 저녁 식사를 함께 나누는 것이 그들의 전통이다.

우리 아들 David(다빛)은 1월생이어서 대부분 학기 중에 생일을 맞았다. 그래서 우리는 학교의 실내 체육관을 빌려서 방과 후에 친구들을 초대해 파티를 열곤 했다. 당시 학교 체육관은 사용료(25달러)와 약간의 보증금만 내면 학교 구성원 누구든 일정 시간을 빌릴 수 있었고, 체육관 내의 시설(운동 기구나 주방 시설까지)을 모두 사용할 수 있었다. 그래서 바쁜 부모들에게는 가장 선호되는 생일 파티 장소였다. David도 친구들의 초대를 몇 번 받아본 후에는 매번 학교 체육관에서 친구들을 초대해 파티를 열었다. 그런데 막내딸 Sophie(소휘)는 7월생이다 보니 생일이 언제나 방학 중에 있었다. 그래서 Sophie의 경우에는 날씨가 좋은 날을 골라 야외에서 파티를 하는 경우가 많았다. 예를 들어, 캐나다를 떠나기 전 마지막 일곱 살 생일 때는 집 근처 공원의 물놀이 시설spray parks에서 파티를 했다. 같은 반 여자 아이들과 교회에서 친한 여자 아이들을 초대해 오후 내내 물놀이를 하고, 케이크도 자르고, 선물도 주고받으며 즐거운 시간을 보냈다. 이렇게 자녀들의 생일 파티는 아무래도 또래들과의 우정을 다지는 시간으로 활용된다.

한편, 우리가 다니던 교회에서 한 노신사가 아흔 살 생신을 맞이했다. (그분은 부인과 언제나 손을 꼭 잡고 예배에 출석하셨다.) 이렇게 특별한 날에는 교인들이 더 함께 모여 축하한다. 보통 개혁교회에서는 예배 전에 간단한 광고를 하는데, 이때 그 노신사의 아흔 번째 생일을 축하하는 다과 시간coffee socials이 오전 예배 후에 교제실에서 열릴 것이라는 광고가 있었다. 이에 따라 예배를 마친 후에 교인들은 다 함께 교제실에 모여 그분의 생일을 축하했다. 사람들은 저마다 그분이 앉은 테이블을 찾아가 생일을 축하한다는 말을 하고, 그 가정에서 가져온 케이크와 음료 등을 즐기며 환담의 시간을 나누었다. 2차 세계 대전 당시 네덜란드 군의 탱크 조종사였던 그분이 나를 볼 때마다 거수경례를 하며 "Rev. Lee(이 목사님)"라고 부르던 카랑카랑한 목소리가 아직도 귀에 생생하다.

그다음으로, 북미인들에게는 일종의 전통적인 명절 같은 날들이 있는데, 대표적인 것이 바로 부활절과 성탄절이다. 캐나다에서는, 부활절 자체는 주일이지만 그 다음 날인 월요일을 부활절 월요일 Easter Monday이라고 부르며 공휴일로 삼는다. 그래서 가족들이 함께 모여 시간을 보내기가 더욱 용이하다. 마찬가지로 성탄절은 12월 25일로 날짜가 정해져 있는 공휴일이므로, 이때도 언제나 가족들이 함께 모여 즐거운 시간을 갖는다. 이 외에도 캐나다에서 공휴일이거나 의미 있는 날로 삼는 날들이 몇 개 더 있는데, 이런 특정한 날들을 어떻게 보내는지에 대해서는 뒤에 가서 좀 더 구체적으로 살펴보도록 하겠다.

그리고 개혁교회 신자들에게 가장 중요한, 빼놓을 수 없는 가족의 중대한 행사 중 하나가 바로 세례/입교이다. 개혁신앙인들에게 있어서 이날은 너무도 크고 위대한 의미를 갖기 때문에, 캐나다 반대편에서는 물론 멀리 호주나 네덜란드에 사는 친척들도 바다를 건너온다. 그렇게 모인 가족들은 교회에 가서 세례식에 함께 참석하고, 예배 후에 온 교인들과 함께 다과 시간을 갖는다. 그러고는 마지막으로 집으로 돌아와 가족들 간의 시간을 갖는다. 이렇게 가족들이 함께 모이는 시간과 장소의 모습을 조금 더 기술해보겠다.

캐나다 개혁교회 신학교의 한 교수님 댁에서 연말 가족 모임에 우리 가정을 초대했다. 그때 우리는 교수님의 부인되시는 분의 부모님 댁에서 모였다. 이와 같은 가족 모임은 대개 저녁 식사를 중심으로 모인다. 그리고 저녁 식사를 위해 모이는 대부분의 모임은 항상 식사 시간보다 많게는 한두 시간 일찍 모인다. 밥만 먹고 끝내지 않는다는 말이다. 모임을 주관하는 가정^{the host}측에서는 식사를 몇 시 즈음 할 건데 그 전에 몇 시부터 와도 된다는 식으로 약속을 잡는다. 예를 들어, "식사는 6시인데 4시 30분부터 와도 좋다."는 식이다. 그러면 초대받은 사람들은 그 시간 범위 안에서 자유롭게 찾아오면 된다. 도움을 요청하지 않는 한, 먼저 가서 좀 도와야 하지 않나 하는 오지랖도, 준비하는 사람이 당황하지 않게 5분, 10분 늦게 들어가 줘야 하지 않나 하는 요상한 배려도 필요 없다. 그저 '예' 할 것은 '예' 하고 '아니오' 할 것은 '아니오'라고 말하면 된다. 그 이상의 말은 악에서 나오는 것이기 때문이다(마 5:37, 현대인의 성경).

사람들이 모이기 시작하면 거실에 둘러앉아(날씨에 따라서는 집 마당에서) 간단한 다과와 함께 대화를 나눈다. 당시는 한겨울이라 우리는 포근한 거실에 모여 따뜻한 차를 마시며 이런저런 이야기를 했다. 이때 외국 생활이 처음인 내게 가장 충격적이었던 장면은 바로 그곳에 있던 사람들의 위치였다. 우리를 초대한 교수님은 거실에 있는 가장 크고 편안한 소파에 앉아 다리를 꼰 채 한 손에는 찻잔을 들고 여유롭게 대화에 임했다. 반면 그 집의 주인이자 '장-인-어-른' 되시는 분께서는 거실 한 귀퉁이에 있는 작고 딱딱한 나무 의자에 다소곳이 앉아 만면에 미소를 띠며 우리를 바라보셨다. 다른 소파에 앉아 있던 나는 머릿속이 굉장히 복잡해졌고, 가시방석에 앉아 있는 것 같았다. '아니, 저 둘은 왜 아무렇지도 않다는 듯이 저렇게 웃고만 있는 걸까? 지금 내가 여기서 일어나 자리를 양보하면 오바...일까? 아니야, 분명히 나보고 여기에 앉으라고 했던 것 같은데... 아닌가? 내가 영어를 잘못 알아 들었나? 물어볼까? 아니야. 그럼 당연히 괜찮다고 하시겠지. 나 참, 저 교수님은 지금 차가 목으로 넘어가나? 왜 첫판부터 이런 일이...' 그때 내 얼굴을 봤다면 말 그대로 '여긴 어디고 나는 누구?'였을 것이다. 결국 그때는 그 의문을 해결하지 못하고 넘어갔다.

하지만 의문은 그게 다가 아니었다. 그 자리에는 교수님, 그분의 장인어른, 나 이렇게 남자 세 명만 앉아 있던 게 아니었다. 그곳에는 교수님의 부인도, 교수님의 장모님도, 그리고 내 아내는 물론 교수님의 처제도, 교수님 댁의 아이들도 다 있었다. 아이들 중에 장난감을 찾아 지하실로 간 어린애들도 있었지만, 10대 후반의 큰 자녀들은 어른들과 함께 차를 마시며 대화에 참여하고 있었다. 여기서 문득 뇌리를 스친 의문은 '저녁 준비는 누가 하고 있지?'였다. '이 집 안의 여자들이 여기 있는 사람 말고는 없어 보이는데, 일하는 아주머니가 따로 계시나? 아니면 벌써 음식 준비를 다 해 놓은 건가? 그럼 이렇게 노닥거리고 있는 동안 다 식을 텐데... 혹시... 주문? 피

자? 치킨? 에이 설마... 사람 불러다 놓고...'

　이런 종류의 의문은 캐나다 반대편에서 말끔히 해결되었다. 그때는 크리스마스였는데, 교회의 노^老 장로님께서 가족이 없던 우리를 자기 가족 모임에 초대해 주셨다. 우리가 집에 들어섰을 때는 이미 가족들이 다 와서 큰 거실이 꽉 차 있었다. 그날도 마찬가지로 거실 곳곳에 이런저런 형태의 의자들을 죄다 가져다 놓고 각자 편한 대로 앉아서 커피나 차, 그리고 희한하게 생긴 다과들을 나누며 이야기하고 있었다. 그때 즈음에는 첫 번째 의문이 이미 다 해결되어 있던 터라 우리도 아무 거리낌 없이 편한 자리를 차지하고 앉아서 차려 놓은 다과를 즐겁게 가져다 먹었다. 그런데 그날도 그 자리에 그 장로님의 부인과 자녀들과 사람들이 다 모여 있어서 도대체 음식은 누가 준비하는 건지 의아했다. 그래도 사람 불러 놓고 밥을 안 주겠나 싶어 대화에 집중하다 보니, 이윽고 저녁 시간이 다가왔다. 장로님의 부인이 저녁이 다 되어 간다고 하니 남자들 몇몇이 일어나 주방으로 향했다. 나도 호기심에 따라가 보니 주방의 한쪽 테이블 위에 각종 음식들이 즐비하게 차려져 있었고, 싱크대 옆 카운터 위에는 오븐에서 갓 나온 농구공보다 커 보이는 칠면조가 웅장한 자태를 뽐내며 모락모락 김을 내고 앉아 있었다. 그러자 갑자기 장로님이 전동 칼과 삼지창 같은 도구를 들더니 그 거대한 칠면조를 해체하기 시작했다. 불과 몇 분 사이에 앙상한 뼈만 남긴 채 헐벗고 주저앉은 칠면조 옆에 두툼한 살점들이 산처럼 쌓였다. 그리고 그 접시를 테이블 위로 가져다 놓으니 이내 저녁 준비는 끝이 났다. 다시 거실로 돌아와 보니 젊은 남자들이 어디선가 접이식 테이블을 가져와 거실 한복판에 펼쳐 놓고 그 위에 하얀 종이 식탁보를 덮어 놓았다. 그 자리에 있던 사람들이 커다란 테이블 주변으로 모여들었고, 가장인 장로님이 성경을 꺼내 어딘가를 찾아 읽고 기도를 하셨다. 그렇게 우리의 저녁 식사가 시작되었다. 사람들은 주방으로 가서 자유롭게 먹고 싶은 음식을 접시에 담아 거실로 돌아왔고, 그곳에서 또 한 번 시끌벅적한 대화와 함께 즐거운 저녁 식사가 진행되었다.

이런 전형적인 저녁 식사의 모습은 수도 없이 많은 예를 들 수 있으나, 여기서 이야기하고자 하는 것은 바로 사람들의 모습이다. 식

명절을 맞아
칠면조를 해체하기 전 모습

사가 시작되기 전에 가족들은 자유롭게 이야기를 나눈다. 정해진 자리도 없고, 순서도 없고, 소위 윗목 아랫목 따지는 예의범절 같은 것이 없다. 또한 여성들이 있어야 한 곳은 주방이 아니라 바로 그 대화 장소였다. 오랜만에 보는 가족들과 이런저런 안부를 묻고, 그동안 어떤 일들이 있었는지 듣는 일에는 남녀나 위아래가 따로 없었다. 마찬가지로 음식을 준비하는 일에도 사실 내외가 유별하지 않는다. 단지 누가 무엇을 더 잘하냐 덜 잘하냐의 차이일 뿐이다. 대부분의 가정에서 남자보다는 여자들이 음식 준비에 더 큰 재능과 능력을 발휘하는 것이 현실이고 당연한 일이다. 하지만 남자라고 해서 그 일에서 배제되거나 빠지는 특권을 누릴 수 있는 것은 아니다. 오히려 여름이 되고 바베큐 철이 돌아오면 대부분의 바베큐 관련된 요리들은 남자들이 다 한다. 그들은 고기를 준비하고, 밑간을 하고, 불 위에서 조리하는 일들을 진심으로 기쁘게 담당한다. 가족 모임에 있어서 그 사람들에게 보다 중요한 것은, 누가 무엇을 준비해서 어떻게 먹느냐 하는 것보다 함께 만나 나누는 대화에 있다. 그 시간이 본질이기에, 그 시간을 최대한 덜 해치는 방향으로 음식을 준비하고, 또 다 된 음식도 그렇게 대화를 나누기 위해 다 한자리에 모여서 먹는다. 그 자리에서는 윗사람이나 아랫사람이 따로 없고, 남녀가 결코 다르지 않다.

가정이 중요하다고 말만 하거나, 유명한 심리학자나 아동학자들의 이론을 책으로 읽거나, TV에서 보고 머리로 꿰고 있는 것만으로는 이런 가정의 모습이 실제 삶에서 나타날 수 없을 것이다. 삶은

실전이며, 실전은 항상 충분한 연습에서 그 빛을 발한다. 그러면 누가 그런 훈련을 시키는가? 그것은 바로 부모이고, 그 부모 역시 그들의 부모에게서 배웠어야만 가능하다. 이것이 '전통tradition'이란 말이 갖고 있는 놀라운 순기능이다. 개혁교회 신자들의 가정 속에는 이렇게 흔들림 없는 전통의 뿌리가 깊이 내려 있다.

3장
식사 시간

사람이 밥을 먹고 사는 모습은 너무나도 천차만별이고 매번 관찰하기도 어려운 일이기 때문에, 이에 대해 딱 하나로 이렇다 저렇다 말하기에는 어려움이 있다. 그럼에도 음식이나 식사 예절 등 문화적 현상으로 일반화할 수 있는 모습들이 분명히 있기에, 이번에는 캐나다 개혁교회 교인들의 식사 시간을 살며시 들여다보겠다.

우선 가장 두드러지는 특징은 개혁신앙 안에서 식사 시간이 단순히 음식을 먹는 일에만 국한되지 않는다는 점이다. 물론 식사하는 것은 사람이 살기 위해 필요한 영양분을 섭취하는 것이기에 그 자체로도 충분히 의미 있는 일이고 중요한 일이 된다. 그래서 식사 시간은 가족 구성원 누구에게도 예외가 될 수 없고, 모든 가족이 필연적으로 한자리에 함께 모일 수 있는 시간이 된다. 그리고 바로 이런 점에서 신자들에게 식사 시간은 배를 채우는 것 이상의 더 특별한 의미가 부가된다. 신자들은 그 시간에 우리의 영과 육을 먹이시는 하나님 아버지의 손길에 감사해야 한다. 그래서 개혁교회 신자들은 특별히 가정 안에서 이 식사 시간을 매우 특별하게 활용한다.

그들의 모습을 구체적으로 그려 보기 전에 먼저 식사와 관련해서 짚고 넘어가야 할 문화적 특징이 하나 있다. 서양에도 보편 문화적 범주 안에서 아침, 점심, 저녁 세 번의 식사 시간이 있다. 그러나 우리와 차이가 나는 점은 아침이나 점심이 상대적으로 굉장히 가볍다는 점이다. 음식의 종류나 양도 그렇지만 식사하는 시간도 매우 짧다. TV나 영화 같은 데서 볼 수 있는 일반적인 가정의 모습은 이렇다. 주방 한쪽에서는 TV에서 뉴스가 흘러나오고, 엄마나 아빠는 정신없이 토스트기에 빵을 넣었다 뺐다 하고 있으며, 가방을 메고 나온 아이들은 계란이나 시리얼을 뚝딱 해치운 후에 싱크대에 대충 그릇들을 쌓아 둔 채로 부랴부랴 차를 타고 나간다. 모두가 이렇게 산다고 말할 수는 없지만, 북미에서는 아주 흔한 모습이다. 점심시간 역시 직장에서는 보통 30분 정도밖에 주어지지 않고 더 짧은 경우에는 15~20분밖에 없으며, 학교도 크게 다르지 않다. 이렇듯 서양 문화에서 아침과 점심 식사는 대부분 가볍게 허기를 달래는 정도에 불과하다.

이런 식사 습관이 가능할 수 있는 이유는 그들에게 간식snack 문화가 꽤나 확고하게 자리 잡고 있기 때문이다. 일례로, 해밀턴에 있는 캐나다 개혁교회 신학교에서 공부할 때 있었던 일을 들어 보겠다. 아침 9시쯤 수업이 시작되고 약 한 1시간 반 정도가 지나면 정체를 알 수 없는 종이 울린다. 그러면 하던 수업을 멈추고 교수와 학생들이 다 같이 건물 내 한 공간에 모이는데, 그곳에 가면 학교 직원이 끓여 놓은 커피가 한가득 마련되어 있고, 교수와 학생들은 여기저기에 자유롭게 흩어져 앉아 각자 챙겨 온 비닐봉지에서 부스럭부스럭 무언가를 꺼내 먹으며 학교에서 제공하는 커피를 마신다. 견과류를 우걱우걱 씹어 먹는 학생도 있고, 오렌지를 힘겹게 까서 맛있게 먹는 학생도 있다. 물론 교수님들도 예외는 아니다. 이렇게 약 15분 정도 지나면 사람들은 서서히 자리에서 일어나 다시 자기 자리로 돌아간다. 이런 '공식적인' 간식 시간이 오후 2시 반 경에도 또 한 번 있다. 그리고 이 시간은 어린이집과 학교에도 있다. 그래서 부모들은 아이들에게 점심과 함께 오전, 오후 두 번의 간식을 싸서 보내야 한다.

자, 우리는 이런 문화적 특징 안에서 캐나다 개혁교회 가정의 모습을 살펴보아야 한다. 그들이 사는 문화권 안에 일반적인 모습은 저러해도, 개혁신앙의 가정에서는 사뭇 다른 모습을 볼 수 있다. 물론 아버지의 직업에 따라, 그리고 신앙의 깊이에 따라 다소 다를 수 있지만, 개혁신앙의 가정에서는 대개 아침 식사 자리에서도 한 상에 둘러앉아 식사를 한다. 가장이 기도를 하고 다 같이 식사를 시작한다. 식사가 끝나 갈 무렵, 가장은 성경이나 경건 서적을 펴고 읽는다. 다 읽고 나면 간단한 대화가 오가기도 하고 때로는 그저 기도로 마무리하기도 한다. 점심때는 아버지가 일터로 나가고 아이들도 학교에 있으므로 약간 다른 모습을 볼 수 있지만, 그 본질은 여전하다.

이렇게 아침과 점심을 보내고 온 가족이 집으로 돌아오는 저녁 시간, 즉 하루 중 가장 중요하게 여기는 이 저녁 식사 자리를 살펴보겠다. 아침과 점심을 가볍게 먹었으니 저녁 식사는 상대적으로 성대하다. 네덜란드에서는 이것을 '바르머 에이튼^{het warme eten}', 즉 따뜻한 식사라고 한다. 이는 아침, 점심은 데울 필요 없는 찬 음식들인 데 반해, 저녁에는 수프나 고기 등 따뜻한 음식을 먹는다는 뜻이다. 저녁 테이블이 차려지면 가족들이 함께 자리에 앉는다. 어른, 아이, 남성, 여성 등, 이 자리에서는 어떤 차이도 없다. 사람이 너무 많아 테이블이 더 필요한 경우가 아닌 이상, 모두가 한자리에 앉기 위해 부단히 노력한다. 그래서 개혁교회 신자들 가정에는 대부분 크기를 조절할 수 있는 식탁이 있다. 우리 가족만 있을 때는 판을 한두 개 빼 두었다가, 손님이 오거나 가족 모임을 할 때는 판을 더 집어넣어 테이블을 크게 만들 수 있다. 모두가 한자리에 앉으려는 노력이 엿보이는 부분이다.

사람들이 다 모이면 가장이 기도를 한다. 손님이 있을 경우에는 어떨까? 손님 중에 할아버지나 큰아버지 등 집안 어르신이 있는 경우, 또는 교회의 장로님이나 목사님, 원로 목사님이 계신 경우에는 어떨까? 상관없다. 그들은 우리 가정을 방문한 손님일 뿐, 이 가정의 주인은 바로 가장이다. 그리고 그 권세와 권한은 하나님이 모든 가장에 부여하신 것이므로 타인이 침범할 수 없다. 이런 상황에서 가장이 기도를 하는 것은 지극히 자연스럽고 당연한 일이며, 이에 대해 부담을 느끼는 가장도, 혹 자존심이 상하는 목사도 전혀 없다.

물론 식사 전에 특별히 가장이 그 자리에 함께한 누군가에게 기도를 부탁할 수도 있다. 어떤 이유에서 그런 부탁을 하는지는 개별 사안마다 다를 것이고, 그렇게 하는 것 또한 전적으로 가장의 판단에 달려 있다.

기도를 드리고 식사가 시작되면, 세상에 그렇게 와자지껄한 자리는 또 없을 것이다. 즉, 대화의 자유와 희열이 곳곳에서 묻어난다. 그 자리에서만큼은 어떤 사회적 신분이나 지위도 그들의 입을 막을 수 없다. 초등학생 손주도 할아버지 할머니와 자유롭게 이야기할 수 있고, 아내와 할머니도 음식을 나르느라 분주하게 왔다 갔다 하지 않는다. 그저 하나님이 축복하신 그 자리를 감사하며 누릴 뿐이다. 대신에 그 복된 자리를 해치는 말이나 행동은 엄격하게 제재를 받는다. 모두가 즐거워야 할 그 자리에서 부적절한 말이나 행동을 하는 아이들은 가장이 한두 번의 눈짓으로 경고한 뒤, 그래도 개선되지 않으면 조용히 은밀한 방으로 데려간다. 다른 사람들은 그런 모습에 전혀 낯설어 하지 않는다. 아마도 모두가 그렇게 자랐고, 또 그렇게 키웠기 때문일 것이다. 잠시 후 방에서 돌아온 아이는 눈가가 촉촉하게 젖은 채로 식탁 위에서 한 마리의 순한 양처럼 열심히 풀을 뜯는다. 지금은 어엿이 목사가 된 한 친구의 가정에 초대받아 갔던 일이 기억난다. 그 집의 큰딸이 우리 집 큰아들보다 한두 살 많았는데, 아마 친구, 동생들과 놀면서 큰누나답지 못한 행동을 한 모양이다. 내 친구인 아버지가 그 여자아이를 살포시 들쳐 업고 구석에 있는 방으로 들어가는데, "No, no, no ~!"라고 절규하며 끌려

가던 그 아이의 모습이 아직도 눈에 선하다. 아니나 다를까, 돌아온 아이는 촉촉한 눈매로 함께 있던 아이들에게 "미안해!"라고 말한 뒤 언제 그랬냐는 듯 또 함께 어울려 논다. 이런 훈육의 모습도 캐나다 개혁교회 가정에서는 아주 심심치 않게 보이는 모습이다.

즐거운 식사가 끝나갈 때 즈음, 가장은 익숙한 손놀림으로 어딘 가에서 한 무더기의 책들을 들고 온다. 다시 말해, 성경책과 캐나다 개혁교회의 찬송책The Book of Praise을 가져온다. 성경은 가장이 혼자서만 보고 읽기도 하고, 가족들에게 한 권씩 주어 필요한 본문을 돌아가며 읽기도 한다. 성경뿐 아니라, 가장이 선택한 다른 경건 서적을 읽기도 한다. 교리문답에 관한 해설서를 읽기도 하고, 성경묵상집을 읽기도 한다. 보통 성경은 연속적으로 읽지만, 때에 따라서는 특별한 본문을 찾아 읽기도 한다. 주로 손님이 오셨거나 기념할 만한 특별한 일이 있을 때 그렇게 한다. 성경을 읽고 나서는 그에 대해 간단한 대화를 나눈다. 아이들이 있는 경우, 아이들에게 가장이 읽은

캐나다 개혁교회의 찬송책,
'Book of Praise'

내용에 대해 물어보기도 하고, 또 아이들의 질문에 답해 주기도 한다. 다음 장에서 아이들의 신앙 교육에 관해 이야기할 때 다시 한번 다루겠지만, 이 시간이 개혁교회 가정에서는 너무나도 중요하고 소중한 시간이다. 신생아에게 주는 모유에 비길 수 있는 것이 바로 이 저녁 식사 자리에서 갖는 경건 모임이라고 생각한다. 이 시간은 짧게는 10~15분이고, 만약 아이의 질문이 심오하거나 중요한 교리를 설명해야 할 때는 30분이 넘을 때도 종종 있다. 가히 식사 자리가 육신의 배만 채우는 것이 아니라 영의 양식을 먹는 시간임을 뚜렷이 깨닫게 된다.

그렇게 성경을 읽고 토론이 끝나면 함께 찬송을 부른다. 이 또한 순서대로 불러 나가기도 하지만, 특별히 찬양을 골라서 부르기도 한다. 선택권은 주로 아이들에게 주어진다. 아이들은 교회와 학교에서 이 찬송책의 노래를 매일 부르기 때문에 저마다 자기가 좋아하는 노래가 하나씩은 꼭 있다. 그리고 특별한 시기에는 그 시기에 맞는 노래를 찾아서 부르기도 한다. 대표적인 시기가 바로 성탄절 어간이라고 할 수 있다.

이렇게 찬송까지 다 부르고 나면 다시 가장이 기도를 드리고 그 시간을 마무리한다. 기도로 그 자리를 열고, 기도로 그 자리를 닫는다. 사실 이 전통은 식사 자리에만 국한되지 않는다. 캐나다 개혁교회 안에서는 공적으로 사람이 모이는 곳이라면 어디서나 이 전통이 살아 있음을 볼 수 있다. 노회나 총회는 물론, 교회 안에서 하는 각종 회의들, 교인들의 자발적인 성경 공부 자리, 학교에서 수업을 시작하고 끝낼 때 등, 사람들이 공적으로 모여 무언가를 할 때는 반드시 기도로 하나님의 은혜의 보좌 앞에 나아가고, 또 끝날 때는 그 시간과 장소에 대해 감사하며, 혹시 모임 중 부지불식간에 지은 죄가 있다면 용서를 구하며 기도로 마친다. 이러한 전통이 전해져 내려온다는 것은 참으로 놀라운 일이며 본받아 마땅한 일이라고 생각한다.

이제 마지막으로, 약간 예외가 되는 모습들을 몇 가지 보고자 한다. 바로 1인 가정이나 또는 일터에 나간 아버지의 점심 식사, 기타 특수한 상황에 있는 사람들의 식사 시간을 살펴보겠다. 1인 가정이라 해도 위와 같은 본질적인 부분은 동일하다. 영과 육의 양식을 주신 하나님께 감사하며 기도하고, 식사를 마친 후 다시 기도로 끝낸다. 신학교 점심시간에 이런 모습을 쉽게 볼 수 있다. 학생들은 싸온 점심을 각자 편한 장소에서 꺼내 먹는데, 함께 먹는 이들도 있고 혼자서 먹는 이들도 결코 적지 않다. 함께 먹을 때는 각자 조용히 기도하고, 혼자 먹을 때에도 개인적으로 기도한다. 인상적인 장면은 그 공간에서 누군가 기도할 때는 주변의 모든 사람들이 잠시 대화를 멈추고 기도가 끝나기를 기다려 준다는 사실이다. 이것은 참으로 놀라운 장면이다. 누군가 점심을 들고 자리에 함께 앉으면, 먼저 와 있던 사람들은 그 사람을 주의해서 살펴본다. 그러다가 그가 기도하려는 자세를 취하면 일제히 침묵한다. 그리고 그렇게 기도를 마친 그 사람은 주변 사람들의 배려에 고맙다는 인사를 한다. 혹 대화에 너무 집중해서 그렇게 홀로 식사하는 사람을 보지 못한 경우에는 기도하려던 사람이 잠시 배려를 부탁하기도 한다. 그러면 흠 칫 놀라며 미안하다고 말한 뒤에 대화를 멈춘다. 기도를 마친 사람 은 역시 그에 대해 감사를 표한다.

일터에 나가 있는 아버지들도 마찬가지이다. 우선 캐나다에서 직 장인들이 자기 점심을 싸 가는 일은 결코 낯선 모습이 아니다. 물론 외식을 하는 이들이 많아지는 추세이기는 하지만, 적어도 칼빈주의 개혁신앙의 전통을 이어받은 개혁교회의 신자들은 세상에서 검소 한 삶을 살기 위해 부단히 노력하기 때문에 학교나 회사에 도시락 을 싸 가는 것이 여전히 훨씬 더 일반적인 모습이다.

나의 가까운 친구 중에는 우리가 살던 도시의 공원관리국에서 일 하는 공무원이 있었다. 그의 일은 도시 내 모든 공원들을 순찰하며 공원 시설물에 이상은 없는지, 특히 사람들이 산책할 수 있게 마련 해 놓은 산책로에 문제가 없는지를 감독하고, 이상이 있으면 계약 한 관리 업체를 통해 그 문제를 해결하는 일을 하고 있었다. 직업 특성상 그는 혼자서 차를 타고 여기저기 돌아다니는 일이 많았는 데, 내가 살던 집 근처 공원에 올 때면 늘 나에게 연락해서 점심을 같이 먹자고 했다. 그러면 나도 간단하게 샌드위치 하나 만들어서 가까운 공원에 나가 그 친구와 함께 점심을 먹곤 했다. 우리는 공원 테이블에 자리를 잡고, 각자 준비해 온 조촐한 점심을 꺼낸 후에 기 도를 한다. 각자 할 때도 있고, 상대에게 기도를 부탁할 때도 있다. 그렇게 2~30분 간의 짧은 식사와 대화를 마치면, 그 친구는 다시 차를 타고 유유히 일터로 향했다.

시 공원관리국에서 일하는 교회 친구

　개인적으로 점심 식사를 할 때는 딱히 성경을 읽거나 경건 서적을 보는 일이 많지 않다. 물론 그렇게 하고자 하면 할 수 있겠지만, 여기서 말하고 싶은 것은 그것이 개인 경건에 관한 문제라는 것이다. 이번 장에서 결론으로 언급하고자 하는 것이 바로 이것이다. 개혁교회 신자들이 식사 자리를 중요시하는 이유는 그 자리가 언약의 일원들이 다 함께 모일 수 있는 자리이기 때문이다. 따라서 식사 자리는 단순히 먹고 마시는 기쁨만 있는 게 아니라, 하나님께서 언약을 통해 우리의 영과 육을 먹이신다는 사실을 다 함께 확인하는 언약적인 성격의 자리이다. 그래서 기도하고 성경을 읽는 등의 행위를 언약적으로, 즉 공동체적으로 행한다. 반면에 이런 공동체적 성격이 나타나기 힘든 시간이나 장소에서는 모든 것이 신자 개인의 신앙 양심에 맡겨진다. 즉, 그것은 "골방"(마 6:6)에서의 시간으로 누구도 강제하거나 규정짓지 않는다. 모든 신자에게는 이 부분에 대한 자유가 있다. 따라서 자신이 신앙의 양심에 따라 합당한 대로 행하는 것이지, 타인이 '이렇게 해라 저렇게 해라' 규정해서는 안 된다. 이 부분을 잘 구분하는 것이 참 중요하다. 개혁신앙의 중심에는 언제나 언약을 바탕으로 하는 공동체적 신앙이 있다. 따라서 그 언약적 자리에서 공적인 신앙을 바르게 지켜 나가는 데 많은 공을 들이는 반면, 개인적인 신앙과 양심의 자유를 타인이 왈가왈부하지 않기 위해 굉장히 조심한다. 이것은 교회의 목사라 해도 마찬가지이다. 목사가 마치 하나님이라도 된 듯 교인들에게 '이 시간에 기도하라, 여기서 기도하라'는 식으로 지도하거나 간섭하지 않는다. 공적인 언약 신앙이 바로 서 있는 사람들에게는 그것은 신앙의 자유일 뿐이며, 이 자유를 바르게 누리는 것이 성숙한 신앙으로 나아가는 길임을 역사와 전통 속에서 잘 배워 알기 때문이다.

4장
신앙 교육

앞 장에서 캐나다 개혁교회 가정에서의 식사 시간이 육의 음식을 먹는 것뿐 아니라 영의 양식을 공급받는 자리임을 살펴보았다. 이번 장에서는 가정 안에서 아이들의 신앙 교육을 어떻게 하고 있는지 살펴보고자 한다.

개혁교회의 전통이 잘 뿌리내린 곳에서는 신앙 교육이 크게 세 단계를 거친다. 우선 태어나서 학교에 들어가기 전까지의 유아기가 있고, 그다음에는 학교에 들어가서 교육을 받는 학령기가 있으며, 마지막은 (시기상으로는 학령기와 겹치지만) 교육의 주체라는 측면에서 교회의 목사를 통해 신앙을 배우는 시기가 있다. 이렇게 신앙 교육의 전 과정을 마치고 아이들이 스스로 자신의 신앙을 고백하면, 적어도 기독교 신앙의 측면에서는 성인이 된 것으로 인정한다. 그래서 성찬의 상에도 독립적으로 참여할 수 있게 된다. 따라서 그 이후부터는 개인의 신앙을 교육이나 가르침이라는 관점보다는 자발적이고 추가적인 자기 계발, 혹은 끊임없는 자기 훈련의 관점에서 바라본다. 즉, 더 이상 스승과 제자의 관계 속으로 들어가는 것이 아니라 독립적인 신앙인으로서 성령님의 인도하심을 따라 자신의 양심 위에서 스스로 말씀을 배워 간다. 따라서 예배 중의 설교는 무식자들을 가르치는 교육이 아니라, 하나님을 함께 알아가는 사람들에게 하나님의 뜻을 전달하고 선포하는 것이 된다. 설교를 들어 보면 문체나 내용에서 이런 사상이 짙게 묻어난다. 이것은 신자들의 신앙생활 전반에 걸쳐 어마어마한 차이를 만들어 낸다. 이 차이에 관해서는 이 장의 끝에 가서 다시 언급하도록 하겠다.

먼저 유아기의 신앙 교육을 살펴보겠다. 유아기 때 신앙 교육의 핵심은 성경의 이야기를 들려주는 데 있다. 언제 어디서나 성경 속

우리 가정이 매일 저녁 식탁에서
경건 모임 때 사용한 책들

낯선 인물들과 수많은 사건들에 익숙해질 수 있도록 계속해서 성경의 이야기를 들려주는 것이 이 시기 신앙 교육의 일차적인 내용이자 목표이다. 이 목표를 이루기 위해 어떤 교재를 사용하느냐, 하루 중 언제, 얼마나 읽느냐, 부모 중 누가 하느냐 등의 모든 세부사항은 전적으로 각 가정에서 결정하면 된다. 이 부분에 대해서는 옳고 그름이 없다.

네덜란드에 있을 때, 우리는 '이야기 성경'이라는 것을 처음 알았다. 이는 성경의 여러 인물이나 사건들을 이야기처럼 각색하고 거기에 삽화도 더해 아이들과 함께 읽을 수 있게 만든 책이다. 화란개혁교회 가정에서는 아이들에게 이런 이야기 성경을 많이 읽어 준다는 이야기를 듣게 되었고, 이후에 한국으로 돌아왔을 때 우리 가정에 아이가 태어나던 시기에 마침 그 이야기 성경이 한글로 번역되어 나와서 그 책을 너덜너덜해질 때까지 한참을 읽었던 기억이 있다.

반면에 미국의 그랜드 래피즈에 갔을 때는 사뭇 다른 경험도 했다. 그곳의 가정들은 아이들에게 어린이 성경을 읽어 주는 일이 많지 않았다. 오히려 그들은 어른들이 읽는 일반 성경을 아이들과 같이 읽었다. 의아하게 생각했던 나는 어린아이를 키우고 있는 몇몇 가정들을 만나 그 점에 대해 물어보았는데, 하나같이 자신들은 어려서부터 그렇게 해 왔다고 말했다. 오래전에 이민 온 자기들의 부모님이나 할아버지, 할머니도 자기들에게 어린이 성경을 읽어 주지 않았고, 심지어는 이민 오기 전에 네덜란드에 있을 때에도 어린이 성경을 읽은 기억이 없다고 한다. 따라서 이것이 과연 일반화할 수 있는 문제인지, 아니면 그저 가정마다 혹은 개인마다 다른 것인지를 확정 짓기가 어려웠다. 세월의 흐름 가운데 변화가 있었던 거라면, 어느 시점에 누구에게서 변화가 시작된 것인지, 그리고 그 변화는 순변화인지 아니면 역변화인지 등도 가늠하기 쉽지 않았다. 다만 그 모든 다양성 가운데 변하지 않는 한 가지 사실은, 그 가정들모두 자녀들에게 하나님의 말씀을 들려주는 일에 게으르지 않았다는 것이다. 일반 성경을 통해서든 이야기 성경을 통해서든, 아이가 학교에 들어가 글을 읽고 쓸 수 있게 되기 전까지는 가정에서 부모들이 끊임없이 성경의 내용을 읽어 주고 들려주어 아이들이 적어도 성경에 어떤 이야기들이 펼쳐지고 있는지에 대해 익숙해지도록 교육한다.

다음 단계로 학교에 들어가면 교육의 결이 약간 바뀐다. 여기서 말하는 학교는 일반 공립학교가 아니라 기독교 학교를 뜻한다. 기독교 학교에서 가장 중시하는 교육의 목표는 참된 신앙 위에 굳건히 서서 세상에 빛을 발하는 성숙한 사회인을 양성하는 것이다. 따라서 모든 과목, 모든 내용을 하나님의 창조와 다스리심 안에서 해석하고 가르치며, 성경을 배우는 시간이 필수적으로 포함된다. 학교 교육에 대해서는 제2부에서 더 구체적으로 다룰 것이니 여기서는 가정에서 학령기 아이들의 신앙 교육을 어떻게 하고 있는지에 대해서만 보겠다.

개혁교회 신자들은 자녀들이 학교에 들어가도 하나님의 말씀을 들려주는 일을 멈추지 않는다. 어린이 성경을 읽는 가정이라면 다른 출판사와 다른 저자의 책을 찾아 바꿔서 읽기도 하고, 요즘 같이 미디어가 놀랍게 발달한 시대에는 성경의 이야기들을 다룬 영상물을 잘 선택하여 함께 보는 경우도 있다. 또한 학교에 들어가면서 스스로 글을 읽고 쓸 줄 알게 되면 아이들에게 성경을 직접 읽게 하기도 한다. 그래서 저녁 식사 자리에서 가족 구성원들이 해당 본문을 돌아가며 읽기도 하고, 특정 부분을 아이들에게 연속적으로 읽게 하기도 한다. 유아기 때와 다른 점이 있다면, 오고 가는 질문과 답변의 질과 양이라고 할 수 있다. 물론 개인차가 있겠지만, 아이들은 자신이 어렸을 때부터 들어온 이야기들에 대해 조금씩 의문을 갖기 시작하고, 그것을 부모에게 물어보게 된다. 예민한 아이들은 난해한 질문을 하기도 하는데, 이런 질문에 답하다 보면 30분으로도 부족할 때가 있고, 때로는 기도로 식사를 마친 후에도 계속해서 답을 해주어야 한다. 물론 우리가 경험했던 지난 시간 동안 그런 경우는 흔치 않았다.

혹 자녀를 학교에 보내지 않고 홈스쿨링을 하는 가정은 아이들의 신앙 교육을 조금 더 체계적으로 신경 쓰는 편이다. 학교에서 선생님들이 감당하는 부분을 부모가 직접 해주어야 하기 때문에 그럴 수밖에 없을 것이다. 우리는 개혁교회를 다니면서 홈스쿨링을 하는 가정들을 자주 봤다. 그중에 가장 최근에 우리와 깊은 교제를 나눴던 가정에서 어머니가 자녀의 신앙 교육을 위해 많은 공을 들이는 것을 보았다. 좋은 교재를 찾기 위해 부단히 노력했고, 아버지가 일터에 나가 있는 동안에는 끼니 때마다 성경을 읽고 그것과 함께 할 수 있는 부교재를 가지고 아이를 지도했다. 어머니가 성경에서 해당 본문을 읽으면, 아이는 다른 종류의 이야기 성경이나 만화 성경에서 동일한 부분을 소리 내어 읽었고, 그다음에는 본문 내용을 확인할 수 있는 질문지 등을 함께 보며 답을 찾아갔다. 이렇듯 가정에서의 신앙 교육은 다양한 방식과 다양한 교재를 통해 학령기 동안에도 계속된다.

마지막으로 교회의 목사를 통한 신앙 교육이 있다. 소위 교리문답 교육the catechism classes이라고 부르는데, 보통 이 교육은 고등학교에 들어가는 13~14세를 전후로 시작해서 5~7년 정도 받게 된다. 이 나이의 아이를 둔 가정에 장로들이 당회의 의견에 따라 권고하고, 부모들은 아이가 준비되었다고 생각할 때 목사에게 보내 교리문답 교육을 받게 한다.

다만 이 시기에도 가정에서의 신앙 교육은 계속되고 있다는 점을 잊지 말아야 한다. 부모들은 아이를 학교나 목사에게 보냈다고 해서 그들에게 완전히 의탁하지 않는다. 학교와 목사는 아이의 신앙 교육을 돕는 것이지, 가정의 신앙 교육을 빼앗거나 바통을 이어받는 것이 아니다. 즉, 부모의 의무를 학교의 선생들과 목사들이 함께 지는 것이지, 다음 단계로 넘어가면 이전 단계가 끝나 버리는 모양새가 결코 아니다. 따라서 부모들은 학교의 신앙 교육이나 목사의 교리문답 교육에 일차적인 권리를 갖는다. 즉, 그들이 부모의 신앙 양심에 어긋나는 것을 가르친다고 생각되면 언제든지 아이를 보내지 않을 수 있는 권리가 있고, 이에 대해 이의를 제기할 수 있으며, 또 그렇게 해야 하는 것이 옳다. 반면에 학교와 교회가 자신의 신앙과 양심에 일치할 때는 최선을 다해 돕고 후원하는 것이 바로 개혁교회 신자들의 삶의 근간이다.

자, 지금까지는 개혁교회 가정에서 아이들의 신앙 교육이 어떻게 이루어지는지 개략적으로, 그리고 하드웨어의 측면에서 훑어보았다. 그러나 여기서부터는 겉에서 관찰하기 힘든 더 중요한 점이 있음을 짚고 넘어가고자 한다. 그것은 아이의 신앙 교육에 있어서 가장 중요한 것이 부모의 삶에 있다는 점이다. 한두 가지 실례를 들어보겠다.

그랜드 래피즈에서 만난 한 가정의 이야기이다. 그 집의 가장은 농기계를 만들어 파는 회사를 운영하는 분이었다. 집은 미시간 주 그랜드 래피즈에 있었지만, 미시간 주는 농업을 주산업으로 하는 주가 아니어서 다른 주로 출장을 다니는 경우가 잦았다. 가깝게는 차로 대여섯 시간 정도, 멀게는 며칠을 가야 했다. 그곳에 가서 기계들을 전시하고 파는 비즈니스여서 주중에는 집을 떠나 있다가 주말에 돌아오는 일이 비일비재했다. 그래서 나는 그에게 사업하기 편한 다른 주로 이사가지 않고 왜 주말부부의 삶을 사냐고 물어봤다. 돌아온 답변은 그 당시 나에게 충격 그 자체였다. "교회가 여기 있잖아!" 그렇다. 그가 다니는 교회가 바로 그랜드 래피즈에 있었다. 미국 내에는 캐나다 개혁교회Canadian and American Reformed Churches에 소속된 교회가 단 네 군데뿐이다. 그중에 한 곳이 그랜드 래피즈에 있었고,

거기서 가장 가까운 같은 교단 교회는 콜로라도 주 덴버에 있다(차로 17~18시간 정도 걸리는 거리). 그분은 사업을 위해 이사를 가거나 교회를 옮기는 일은 고려조차 하지 않았다. 하물며 신앙의 색깔이나 고백이 다른 타교단의 교회로 옮기는 일은 선택지에도 없었다. 교회를 위해 사는 이 부모들의 삶을 보며 자녀들은 무엇을 배우게 될까?

또 다른 예도 있다. 우리가 캐나다 해밀턴에 있다가 그랜드 래피즈로 옮겨갈 때 있었던 일이다. 우리는 해밀턴에 있을 때 차가 없어서 이동의 어려움이 좀 있었기에, 그랜드 래피즈로 갈 때는 작은 중고차라도 하나 마련하기로 했다. 차에 대해 문외한이었던 나는 도움을 줄 수 있는 분을 찾았다. 한 분은 그랜드 래피즈에 있는 신학교를 다니던 한인 학생이었고, 다른 한 분은 위에서 말한 농기계를 파는 그랜드 래피즈 교회의 교인이었다. 먼저 접촉한 것은 한인 학생이었다. 그는 그 학교에서 석사 공부를 마치고 박사 공부를 하러 다른 주로 떠나려던 한국인 교역자였다. 그래서 자신이 타던 차를 팔겠다는 것이었다. 그 학생이 내게 내민 카드는 이것이었다. 미국에서는 개인 간에 차를 거래하면 등록증을 줄 때 사고파는 사람이 거래 가격을 협의해서 적을 수 있다는 것이다. 따라서 지인끼리 거래하면 등록증에 실제 거래한 가격보다 거래 가격을 낮춰 적을 수 있기 때문에, 거래가의 13%에 달하는 세금을 많이 아낄 수 있다는 논리였다. 나는 그것이 아주 일반적인 개인 간 거래 방식인 줄로만 알았다. 그런데 얼마 후 그 한국인 교역자는 마음을 바꿔 타던 차를 가지고 다른 주로 가겠다고 했고, 결국 그 거래는 무산되었다. 그래서 나는 그랜드 래피즈 교회 교인에게 차를 알아봐 줄 수 있는지 문의했고, 그분은 기꺼이 돕겠다고 했다. 그로부터 얼마 후 해밀턴의 삶을 정리하고 그랜드 래피즈로 가 보니 그분이 벌써 차를 사 놓고 우리를 기다리고 있었다. 자기 돈으로 먼저 쓸 만한 중고차를 한 대 사 놓고 우리를 기다렸던 것이다. 물론 나는 그분께 그 값을 지불했다. 그분은 보험을 들고 차를 등록하는 일까지 함께 도와주었다. 그런데 같이 보험을 가입하러 가는 길에 그분이 이렇게 물었다. "보통 사람들은 이렇게 개인 간에 거래할 때 등록증에 거래가를 낮춰 적어서 세금을 적게 낸다. 너는 어떻게 할래?" 그 순간 마음속에서 깊은 '안도'의 한숨을 내쉬며 '이 교회에 오길 잘했다'라고 생각했다.

우리는 종종 경건의 훈련이라는 말을 많이 듣는다. 그 말을 들으면 바로 어떤 행위들이 떠오르는가? 부모 된 여러분은(또는 부모가 되실 여러분은) 자녀에게 경건을 가르치기 위해 어떤 것들을 계획하거나 생각하는가? 나는 개혁신앙의 핵심에 살아 있는 신자의 삶이 있다는 것을 뼛속 깊이 깨달았다. 걸출한 신학자나 목사들이 많이 배출되지 않아도 괜찮다. 교회사에 한 획을 긋는 기념비적인 저술이나 논문을 발표하지 않아도 좋다. 지구를 구할 만큼 큰 힘과 능력으로 세상을 호령하려 들지 않아도 전혀 문제없다. 그저 나에게 주신 하루하루의 삶 속에서 부름받은 일들을 성실하게 감당하되, 모든 것을 하나님의 말씀 위에서 신실하게 행하며 사는 한 사람 한 사람의 신자들이 하나님 앞에 가장 경건하고 큰 자가 아닐까? 가정에서 아버지로서, 어머니로서, 남편과 아내로서, 혹은 오빠와 언니로서, 그리고 집 밖에 나가서는 건전하고 상식적인 사회인으로서 살아가려는 매일의 노력들은 수천, 수만 페이지의 신학 서적으로도 이룰 수 없는 놀라운 경건의 훈련이라는 사실을 나는 그들의 삶 속에서 배울 수 있었다. 지금 여러분이 있는 바로 그 자리에서 하나님의 부르심에 충실하게, 그리고 세상의 법과 질서를 상식적으로 지키며 살아가는 모습을 보여 주는 그것이 우리 아이의 신앙을 올바로 형성하는 가장 훌륭한 교육임을 잊지 말기 바란다.

5장
여러 가지 날들

연방 국가 형태를 띠고 있는 캐나다에는 연방 공휴일이 있고, 또 각 주마다 독특하게 지키는 공휴일도 있다. 또한 법정 공휴일은 아니지만 캐나다 사회에서 전통적으로 지켜 오는 날들도 있다. 이번 장에서는 캐나다 개혁교회 신자들이 일 년 중 교회와 관련되거나 관련되지 않은 휴일들을 어떻게 보내고 있는지 그 소소한 모습들을 연중 시간 순서대로 살펴보겠다.

먼저 한 해가 시작되는 첫날, 곧 '새해 첫날New Year's Day'이다. 이날은 법정 공휴일이기도 하면서 대부분의 교회들이 기념 예배를 드리는 날이다. 우리 가족이 다녔던 교회는 일 년 중 주일이 아닌 다른 날에 드리는 기념 예배를 공식적으로 정해 놓고 있었는데, 그날은 성금요일Good Friday과 성탄절, 그리고 새해 전야New Year's Eve였다. 새해 기념 예배를 새해 첫날 당일에 드릴 것인가, 아니면 우리가 다녔던 교회처럼 새해 전야에 드릴 것인가 하는 점은 각 교회의 당회가 독립적으로 정할 수 있다. 신앙인들에게 이날은 지난 한 해 동안 하나님이 베푸신 은혜를 기억하고, 다가올 한 해를 바라보며 새로운 은혜를 구하기 위한 날로서 큰 의미를 갖기 때문에, 세상에서 기뻐하는 방식과는 사뭇 다르게 공적인 예배의 날로 기념하며 보낸다.

새해를 기념하는 개혁교회 신자들의 모습을 살펴보면(우리가 다녔던 교회의 예를 통해) 대략 다음과 같다. 신자들은 새해 전야 7시 30분에 예배를 드리고, 이후에 목사님 댁에 '모두' 모인다. 물론 목사가 자신의 집을 개방하고 교인들을 초대하는 것을 개혁교회의 보편적인 모습이라고 할 수는 없다. 그것은 목사 개인의 성격이나 그 가정의 지극히 사적인 형편과 관련된 것이고, 그에 대해서 교인들은 일체의 편견을 갖지 않기 때문이다. 뒤에서 또 언급하겠지만 호주에서 오신 이 목사님 가정은 캐나다에 다른 가족들이 없었기에, 이런 특별한 날에 사택을 개방하고 교인들을 초청하는 일이 잦았다. 이런 종류의 모임은 교회 차원의 공적인 모임이 아니고 사적인 모임으로, 한 주 전에 미리 광고가 나가면 이에 따라 '원하는 신자들은' 각자 먹을 것을 조금씩 챙겨서 목사님 사택에 모였다. 따라서 여기서 '모두'라 함은 '원하는 사람은 모두'라는 뜻이다.

사택에 모인 교인들은 즐겁게 교제를 나눈다. 주방에는 음식을 가득 차려 놓고, 그들은 원하는 곳에서 원하는 사람들과 자유롭게 대화하며 편안한 시간을 보낸다. 공적인 모임이 아니기 때문에, 누가 사회를 보거나 시작하고 끝내는 의식 따위는 하지 않는다. 그렇게 교제를 하다가 자정이 될 즈음에는 TV를 켜고 새해의 첫 시간을 향한 카운트다운을 한다. 마지막 카운트다운이 끝나면 TV 화면으로 불꽃놀이와 폭죽이 터지는 모습을 보면서 서로들 "해피 뉴 이어 Happy New Year"를 외친다. 한 가지 신선했던 장면은 그 말과 함께 다들 서로 돌아가며 악수를 하는 것이었다. 마치 '한 해 동안 수고 많았다. 올 한 해도 열심히 살아보자.'라고 다짐하는 듯한 모습이었다.

또 이날 아이들은 모두 잠옷 차림으로 모임에 참여한다. 평소 개혁교회 가정의 자녀들은 대부분 저녁 7~8시 사이에 잠자리에 든다. 특히 학기 중에는 더욱 그렇다. 잠을 잘 자는 것이 건강하고 활기찬 삶의 출발임을 알고 있기에, 아이들에게 보통 10시간 정도 잠을 자게 한다. 그런데 이날만은 오롯이 밤을 세울 수 있는 날이다. 그래서 아이들에게는 너무나도 흥분되고 즐거운 날이다. 아이들은 교회에 갈 때부터 잠옷을 챙겨 가서, 목사님 댁에 모여 잠옷으로 갈아입은 뒤에 자기들끼리 참 신나고 즐거운 시간을 갖는다. 물론 평소의 생활 리듬 때문에 버티고 버티다 중간에 나가떨어지는 아이들도 있다.

그럼, 이렇게 목사님 사택에 모이지 않는 사람들은 무엇을 할까? 그런 사람들은 가족끼리 모임을 가진다. 아이를 많이 낳고, 그래서 가족 수가 많은 캐나다 개혁교회 사람들은 5~60대만 되더라도 손주들이 많이 있고, 70대가 넘어가면 그 수가 수십 명에 달하기도 한다. 그런 분들은 가족끼리 따로 모임을 갖고 한 해의 마지막과 첫 시간을 보낸다. 사실 이처럼 캐나다 개혁교회 안에서 가족이 함께 모여 보내는 날은 일 년 중 상당히 많이 있다.

달력 순서상, 새해 다음에 있는 휴일은 2월 14일 '밸런타인데이'이다. 그러나 이날이 개혁교회 신자들에게는 그다지 의미 있는 날로 받아들여지지 않는 것 같다. 일본에서부터 왜곡되어 전해진 밸런타인데이와는 달리, 서양에서 이날은 '사랑'의 날이다. 이때, 모든 사랑하는 사람들은 주로 꽃을 선물하거나 초콜릿을 주는데, 사실 캐나다 사회에서 초콜릿은 이날에만 국한된 아이템이 결코 아니다. 캐나다인들은 일 년 내내 초콜릿을 입에 달고 산다고 해도 과언이 아닐 정도로, 연중에 초콜릿을 주고받는 날들이 많이 있다.

밸런타인데이보다는 오히려 곧 다가오는 2월 셋째 주 월요일인 '가족의 날Family Day'이 캐나다 개혁교회 신자들에게는 더 의미가 있다. 공휴일은 아니지만, '가족의 날'과(브리티시 콜롬비아 주에서는 법정 공휴일임) '어머니의 날'(5월 둘째 주 일요일), 그리고 '아버지의 날'(6월 셋째 주 일요일)이 캐나다 개혁교회 사람들에게 더 의미가 있다. 그들은 그날에 가족들과 함께 모인다. 그 밖에도 '부활절'과 '성탄절'은 교회적으로도 특별한 날일 뿐 아니라, 개혁교회 신자들에게 매년 전통적으로 지켜 온 절기나 명절 같은 날이다. 따라서 이런 날들은 교회에서 예배를 드린 후에 가족들이 함께 모여 보내는 가족 중심의 날이다. 그리고 10월의 둘째 주 월요일인 '추수감사절'은 교회에서 기념하지는 않으나 대부분의 주에서 공휴일로 정하고 있는 날이기에, 이날에도 가족들이 함께 모여 칠면조를 뜯으며 풍성한 시간을 보낸다.

캐나다에 가족이 없었던 우리는 이런 날이 오면 언제나 교인들로부터 초대를 받아 그들의 가족 모임에 함께 참여하곤 했다. 특별히 우리가 다니던 교회의 목사님 가족도 호주 출신이었기에 이런 날이 되면 항상 사택을 개방하고 교인들을 초대했다. 목사님 스스로가 가족 없는 형편을 누구보다 잘 아셨기에 이런 특별한 날에는 교회 내에 이민자들이나 홀로 지내는 분들을 늘 집으로 초대하려고 애쓰셨다. 가족이 모이든 가족 없는 사람들이 모이든, 두 모임은 크게 다를 것이 없다. 우리는 그 시간에 대화와 식사를 통해 서로를 알아 가고 이해하려고 노력한다. 일상의 삶 속에서, 특히 믿음을 갖고 살아가는 세상의 삶 속에서, 어려운 점은 없는지, 서로가 도움이 될 수 있는 부분은 없는지, 마음을 열고 대화하며 성도의 교제를 해 나가는 것이다. 이렇게 대부분의 특별한 날들이 개혁교회 신자들에게는 가족 중심의 날로, 그리고 가족이 확장되어 교회의 성도들과 교제하는 날로 사용된다는 점이 가장 핵심적인 특징이라고 할 수 있다.

여름에 가장 먼저 있는 공휴일은 7월 1일로, 바로 캐나다의 독립기념일인 '캐나다 데이Canada Day'이다. 이날은 1867년 영국의 통치에서 독립된 것을 기념하는 날로 교회와 신자들에게는 큰 의미가 없어 보이나, 사실 개혁교회의 신자들이 대부분 엄청난 애국자들임을 생각해 보면 이는 결코 가볍게 지나갈 날이 아니다. 그들을 애국자라 함은 무조건적으로 자기 나라를 두둔하거나 국수주의國粹主義적인 생각을 해서가 아니다. 그들은 하나님이 세우신 나라를 사랑하며, 그 땅에 전쟁과 기근이 없고 평화와 풍요를 주신 것에 늘 감사한다. 그래서 자기들의 나라와 위정자들을 위해 늘 기도하며 투표에 참여한다. 비록 지지하는 정당이나 정책이 다를지라도, 그보다 더 큰 차원에서 하나님이 세우신 권세자들과 그 정부를 위해 진심으로 기도하는 사람들이라는 점에서 그들은 누구보다 가장 온전한 의미의 애국자들이다.

캐나다 데이에는 전국에서 여러 가지 축제들이 열린다. 그중에서도 브리티시 콜롬비아 주 밴쿠버 인근 해안에서는 세계적으로도 내로라하는 불꽃 축제가 열린다. 우리가 살던 써리Surrey 시에서도 이날에 꼭 불꽃놀이를 했는데, 다행히 집에서 가까운 공원에 축하 행사가 열려 우리도 직접 가서 불꽃놀이를 구경하곤 했다. 이날에는 시내 곳곳이 인파로 북적이기 때문에 주로 가족 단위로 움직인다. 공원에 가서 인파를 헤집고 다니다 보면, 같은 교회 교인 가족이나 함께 놀러 온 청년들을 만나는 경우도 있다.

캐나다 데이와 비슷한 성격의 공휴일이 11월 11일의 '영령英靈 기념일Remembrance Day'이다. 우리나라의 현충일과 비슷한 날이라고 생각하면 이해하기 쉽다. 제1, 2차 세계 대전에 참전했다가 전사한 캐나다의 유공자들을 기리는 날이다. 이날 역시 교회나 신자들에게 무슨 의미가 있나 싶을 수 있지만, 나라를 사랑하는 신자들에게는 결코 의미가 적은 날이 아니다. 특히 캐나다 개혁교회는 제2차 세계 대전의 참화를 피해 유럽 대륙을 떠나 북미에 정착한 이들이 세운 교회이기 때문에, 더욱더 전쟁의 참상을 깊이 되새기며 후대에 기리기 위해 이날을 기념한다.

먼저 학교에서는 이날이 다가오면 제1, 2차 세계 대전에 관한 역사를 배운다. 그리고 아이들은 자기들이 배운 것을 그림으로 그려 학교에 전시하거나, 전쟁의 역사에 관해 조사한 것들을 정리해서 부모들과 함께하는 자리에서 발표하기도 한다. 이날을 상징하는 것 중에 하나가 붉은색의 양귀비 꽃이고, 그와 함께 늘 쓰이는 문구가 'Lest we forget', 즉 '잊지 않기 위해'이다. 그래서 학교나 직장에서 많은 사람들이 이 붉은색 양귀비 꽃 모양을 가슴 한쪽에 달아 지나 간 아픈 역사를 잊지 않기 위해 다짐한다. 이날에 가장 인상적인 행 사는 도시의 여러 커뮤니티들이 참석하는 추모 행사이다. 주로 보 훈 관련 단체들이 참석하는데, 도시의 인근 초등학교에서도 참여하 여 학생들이 가두 퍼레이드를 하기도 한다. 큰아들 다빛이가 4학년 일 때 한국전 참전 기념 깃발을 들고 이 퍼레이드에 참여했다. 오전

'영령 기념일' 퍼레이드에서
한국전 참전 깃발을 들고 있는 다빛

에 추모 행사가 끝나면 역시 가족들끼리 모여 시간을 보내거나 교인들 가정과 만나 교제를 나누기도 한다.

이제 마지막으로 개혁교회 신자들의 삶과 관련하여 다소 아쉬움이 남았던 날들에 관해 한두 가지 간단히 언급하며 가정에 관한 내용을 마무리하겠다.

10월의 마지막 날은 개혁교회 신자라면 누구나 잘 알고 있는 '종교개혁 기념일The Reformation Day'이다. 1517년 10월 31일, 개혁자 마르틴 루터가 비텐베르크 교회 입구에 로마 가톨릭의 잘못된 교리에 대해 95개조 반박문을 붙임으로써 개혁의 불씨가 타올랐던 것을 기념하는 날이다. 그러나 실상 교회 밖 세상에서는 이날을 '할로윈 데이'로 더 잘 알고 있을 것이다. 어느새 우리에게도 시나브로 들어와 널리 퍼져 가고 있는 이날은 한마디로 '공포'의 날이다. 어떻게 보면 죽음과 그에 대한 두려움을 미화하는 날이라고도 할 수 있다. 그러나 세상의 문화는 그것을 더 즐겁고 유쾌하게 바꾸기 위해 'Trick or treat', 즉 아이들이 사탕을 얻는 놀이처럼 만들어 버렸다. 그리고 다양한 코스튬을 상품화함으로써 괴기스럽고 징그러운 개념들을 희화화하여 널리 전파하려고 애를 쓴다.

물론 개혁교회는 근본적으로 이런 날과 아무런 관련도 없다. 교회적으로는 물론, 학교에서도 이날을 경계하며 아이들에게 할로윈 데이보다는 종교개혁 기념일을 더 각인시키기 위해 부단히 애를 쓴다. 그럼에도 할로윈 데이가 지나고 났을 때 몇몇 아이들이 학교에 사탕 꾸러미를 한가득 가지고 온다거나, 심지어 교회에도 그것을 들고 오는 아이들을 종종 볼 수 있었다. 그날이 지나고 아이들 친구 집에 방문했을 때, 여전히 넘쳐나고 있는 사탕과 초콜릿 등을 보게 된다. 이런 모습 속에서 신앙이 개개의 가정 안에서 올바로 자리 잡는 것이 얼마나 어려운 일인지, 특히 세상의 물결이 거세게 밀어닥치고 있는 이 시대에 언약의 자녀들을 바른 신앙으로 키우고 성장시키는 데 있어 부모의 역할이 얼마나 중요한지 늘 되새기게 된다.

또 한 가지 개혁교회와 그 신앙인의 삶에 대해 우리가 항상 균형 있는 시각을 견지해야 하는 이유는, 여름 휴가철이 되었을 때 그들의 모습 때문이다. 당시 네덜란드의 깜뻔^{Kampen}에는 도시의 북쪽과 남쪽에 같은 교단 교회가 하나씩 있었는데, 이 두 교회는 여름 휴가철이 되면 몇 주간 연합해서 예배를 드렸다. 그 이유는 교인들이 휴가를 맞아 이리저리로 그 도시를 떠나기 때문이다. 그래서 교회에 사람들이 많이 없어지다 보니 두 교회가 합쳐서 함께 예배를 드리곤 했다. 이런 현상이 캐나다에도 동일하게 나타났다(비록 교회들이 연합해서 예배를 드릴 정도까지는 아니었지만).

그런데 우리가 우려스럽게 보았던 것은 그들이 휴가를 떠난다는 사실 자체에 있지 않다. 열심히 일을 했으니 쉬는 것은 당연한 권리이고, 주어진 휴가를 어떻게 쓸 것인가는 전적으로 그들의 권리이므로 그것들을 비판하지는 않는다. 그리고 일 년에 적어도 2~3주, 많게는 5~6주 정도 휴가를 얻을 수 있는 그들의 문화와 복지 제도를 시기하는 것도 아니다. 내가 안타깝게 여기는 것은 그들이 권리를 권리로만 생각할 뿐 남을 위해 희생할 수 있는 것으로 보는 데는 여전히 한계가 있다는 사실이다. 그들은 자기에게 주어진 자유를 누릴 줄만 알았지 다른 사람을 위해 희생할 수도 있다는 생각을 쉽게 하지 못했다. 물론 이것만으로 그들의 신앙 전체를, 혹은 그 교단의 모든 사람을 일반화해서 판단할 수는 없고, 또 그래서도 안 될 것이다. 그럼에도 우리가 몇 년 동안 살면서 경험한 바로는, 그 현상이 굉장히 만연해 있었다. 그리고 젊은 세대일수록 그 현상은 더 두드러지게 나타났다. 나아가 여름 휴가철뿐만 아니라 연중에도 교회의 행사를 위해, 그리고 성도의 하나됨을 위해 헌신하는 모습들 속에서 그런 현상들이 조금씩 늘어나고 있음을 목격하니 마음이 더욱 씁쓸했다.

전체적으로 캐나다 개혁교회 신자들의 가정에는 말씀 위에 굳게 선 아름다운 모습이 굉장히 많이 나타나고 있다. 이번 책에서 다 다루지는 못했지만 가정 주부들의 모습이라든지, 그들의 검소하고 청렴한 생활습관이라든지, 젊은 남녀의 이성 교제나 결혼식과 장례식 등의 모습에도 성경적인 신앙의 열매들이 많이 담겨 있음을 보았다. 이런 모습들은 짧은 순간 일어난 유행이나 시류에 영향을 받아 생긴 것이 아니라, 오랜 신앙의 역사 속에서 다져지고 다듬어져 내려온 유산이고 전통이다. 500년의 종교개혁의 역사와 전통 속에서 차곡차곡 쌓아온 것들이며, 그것을 지켜내기 위해 투쟁하고 피 흘린 선조들의 기업이다. 그럼에도 우리가 그런 유산을 물려받는 일에 대해 늘 조심하고 경계해야 하는 이유는 지금 우리가 사는 시대가 그때와는 사뭇 다르기 때문이다. 변화의 속도나 강도가 몇백 년은 고사하고 불과 몇십 년 전과 비교해도 상상이 안 될 정도로 그 차이가 크다. 따라서 과거의 유산을 그 모습 그대로 받아 내리는 데는 어느 정도 한계가 있을 수밖에 없으며, 새로운 시대에 적응하기 위해 노력하지 않는다면 그 모든 유산은 한순간에 휴지 조각이 될지도 모른다. 따라서 우리는 성경이 제시하는 불변의 진리를 찾기 위해 더욱 힘써야 할 것이다. 가정의 모습은 달라지고 가정을 둘러싼 형국이 쉴 새 없이 바뀔지라도, 절대 변하지 않는 진리 안에서 이 시대에 맞는 가정의 모습을 만들어 가기 위해 끊임없이 고민하고 연구해야 할 것이다. 그렇게 하나님의 말씀 앞에서 끊임없이 개혁해 가는 신자의 모습이 바로 진정한 개혁교회 신자의 삶이다.

질문 1 : 개혁교회 교인들의 가족 모임에서 서로 대화를 나누며 이야기하는 모습이 자연스럽고 또 주가 된다고 하셨는데, 그것은 초청해 주셨던 분들이 목사님, 신학교 교수님이고 성숙한 성도 간의 교제라서 가능했던 게 아닐까요? 신앙인으로서의 교제에 캐나다나 서양의 전체적인 문화적 색채와는 다른 독특한 측면으로는 어떤 것이 있을까요?

답 : 물론 서양 사람들은 일반적으로 함께 모여서 이야기를 나누는 일에 훨씬 더 적극적입니다. 예를 들어, 그들은 파티에 사회자가 없어도 손에 와인 잔 하나만 들고 이리저리 왔다 갔다 하면서 이 사람 저 사람에게 말 걸고 대화하는 것을 자연스럽게 즐깁니다.

그렇지만 제가 경험했던 개혁교인들의 삶은 조금 달랐습니다. 그들은 스스로를 표현할 때도 언제나 자신들은 서구 사회의 주류 문화와 굉장히 다른 길을 걷고 있다고 말합니다. 그들에게는, 서구 사회는 말할 것도 없고 다른 기독교인들이나 똑같이 개혁교회라는 이름은 가졌으나 훨씬 더 자유화된 교회의 교인들과도 사뭇 다른 모습이 많습니다. 이 점에 있어서 저희 가족이 짧은 기간 만나고 경험했던 사람들이 전체 서구 사회나 전체 개혁교회를 온전히 대변한다고 할 수는 없습니다. 그러나 제 경험 안에서만 말씀을 드리자면, 그들에게 있어서 만남은 그야말로 '대화를 위한 것', 그리고 그 대화를 통해 '서로를 알아 가는 것'이 핵심이었습니다.

성도가 대화를 통해 서로를 알아 가는 것이 진정한 교제의 핵심이라는 사실을 개혁교인들은 원리적으로, 그리고 오랜 경험을 통해 잘 알고 있습니다. 이러한 원리와 경험은 교수나 목사만 갖고 있는 것이 아니라 그들의 조상 때부터 대대로 전해진 전통 속에서 터득한 지식이기 때문에 일반 성도의 가정에서도 동일하게 나타납니다. 실제로 교수나 목사도 신학교에서 그런 것들을 배운 게 아니라 전부 그들의 가정 안에서(어려서부터 부모와 할아버지, 할머니를 통해) 배운 것입니다.

저희 가정이 네덜란드와 미국, 캐나다 등지의 개혁교회를 찾아다닐 때, 초기에는 주로 목사님이나 교수님 가정에서 저희를 초대하고 맞아주셨습니다. 제가 한국의 자매교회에서 온 목사라는 특수성이 있었고, 또 신학교를 끼고 가는 일이 많았기 때문입니다. 그러나 시간이 갈수록 저희 가정은 교회 내의 일반 가정과 더 가깝게 지내게 되었습니다. 사실 개혁교회 성도들의 생활에는 목사의 비중이 그리 크지 않습니다. 물론 목사의 일이 갖는 중요도가 크지 않다는 것은 아닙니다. 상대적으로 목사와 성도가 교제하는 시간의 비중이 많지 않다는 뜻입니다. 오히려 성도들 간의 자발적인 교제와 또 가족, 친척들 사이의 교제가 압도적으로 더 많은 시간을 차지합니다. 교회 일과 관련해서는 주로 구역의 장로들을 통해 의견을 교환할 뿐, 목사와 직접적으로 만나거나 연락을 하는 일은 많지 않습니다. 따라서 이렇게 성도들 가정과 만남을 가질 때에도 역시 대화를 통해 서로를 알아 가는 일이 언제나 가장 중심에 있음을 참 많이 경험했습니다.

그래서 결론을 말씀 드리자면, 네, 개혁교인들의 신앙의 교제에는 세상 사람들과는 물론이요, 한국인들의 모습과도 참 많은 차이점들이 있습니다.

질문 2 : 식사 모임에서 누구나 대화에 참여할 수 있는 것이 음식 문화(미리 해놓고 데워 먹을 수 있는)의 영향도 있는 것 같다고 하셨는데, 우리나라와 같은 음식 문화를 가진 배경에서는 한계가 있는 것 같아요. 그걸 극복할 수 있는 아이디어가 있을까요?

답 : 캐나다 개혁교회 사람들에게 한국의 주거 문화나 음식 문화에 대해 이야기해 주다 보면, 자연스럽게 궁금해하고 물어보는 것이 "그럼, 한국에서는 성도들이 어떻게 교제를 하니?"였습니다. 저희가 있던 교회에서도 친구들과 이런 이야기를 수도 없이 많이 나누었고, 아내와도 참 많은 대화를 나누었습니다.

우선 저희가 내린 잠정적인 결론으로는 한국의 문화적 양태에 획기적인 변화를 가하지 않는 선에서는 이 부분이 해결되기란 쉽지 않아 보입니다. 불과 몇십 년 전만 해도 집 밖에 화장실(뒷간이란 불리는)이 있고, 방 안에 요강을 두고 살았다는 것을 아실 것입니다. 그러나 지금은 모두가 아파트에서 생활하며, 집 안에 화장실이 있고 침대와 소파를 두고 삽니다(비록 소파에 등을 대고 기대어 바닥에 앉아 밥을 먹는 사람도 있지만 말이죠). 이와 같이 문화는 시간의 흐름에 따라 사람에게 편리한 방향으로 얼마든지 변해갈 수 있다고 생각합니다. 따라서 언젠가는 한국 사람들에게도 먹는 것에 대한 집착

이 좀 덜해지고, 그것으로 예의를 운운하는 일이 사라지며, 사람을 이런저런 지위와 신분으로 판단하지 않고 동등한 인격체로 볼 수 있는 날이 오겠지요. 그렇게 되면 이 문제를 다시 한 번 논해 볼 수 있지 않을까 싶습니다.

그러나 그런 날이 언제쯤 올까요? 그때까지는 식당에 가는 것이 가장 좋은 방법 같습니다. 실제로 우리나라는 외식 문화가 과도할 정도로 잘 발달되어 있으며, 음식값도 싸고 팁도 없으니 이 점에 있어서는 서양 사회보다 월등한 이점이 있는 것 같습니다. 따라서 현재 상황에서는 가까운 음식점에 모여 교제하는 편이 현실적으로 가장 실용적인 것 같습니다. 특히 놀이방이 있는 곳이나, 키즈카페 같은 곳을 이용하면 아이들이 놀 때 부모들도 차 한 잔 하며 교제할 수 있지 않겠나 싶습니다. 방이 대여섯 개씩 되는 하우스에 살지도 않고, 트램펄린이나 수영장이 있는 뒷마당도 없고, 하다 못해 바베큐 그릴 내놓을 만한 자투리 공간도 없는 우리 형편에는 식당을 이용하는 편이 가장 현실적인 해법이 아닐까 생각합니다.

질문 3 : 개혁교회에서 자란 자녀들도 신앙 안에서 이탈하는 경우가 있나요? 개혁교인들은 자녀가 성인일 경우 그를 독립적인 인격체로 존중하기 때문에 가르치려 하지 않는다고 하셨는데, 이런 상황에서는 그들이 어떻게 대응하는지 궁금하네요.

답 : 물론 있습니다. 가정과 학교, 그리고 교회의 신앙 교육이 아무리 탄탄하고 철저하다 해도 사람이 사람을 붙잡아 둘 수는 없는 일이지요. 특히 성인이 되어서 다 큰 자식을 어찌 부모가 이래라저래라 하겠습니까? 따라서

그들 중에도 간간히 신앙을 떠나는 자녀들이 있습니다.

그 원인은 제각각 다를 것입니다. 획일적으로 무엇 때문에 그렇다고 할 수는 없습니다. 그러나 이유야 어떻든, 자녀가 미성년이면 부모 아래 있는 동안에는 부모가 단속을 하지만, 성년이 되면 더 이상 막을 수 없는 것이 사실입니다. 신앙고백을 한 후에 떠나기도 하고, 성인이 되기를 기다렸다는 듯이 신앙고백을 하지 않고 바로 교회를 떠나는 자녀도 있습니다. 또한 신앙을 완전히 버리지는 않더라도 다른 교단이나 공적인 관계가 없는 교회로 가는 경우는 더 많습니다.

이런 가슴 아픈 일을 개혁교인들은 어떻게 대처할까요? 우선 신앙을 떠나는 경우, 가정의 대처와 별개로 교회를 통한 공적인 권징의 절차(신앙고백을 한 수찬교인과 하지 않은 비수찬교인의 출교를 위한 절차가 공식적으로 존재함)가 시작됩니다. 그러나 교회에서 출교되었다고 해서 부모-자식 관계를 끊네 마네 하지는 않습니다. 그래서는 안 되겠지요. 오히려 그 자녀를 위해 더욱 기도하고, 교회 안에 가까운 친구들에게 자신의 자녀를 위해 함께 기도해 달라고 부탁하기도 합니다. 기회가 될 때마다 자녀를 인격적으로 대하며 가까이 지내기 위해 노력하고, 그렇게 해서 하나님께서 자비를 베푸사 자녀가 마음을 돌리기를 기다릴 뿐입니다.

그에 비해 다른 교단으로 가는 경우는 그다지 심각하게 받아들이지 않습니다. 성경적으로 건전한 신학과 신앙 안에 있다면 개인의 신앙과 양심의 자유를 존중할 뿐, 그런 결정에 대해 변론하는 경우는 많이 없습니다. 물론 가족이 모여서 이야기를 나누다 보면 성경의 어떤 부분에 대한 해석이나 특정 교리에 대해 서로 다른 견해를 갖고 티격태격하는 경우도 없지는 않으나, 최대한 그런 일로 가족과 갈등을 일으키지 않으려고 노력합니다.

개혁교회 성도들은 어디 나가서 '개혁교회, 개혁교회' 하고 떠벌리고 다니지 않습니다. 그들은 언제나 역사적 개혁신앙이 가장 성경적인 신앙이라고 믿을 뿐, 그래서 항상 성경적인 신앙에 대해 이야기할 뿐, 자기들이 개혁교회라고 말하고 다니지는 않습니다. 저에게 많은 것을 가르쳐 준 한 장로님도 교회 밖의 사람들이나 다른 교단의 사람들과 이야기할 때 우리를 '개혁교회'라고 강조할 필요는 없다고 말해 주었습니다. 우리가 믿는 것은 성경이고 우리의 신앙은 성경적 신앙이지, 개혁주의 혹은 개혁교회적 신앙이 아니기 때문입니다. 그래서 성경 위에 바로 서는 신앙을 강조할 뿐이지 교단에 대해 자부심을 갖거나 그 이름에 집착하지 않습니다.

마지막으로 성인이 된 자녀에 대한 부모들의 태도는 다분히 문화적인 색채도 있지만, 이 점은 신앙에 있어서도 동일하다고 봅니다. 단순히 법에서 정한 나이를 지나 성년이 되는 것만이 아니라, 자녀가 스스로 신앙을 고백하고 영적 성년이 되었다면 부모도 더 이상 그에게 어떠한 권위도 행사하려 해서는 안 된다고 생각합니다. 그때부터는 부모나 자식이나 동등한 한 인격체일 뿐이고, 하나님 앞에 똑같은 자식일 뿐입니다. 따라서 그들은 서로 존중하고 사랑해야지, 누가 더 높고 낮은가 따질 수 없습니다. 자녀는 하나님이 우리에게 잠시 맡기신 하나님의 자녀입니다. 우리는 그들이 성장할 때까지 돌볼 의무를 받았을 뿐, 그들은 우리의 소유도 아니고 우리가 평생 마음대로 할 수 있는 존재가 아닙니다. 이것이 개혁교인들이 확고하게 갖고 있는 부모-자식 관계에 대한 생각입니다.

물론 삶의 연륜과 경험이 주는 지혜의 차이가 있겠지만, 그것은 상대편이 자발적으로 존중해 줄 때 의미가 있는 것이지 그것을 존중받기 위해 애쓰거나 존중을 강요하는 제도적 장치를 마련하는 일은 계급사회나 신분사회의 억압의 잔재일 뿐입니다. 물론 신앙적으로도 바르지 않고요. 성경은 언제나 양심이 강한 자가 약한 사를 배려하고 그를 위해 자신의 권리를 버릴 수 있어야 한다고 가르칩니다. 모든 신자는 하나님 앞에 양심의 자유를 갖고 있으며, 그것은 오직 하나님만 판단하실 일이고, 사람은 그저 나보다 약한 자를 돕고 배려하며 사랑하는 것이 마땅한 일입니다.

　개혁교인들의 신앙의 전통 속에는 이와 같은 성경적 뿌리가 잘 내려 있기 때문에 자식이 성년이 되기 전에 최선을 다해 하나님 안에서 (즉, 가정-학교-교회가 한 신앙으로) 키우기 위해 노력하지만, 일단 성인이 되어 스스로 하나님 앞에 선 존재가 되면 그들의 결정을 존중하고 받아들입니다. 다만 신앙을 떠나는 결정에 대해서는 보이지 않는 부모 자신의 골방에서 아파하며 하나님의 자비를 구할 뿐이죠.

제2부

학교

6장
설립과 운영 원리

그랜드 래피즈 교회에서 주일 오전 예배를 마치고 나오는데 못 보던 얼굴들이 있어서 다가가 이야기를 걸었다. 알고 보니 그분들은 우리 교회 한 노부부의 동생 부부였는데, 멀리 미국 서부에서 이 노부부를 방문하러 온 것이었다. 이런저런 이야기 끝에 그분들도 원래 이곳에 살았었는데, 오래전에 워싱턴 주의 린든Lynden이란 곳으로 이사를 가셨다는 것을 알게 됐다. 그래서 "여기에 가족이 많이 사는데 왜 그렇게 멀리 이사를 가셨나요?"라고 물어봤다. 돌아오는 대답은 주어, 동사를 싹 잘라먹고 딱 세 단어였다. "Church and school!" 교회와 학교 때문에 차로 서른네 시간 정도 걸리는(비행기로도 세 시간 정도 가야 하는) 먼 곳으로 이사를 갔다는 것이다. 그런데 잘 생각해 보면 그랜드 래피즈에도 교회는 있었으니 결국 그 먼 이주의 핵심 원인은 '학교' 때문이었다는 말이 된다. 아이들의 학교를 찾아서 나라의 반대편으로 이사간 것이다. 똑같은 이유로 두 살배기 아들을 데리고 태평양을 건너와 그 자리에 있었던 우리 부부에게는 그 이유가 너무도 절절히 다가왔다.

도대체 이들은 왜 이렇게 기독교 학교 교육에 열을 올리는 걸까? 맹모삼천지교孟母三遷之教에 감동하고 한석봉의 후손인 우리에게도 못지않은 교육열이 있으니 뭐 대단한 게 있겠나 싶은가? 이번 장에서부터는 그 차이와 그러한 차이들을 발생시키는 원인에 대해 하나씩 살펴보겠다.

특히 이번 장에서는 기독교 학교의 설립과 운영에 대한 근본 원리에 대해 다루어야 하기 때문에 학교에서 발간하는 공식적인 문서에서 많은 부분을 인용해 보겠다. 우리 아이들이 다녔던 학교는 브리티시 콜롬비아 주 써리에 있는 '윌리엄 오브 오렌지 기독교 학교 William of Orange Christian School'였다. 그곳은 세 개의 캐나다 개혁교회 교인들이 운영위원회를 설립하여 세운 초등학교이다. 첫 번째 문서는

교직원 핸드북,
부모들에게 나눠 주는
학교 생활 지침서

'From the Garden to the City'라는 소책자인데, 아이들이 학교에 입학했을 때 부모들에게 나눠 주는 전반적인 학교 생활 지침서 정도라고 이해하면 된다. 이 책을 (1)번 책이라고 부르겠다. 그리고 다음 문서는 '윌리엄 오브 오렌지 기독교 학교 교직원 핸드북'이라고 하는데, 이는 학교 교직원 직무 규정과 학교의 정책 등을 담은 책이라고 보면 된다. 이 책을 (2)번 책이라고 부르겠다. 아래에서 (1)번 책의 제3장 '우리의 믿음' 부분과 (2)번 책의 제1부 '기독교 교육의 정의' 부분을 가져와 함께 비교하며 살펴보겠다.

(1)번 책 제3장 우리의 믿음

(a) 우리의 기초

학부모로 구성된 학교 위원회와 학교 교직원들은 성경의 무오성을 받아들이며, 세 일치 신조를 철저히 고수한다. 학교에서의 모든 교육은 이 표준문서의 가르침 위에 입각해야만 한다.

이와 동일한 내용이 (2)번 책에도 다음과 같이 좀 더 자세하게 실려 있다.

(2)번 책 제1부 기독교 교육의 정의

윌리엄 오브 오렌지 기독교 학교의 특성은 신앙고백적이다.

성경은 개혁주의 학교에서 가르치는 내용의 근간이 될 뿐 아니라, 교사와 학생 상호 간에 함께 소통하고 활동하는 일의 기초적인 배경이기도

하다. 우리 개혁주의 학교에서 일어나는 모든 일은 하나님의 말씀의 권위 아래 있다. 개혁주의 교육은 하나님이 그분의 말씀과 사역 가운데서 자신을 창조주와 구속주, 그리고 생명을 거룩하게 하시는 분으로 계시하신 모든 것에 대해 마음과 뜻을 다하여 '믿습니다'라고 응답하는 법을 계속해서 배워 가는 것이다. 만물이 다 하나님 안에서 그 존재와 목적이 있으며, 오직 그분과의 관계 속에서만 그것을 올바로 알 수 있음을 아이들에게 보여 주는 것이 우리 학교의 신앙고백적 사명이다. 따라서 성경과 그것을 신실하게 요약하고 해석한 세 일치 신조는 개혁주의 교육의 근간이며, 거기서부터 신앙고백적 성격이 나타난다.

(1)번 책 제3장 우리의 믿음

(b) 언약

개혁주의 교육의 중심에는 은혜 언약이 있다. 그것은 우리를 창조하신 하나님, 그리고 우리를 구원하신 예수 그리스도와 우리가 맺고 있는 믿음의 관계를 분명하게 보여 주기 때문이다. 찬송책^{Book of Praise}에 수록된 "유아 세례" 예식서에 따르면 이러한 언약적 관계를 다음과 같이 묘사한다. "우리와 우리의 자녀들은 죄악 가운데 잉태되고 출생하였다(엡 2:3). 그러므로 본질상 진노의 자녀이며 거듭나지 않으면 하나님의 나라에 들어갈 수 없다(요 3:3, 5)."

우리는 우리와 우리의 자녀들이 본질적으로 무가치한 존재들임을 인정한다. 따라서 우리는 "우리의 구원을 우리 밖에서", 즉 예수 그리스도의 구속 안에서 "찾아야만 한다." 그리스도를 통해 하나님께서 다시 우리의 하나님과 아버지가 되시므로 "우리는 새로운 순종의 부르심을 받고 그 의무를 지게 된다." 여기서 말하는 새로운 순종이란 그리스도께서 마태복음 22장 37절에서 한마디로 요약해 주신 원리에 따라 살아감으로써 하나님께 감사의 삶을 살기 위해 노력하는 것이다. "네 마음을 다하고 목숨을 다하고 뜻을 다하여 주 너의 하나님을 사랑하라…네 이웃을 네 자신 같이 사랑하라"(마 22:37-39).

우리의 소명인 이 새로운 순종은 우리의 삶 곳곳에 스며들어 있고, 하나님과 우리의 이웃, 피조물과 우리 자신에 대한 태도 가운데 속속들이 나타난다. 우리 부모들은 이러한 언약적 세계관과 인생관에 따라 자녀를 교육하기 위해 윌리엄 오브 오렌지 기독교 학교를 설립하였다. 교사들은 이와 동일한 세계관과 인생관을 공유해야 하며, 그리하여 부모들이 갖고 있는 성경적 관점에 따라 아이들을 가르쳐야만 한다.

여기서 강조하는 언약적 신앙과 그것에 입각한 교육에 관한 내용이 (2)번 책에서는 다음과 같이 간략하게 소개되어 있다.

(2)번 책 제1부 기독교 교육의 정의

윌리엄 오브 오렌지 기독교 학교의 특성은 언약적이다.

개혁주의 교육은 하나님의 소유가 되어 세례를 통해 성부, 성자, 성령의 확실한 약속의 표와 인을 받은 언약의 자녀들을 위한 것이다. 따라서 개혁주의 교육의 성경적 배경, 뼈대는 바로 언약이다. 학교는 부모가 언약의 자녀를 교육하는 일을 돕는다. 구체적으로는 아이들에게 다양한 기술과 지식을 가르치고 경건을 육성함으로써, 아이들이 그 무엇보다 하나님을 사랑하고 또한 이웃을 자기 자신처럼 사랑하는 사람으로 자라나게 한다. 교사와 학생은 각각 하나님 앞에서, 그리고 자신을 하나님과 묶어 주는 사랑의 관계 속에서 자신의 일을 해 나간다. 이러한 사명 가운데서 그들 모두는 예수 그리스도의 제자로 훈련 받고, 그분을 섬기는 일에 힘과 용기를 얻게 된다.

(1)번 책 제3장 우리의 믿음

(c) 공동체적 사명인 언약 교육

학교 협의회는 언약의 자녀를 교육하는 일이 모든 교인의 책임이라는 신념을 갖고 있다. 그렇기 때문에 협의회에서는 학령기 자녀를 두지 않은 개인이나 가정 또한 그 연령과 상관없이 학교를 후원해 줄 것을 요청한다. 또한 이러한 이유로 부모들은 첫째 아이가 입학하기 3년 전부터 학교를 위한 후원을 시작한다.

여기서 잠깐 공동체적 사명인 언약 교육에 관해 간략하게 설명하고자 한다. 보통 캐나다 개혁교회 학교는 만 5세부터 다닐 수 있는 '유치원Kindergarten'부터 있다. 그리고 초등학교 과정이 7학년까지 있고, 고등학교 과정은 8~12학년까지 있다. 물론 교회가 위치하고 있는 주에 따라서는 초등학교와 고등학교 사이에 중학교(6~8학년)를 넣는 경우도 있다. 캐나다 개혁교회의 교인 가정은 보통 첫아이가 태어나고 얼마 지나지 않아(유치원에 갈 나이가 되지 않았더라도) 학교의 회원자격membership을 얻어 학교를 재정적으로 후원하기 시작한다. 또한 아이들이 졸업하고 난 후에도 부모들은(혹은 조부모들까지) 계속해서 학교를 후원하기도 한다. 이처럼 학교에 다니는 아이들이 없는 가정도 학교의 단순 멤버십을 통해 재정 후원을 할 수 있는데, 이런 경우 학비보다는 상대적으로 적은 액수의 후원금을 낸다. 이렇게 하여 이들은 개혁주의 기독교 학교가 단순히 학생 한 명당 일정 금액을 받고 교육 서비스를 제공하는 곳이 아닌, 가족과 교회가 함께 다같이 양육해 가는 장소임을 확고히 한다. 이러한 개념적 차이를 알 수 있는 또 한 가지 특징은, '학비'가 아이 한 명당 지불하는 것이 아니라 한 가정당 일정 금액을 지불하는 구조로 되어 있다는 점이다. 그래서 한 가정에 학교를 다니는 아이가 몇 명이 됐든, 학비는 첫아이의 학년에 따라 결정된다.

이와 같은 공동체적 언약 교육에 관한 내용은 (2)번 책에서도 다음과 같이 기술하고 있다.

> **(2)번 책** 제1부 기독교 교육의 정의
> **윌리엄 오브 오렌지 기독교 학교는 가정과 학교, 그리고 교회가 하나 된 목적을 갖고 있다는 특징이 있다.**
> 공동체 중심의 우리 학교는 하나님이 세우신 기관인 가정과 교회와 함께 "후대에 전하는"(시 78편) 일을 감당해 간다. 이와 같이 생명을 전하는 사명에 있어 학교가 가정과 지역의 교회를 도움으로써, 믿음의 가정에 속한 교사와 부모는 물론 자녀들의 행복과 번영에도 기여하게 된다.

가정이나 교회처럼 학교 역시 하나님의 놀라운 은혜로 살아가는 찬송과 감사의 공동체가 되어야 한다. 학교 공동체로서 우리는 끊임없이 변화하는 이 세상에서 학생들이 평생 동안 하나님의 말씀 안에 있는 무궁무진한 보물을 배워 가기를, 그리고 개혁주의 신앙을 가진 그리스도인으로서 세상의 "빛과 소금"이 되기를 기도한다.

(1)번 책 제3장 우리의 믿음

(d) 교인이 아닌 가정의 자녀

윌리엄 오브 오렌지 기독교 학교 협의회는 써리, 클로버데일 그리고 월로우비하이츠에 있는 캐나다 개혁교회 교인들의 책임을 다하기 위해 운용된다. 이 세 교회의 교인이 아닌 부모들이 윌리엄 오브 오렌지 기독교 학교에 자녀들을 보내고자 할 수도 있을 것이다. 그러한 요청에 대해서는 운영 위원회가 개별적으로 다루고, 학교의 운영 원리에 부합하는 신뢰할 만한 증거를 요구한다.

이에 관해서도 간략하게 설명을 덧붙이자면, 위에서 본 바와 같이 캐나다 개혁교회 학교의 핵심은 신앙적 통일성이다. 따라서 성경에 대한 입장과 신앙고백이 학교의 회원이 될 수 있는지 판가름하는 중심적인 기준이 된다. 우리 아이들이 이 학교에 다닐 때, 우리 아이들을 포함해 대부분의 학생은 캐나다 개혁교회 교인 가정의 아이들이었지만, 몇몇은 자매관계를 맺고 있던 이웃 교회 교인 가정의 아이들이었다. 그리고 아주 소수이긴 하지만, 자매교회를 다니고 있지 않아도 위원회에서 부모를 상담하여 우리의 성경관과 신앙고백에 일치되면 자녀의 입학이 가능하기도 하다. 그것이 바로 "학교의 운영 원리에 부합하는 신뢰할 만한 증거"이다. 실제로 밴쿠버에서 목회하는 한 장로교 목사 가정의 자녀들도 우리 학교에 다녔다. 그 교회와 목사는 PCA(미국장로교회) 소속이었으나, 학교 위원회가 자녀들의 입학을 허락했던 것이다. 그러나 이렇게 캐나다 개혁교회와 자매교회의 교인이 아닌 가정은 학교 위원회의 정식 회원이 되지는 못한다. 즉, 학교의 중요한 결정 사항에 대해 투표권을 행사하지 못한다. 단지 아이들이 학교에 다닐 수만 있을 뿐이다.

(1)번 책 제3장 우리의 믿음

(e) 신앙의 중심적 지위

서구 문명에서는 신앙을 사적인 어떤 것, 혹은 교회 생활이나 일요일에만 국한된 어떤 것으로 해석하는 경향이 만연하다. 그 결과 신앙이 있는 사람도 있고 없는 사람도 있다고들 한다. 그러나 우리는 인간의 삶이 그 자체로 총체적인 신앙이라고 믿는다. 신앙은 곧 삶의 방식이다. 하나님을 섬기는 상태로 되돌리지 않는 이상, 사람은 자기 자신이나 다른 무언가를 섬기게 된다. 인간의 마음은 하나님과 연결되어 있거나 끊어져 있거나 둘 중 하나이다. 따라서 지식으로 향하는 문은 머리가 아니라 마음이다. 그 마음을 통해 하나님이 우리 안에서 역사하시고, 그 마음으로부터 우리의 머리와 지성에 영향을 주신다. 이것은 하나의 고백이며 믿음의 표현이다. 이러한 고백을 거부한다면 필연적으로 또 다른 믿음을 표현할 수밖에 없다. 하나님께로 향하지 않는 믿음은 다른 길로 나아가게 된다.

(f) 우리 학교의 목적

윌리엄 오브 오렌지 기독교 학교의 교육 목적은 부모들의 자녀양육을 돕는 것이다. 죄중에 잉태되고 태어난 자녀들을 교육함으로써 이들이 자신의 사명을 감당하고 언약에 순종하는 삶을 살도록 하는 것이다. 이 일은 성령님께서 이루어 가시는 거듭남의 역사의 한 부분이라는 인식 위에서 행해진다.

윌리엄 오브 오렌지 기독교 학교에서 제공하는 교육의 내용은 다음과 같다. 각각의 학습자들이 여러 가지 기술을 익히고 지식을 쌓아, 스스로의 능력으로 하나님의 피조 세계 가운데서 청지기로 봉사하며, 또한 하나님이 기뻐하시는 방식으로 문화적 사명에 참여할 수 있는 태도를 개발하는 것이다.

(j) 절대성

배우는 내용 자체보다 학습 과정이 더 중요하다는 현대적 관점은, 최종 목표가 그 목표에 도달하기 위한 과정만큼 중요한 것은 아니라는 생각을 낳게 된다. 이것이 사실이려면 그 최종 목표, 즉 학습의 내용이 절대적인 것이 아니어야만 한다. 그러나 기독교 학교에서는 참되고 절대적인 것들이 있음을 굳게 강조한다. 이는 사람이 그 참됨을 발견하기 때문이 아니라 하나님께서 그것의 참됨을 보여 주시기 때문이다. 죄인에게 자유를 주는 것은 진리를 찾기 위한 노력이 아니라 진리 그 자체이다. "너희가 내 말에 거하면 참으로 내 제자가 되고 진리를 알지니 진리가 너희를 자유롭게 하리라"(요 8:31-32).

현재의 상태에서는 교사든 학생이든 온전한 진리를 파악할 수 있는 능력이 없으며, 오직 하나님이 보여 주시기로 정하신 만큼만 알 수 있다. "우리가 지금은 거울로 보는 것 같이 희미하나 그 때에는 얼굴과 얼굴을 대하여 볼 것이요 지금은 내가 부분적으로 아나 그 때에는 주께서 나를 아신 것 같이 내가 온전히 알리라"(고전 13:12).

과정과 내용 사이의 균형을 이루는 학습 계획을 통해, 학생들은 하나의 개념 뒤에 있는 진리가 의미 있고 참된 것이 되는 일은 자신의 의지에 달려 있다는 혼란스러운 생각에 빠지지 않을 수 있다. 기독교 학교에서는 학생들로 하여금 모든 종류의 관점을 다 용납하도록 하는 거짓된 관념을 조장하지 않는다.

기독교 학교의 목적과 관련하여, 특히 세속 교육이 지향하는 바와 어떤 차이가 있는지에 대해 (2)번 책의 다음 내용을 참고하면 도움이 될 것이다.

(2)번 책 제1부 기독교 교육의 정의

윌리엄 오브 오렌지 기독교 학교는 현실의 대결구도를 가르친다.

타락 직후에 하나님은 뱀의 후손과 여자의 후손이 서로 원수가 될 것이라고 약속하셨다. 그리고 그 약속의 중요한 부분은 하나님이 그분의 아들을 이 땅에 보내심으로써 이루셨다. 우리는 이미 시편 8장에서 하나님이 어린아이들과 젖먹이들의 입으로 그분을 찬송하도록 정하셨음을 볼 수 있다. 언약의 자녀들은 사탄과의 큰 싸움 가운데서 하나님이 자신들을 그분의 소유로 주장하신다는 사실을 깨닫게 되며, 세상 끝날에 왕이신 예수님께서 사탄을 이기시고 최종적인 승리를 거두실 것을 내다볼 수 있다. 우리 학교는 학생들이 이 우주적인 전투에서 선지자와 제사장과 왕의 역할을 감당하고 있음을 자각하도록 돕는다. 그뿐 아니라, 우리의 아이들은 어려서부터 자기 자신을 위해서 살지 않고 우리의 주인되신 분을 위해 살아야 한다는 것과, 우리에게 있는 것은 우리 자신의 것이 아니라 주인 되신 분의 것이라는 사실을 배워야 한다.

(1)번 책 제3장 우리의 믿음

(k) 서두의 결론적 언급

우리 학교는 캐나다 개혁주의 학교이다. '캐나다'라 함은 교직원과 학생이 이 캐나다 땅에서 사명과 부르심을 받은 캐나다인들이기 때문이고, '개혁주의'라 함은 우리의 믿음이 개혁주의 신앙에 뿌리를 내리고 있기 때문이다. 캐나다 개혁주의 학교로서 우리에게는 특별한 정체성이 있는데, 그것은 대부분의 구성원들이 이 지역에 있는 캐나다 개혁교회 신자들의 가정이라는 점이다. 이 학교의 학부모/회원들은 가정과 교회, 그리고 학교 사이에 매우 긴밀한 신앙고백적 통일성이 있어야만 한다는 인식을 갖고 있다. 그리하여 이 학교는 캐나다 개혁교회와 동일한 교리적 바탕을 인정하고 받아들인다. 곧 성경의 무오성과 벨직신앙고백서(1559년), 하이델베르크 교리문답(1563년), 그리고 도르트신경(1618년)의 세 일치 신조이다.

학교는 그저 학업 공장이 아니다. 모든 구성원이 매일 같이 많은 부분을 공유하며 함께 살아가는 작은 공동체이다. 사람들이 함께 일하거나 살아갈 때는 유무형의 행동 준칙들이 있는데, 이는 특정한 근본 가치에 바탕을 두고 있다. 캐나다 개혁교회의 부모는 자녀들이 성경적 가치에 근거한 생활 양식을 받아들이기를 원한다. 아이들에게 성경적 가치에 근거한 생활 양식을 가르치기 위해서는 가정과 학교 사이에 통일성이 있어야 한다. 즉 가정과 학교에서의 근본 가치가 동일해야 한다. 윌리엄 오브 오렌지 기독교 학교의 학부모, 교사, 그리고 학생들은 성경적 가치에 근거한 생활 양식을 증진시키며 그 모범이 되는 학교를 만들고자 한다.

우리 학교의 존재 이유를 나열해 보는 것은 그다지 어려운 일이 아니다. 그것들을 실제로 행하는 일이야말로 힘든 도전이다. 기독교적 교과 과정을 만들어 내기 위해서는 많은 생각이 필요하다. 또한 성경적 생활 양식에 따라 살아가는 일에는 많은 사랑이 요구된다. 따라서 우리에게는 모든 구성원의 진심 어린 협력이 필요하다. 모든 구성원이 하나님께 끊임없이 기도함으로써 이러한 협력의 증거를 보여 주기를 바란다. 이렇게 할 때만 우리는 윌리엄 오브 오렌지 기독교 학교를 위한 일들에 하나님께서 복 주심을 기대할 수 있다.

캐나다 개혁교회의 교회 질서 The Church Order (교회 질서란 교회 헌법이라고

도 불리기도 하며, 교회적 권위를 갖는 주체에 의해 제정된 일련의 조직적인 규칙들로서 교회 안의 제반 사항을 규율한다—편집주) 제58조는 '학교'라는 제목하에 다음과 같이 규정하고 있다.

> 제58조 학교
> 당회는, 부모가 마땅히 최선의 힘을 다해to the best of their ability 자녀를 교회의 신앙고백 속에 요약된 하나님의 말씀에 따라 교육하는 학교에 보내도록 해야 한다.

이것은 당회의 책임을 규정한 내용이지만, 그 중심에 부모들이 언약의 자녀를 신앙 안에서 키워야 하는 의무가 있다고 간접적으로 말한다. 솔직히 말해서, 기독교 신앙 안에서 자녀를 낳은 부모가 그 아이를 세속 학교에 보낸다는 것은 나로서는 생각조차 할 수 없는 일이다. 그것은 비 오는 날 아이와 함께 걸어가는 부모가 자기만 우산을 쓰고 아이는 그냥 빗속에서 걸어가라고 내버려 두는 것과 다를 바 없다. 그러고 나서 아프고 병든 아이를 나무라고 탓할 생각이라면, 혹 옷이 왜 이렇게 젖었냐고 타박할 심산이라면, 그 부모는 하나님이 주신 소중한 선물을 지극히 소홀히 한 책임을 결코 면하지 못할 것이다. 그런 태도야말로 하나님을 만홀히 여기고 욕보이는 행위이다. 캐나다 개혁교회의 신자들은 직장이나 학업 등으로 다른 나라나 지역으로 가게 될 경우, 그곳에 우리와 같은 신앙을 고백하는 학교가 없으면 일고의 여지없이 홈스쿨링을 택한다. 만약 홈스쿨링을 할 만한 마음의 준비나 여건이 되지 않는 경우에는 이 글 서두에서 본 가정처럼 학교를 찾아 멀리 이주해 가기도 한다. 적어도 자녀에게 유아 세례를 받게 한 개혁신앙의 부모라면, 그 문제는 결코 타협 가능한 부분이 안 된다. 왜냐하면 부모로서 하나님 앞에서 한 '맹세'와 '서약'이 있기 때문이다.

> "그대들은 아버지와 어머니로서, 이 아이가 이해할 수 있게 되자마자 이 교리를 가르치며, 최선을 다하여 그 안에서 가르침 받게 할 것을 약속하십니까?"
> "예, 그렇게 하겠습니다!" (캐나다 개혁교회 세례 예식문)

무료로 다닐 수 있는 공립학교보다 학비가 비싸면 부모가 더 열심히 일해서 해결해야 할 일이지, 이는 저울질할 만한 문제가 아니다. 그런 노력도 없이 하나님 앞에서 한 맹세를 이루겠다는 것은 그야말로 허황된 환상이다. 혹 기독교 학교에 보내거나 홈스쿨링을 할 경우 아이들의 인간관계나 진로가 걱정된다고 생각한다면 이 역시 세상의 우상에 물든 병든 생각이다. 그것은 내게 맡겨 주신 아이를 하나님과 이웃을 사랑하는 참된 인간으로 키우려 하지 않고, 세상에서 인정받고 사회생활 잘하는 흉측한 괴물로 만들고 싶어 하는 그릇된 욕망의 발로일 뿐이다. 또한, 주일학교에 보내는 정도면 할 일을 다하는 것 아닌가 하고 생각한다면, 그것은 참으로 안타깝기 짝이 없는 부족한 생각이다. 자녀가 어디 가서 끼니마다 라면만 먹는 걸 알게 된다면 어떻겠는가? 하물며 일주일에 단 하루, 그것도 1시간도 채 되지 않는 짧은 시간, 라면은 고사하고 단내 풀풀 풍기는 사탕만 한 가득 빨고 있는 아이의 모습을 그려 보라. 근본적으로 아이의 영혼에 무슨 차이가 있는가? 또한, 자기 자녀가 세속 학교에 다니면서 복음을 전하는 선교사의 역할을 하기 바란다고 생각하는 부모가 있다면 그것은 거의 아동학대나 다를 바 없다. 보호하고 양육하라고 주신 아이를 아무런 교육이나 훈련 없이 그 험한 선교 현장에 내던지는 것이 학대가 아니고 무엇이겠는가? 영적으로 봤을 때, 우리가 살아가는 이 세상과 식인종 가득한 오지의 모습은 다른 것이 하나도 없다. 그런 곳에 아직 준비도 되지 않은 언약의 자녀를 복음을 전한다는 그럴싸한 핑계로 내몰게 되면, 머지않아 부모를 잡아 먹기 위해 독침을 들고 들어오는 아이의 모습을 보게 될지도 모른다.

언약의 자녀를 교육하는 문제는 신앙의 문제이다. 다른 이야기들을 갖다 대는 것은 모두 핑계에 불과하다. 바르고 성숙한 신앙을 가질 수 있도록 성령님께 간구하는 것이 올바른 해답이다.

7장
확장된 가족 공동체

앞서 본 바와 같이, 학교는 학생의 가정과 그 가정이 속한 교회와 전혀 무관하지 않다. 캐나다 개혁교회의 신앙적 기반에 따르면, 가정은 하나님의 언약 공동체로서 가장 기초적인 단위이며, 교회의 성도는 영적인 의미에서 천국의 식구들이다. 이처럼 영적인 가족 관계는 각 가정에서 출발하여 교회 안에서 완성된다. 그리고 이 관계가 교육 면에서 확장되는 곳이 바로 학교이다. 즉, 언약 안에서 주신 자녀들을 신앙으로 바르게 양육하는 일을 가정에서 시작하여 학교가 돕고, 교회를 통해 완성에 이르게 하는 것이다. 이것이 개혁교회가 전통적으로 추구하는 '삼각대', '삼발이 의자' 교육 시스템이다. 이번 장에서는 특히 확장된 가족 공동체라는 측면이 현실 세계에서 어떻게 나타나는지에 대해 관찰해 보도록 하겠다.

일단 학교의 구성원들 가운데 실제로 혈연관계인 가족들이 상당히 많이 있다. 하나님이 주시는 대로 아이들을 낳으며 살다 보니 학교 안에 형제, 자매, 사촌들이 많이 있다. 몇 가지 예를 들어 보겠다.

우리 큰아이가 유치원에 들어가던 당시, 같은 학년에 남자아이가 8명, 여자아이가 4명 있었는데, 이 중 남자아이 두 명은 쌍둥이였고, 여자아이 두 명은 사촌지간이었다. 이는 일반 학교에서도 충분히 있을 수 있는 일이지만, 여기서 끝이 아니다. 그 쌍둥이 남자아이들의 형과 누나도 같은 학교에 다니고 있었고, 사촌지간인 여자아이 둘도 각각 오빠와 언니들이 위로 두세 명씩 같은 학교를 다니고 있었다. 그 밖에도 같은 학교를 다니고 있는 형제들이 한두 명씩은 꼭 있었고, 한두 해 후에 학교에 들어올 동생들도 계속 있었다. 유치원에서 7학년까지(당시 총 80여 명의 학생) 상당히 많은 수가 형제지간 혹은 사촌지간이었다. 그러니 학교에 가면 낯선 느낌이 없고, 거의 친척 모임 같다고 해도 과장이 아니다.

가족적인 분위기를 만들어 내는 또 하나의 요인은, 아이들이 학교에 들어가기 전부터 늘상 학교에 가서 놀기 때문이다(다음 장에서 이 부분에 대해 다룰 것이다). 아이들은 부모가 형제들을 아침에 데려다주거나 오후에 수업을 마치고 집으로 데려올 때, 수시로 부모와 함께 학교에 들락거리기 때문에 어려서부터 학교에 익숙해진다. 학교에 가면 놀이터도 있고 형제들도 있으니, 그들에게는 매일 학교에 가면 재미있는 놀이가 기다리고 있는 것이다. 우리 둘째 딸아이도 큰아이가 유치원에 들어가던 시기부터 그렇게 매일 학교에 가서 시간을 보내다 보니, 자연스럽게 몇 년 후에 함께 학교에 들어가게 될 친구도 알게 되었다. 그래서 아이들에게 학교는 전혀 어색하거나 두려운 곳이 될 수가 없는 것이다. 물론 대부분의 학생들이 같은 교회 친구들이라는 점도 매우 큰 역할을 한다.

그럼 학생들만 가족인가? 아니다. 아이들이 가족이려면 필연적으로 부모들이 가족 관계여야 한다. 실제로 부모들 중에 형제, 자매지간이 꽤 있고, 사촌지간도 많이 있다. 어렸을 때 바로 그 학교를 다녔던 부모들도 많다. 오전, 오후에 아이들을 데리고 학교에 가면 다른 학부모들을 만나게 되는데, 신기하게 좀 닮았다 싶으면 형제거나 사촌지간이었다. 우리 가정처럼 그곳에서 태어나고 자라지 않은 사람들에게는 그 관계를 다 파악하기 어려운 점이 있지만 시간이 가면서 조금씩 조각이 맞춰지기도 한다.

그래서 이런 것을 가리켜 재미있게 일컫는 말로서 '더치 빙고Dutch bingo'라는 말을 사용한다. 빙고 게임은 숫자나 모양 등을 무작위로 배열한 뒤에 하나씩 불러가며 일정한 배열을 먼저 완성한 사람이 이기는 게임이다. 바로 이런 게임과 같은 현상이 네덜란드계 이민자들 사이에서 종종 일어난다.

서양 사람들과 살다 보면 우리 문화와 확연히 구별되는 것이 있는데, 그중 하나가 바로 이름이다. 한국인들은 비슷한 성姓이 많고, 그래서 보통 이름으로 서로를 구분한다. 하지만 서양 사회에서는 성last names이 독특하게 구분되기 때문에, 이름은 흔한 이름이 굉장히 많이 쓰인다. 예를 들어, 오랜 기독교 역사 속에 있는 서양에서는 성경 인물들의 이름을 많이 쓴다. 존John, 매튜Matthew, 제임스James, 폴

Paul, 제이슨Jason, 토마스Thomas, 아담Adam, 사라Sara/Sarah, 레이첼Rachel, 아비가일Abigail, 엘리사벳Elizabeth, 클로이Chloe, 한나Hannah, 리아Leah, 레베카Rebecca, 리디아Lydia 등, 우리가 쉽게 듣는 서양의 이름들은 대부분 성경에서 가져온 것이고, 서양인들, 특히 기독교 신앙을 가진 사람들은 이런 이름을 흔히 사용한다. 그래서 한 반에, 그리고 한 교회에 같은 이름을 가진 사람들이 다수 존재하는 경우가 흔하다. 그런데도 전혀 불편하지 않은 이유는 이들의 성이 다 다르고, 굉장히 독특하기 때문이다. 따라서 성으로 주로 사람을 구분하는데, 그래서 발달한 것이 Mr. Mrs.처럼 성 앞에 쓰이는 칭호이다.

그러나 더치 빙고의 최대 난점은 바로 결혼한 여성들의 성이 바뀐다는 문화적 전통에 있다. 예를 들어, 이 씨 집안의 딸이 김 씨 집안의 남자와 결혼을 하면 그녀는 바로 자기 성을 김 씨로 바꾼다. 서구 사회는 이렇게 하는 것이 일반적이기 때문에, 여기에 이 퍼즐의 난제가 있었다. 예를 들어, 학교에서 만난 아이 친구의 엄마와 통성명을 해도, 이름만 봐서는 알 수 있는 것이 별로 없고 성을 봐도 그저 남편 성과 같을 뿐이니 이 여성이 본래 누구의 자식인지는 전혀 알 수 없었다. 그런데 이야기를 나누다 보면 이 사람이 사실은 전혀 다른 성을 가진 어떤 분의 딸이라는 것을 알게 된다. 그리고 뒤늦게 그녀가 또 다른 학부형과 남매지간이라는 사실도 알게 된다. 이렇게 되면 조금씩 그 빙고 게임의 실마리가 풀리게 된다. "아, 그래서 너희 반에 누구와 누구가 사촌지간이라고 한 거구나." 하고 무릎을 탁 치는 일이 한두 번이 아니었다. 처음에는 어리둥절하지만 갈수록 쏠쏠한 재미가 붙는 것이 바로 이 더치 빙고 게임이다.

그런데 더 재미있는 점은 이 가족 관계가 학생들이나 학부모들 사이에만 있지 않다는 사실이다. 이 관계는 교사들에게까지 미친다. 다시 말해, 선생님들도 사실 어떤 학생과, 혹은 어떤 부모와 가족이라는 것이다. 몇 가지 예를 들어 보면, 우리 아들 녀석이 지금도 영상 통화로 자주 만나는 같은 반 친구가 있는데, 그 남자아이는 집안의 막내이고 위로 형과 누나가 네 명 더 있다. 물론 그들도 모두 같은 학교를 나오거나 다니고 있다. 한번은 그 아이의 엄마가 자기 아들을 좀 봐 달라고 해서 우리 집 아이들과 함께 공원에 데려가서 놀았는데, 나중에 아이를 데리러 온 아이 엄마가 말하길, 자기도 이 학교를 졸업했다고 했다. 다른 학부모들 중에 자기와 같이 학교를 다녔던 사람도 있고, 또 자기를 가르쳤던 선생님이 아직도 이 학교에 계신다고도 했다. 그 아이의 엄마는 학교에서 파트 타임으로 행정 직원 일을 돕고 있었고, 정말 재미있는 것은 이전에 그분의 남편이 그 학교 교장이었다는 사실이다. 무슨 이유에서인지 아이 아빠는 몇 해 전에 인근에 있는 캐나다 개혁교회 고등학교의 교장으로 직장을 옮겼다. 자기 아이들 중에 셋은 이미 그 고등학교를 졸업했고, 하나는 지금도 다니고 있으며, 막내 아들은 초등학교에 재학 중인데, 엄마는 그 학교에서 행정 일을 돕고 있는 것이다.

이런 일은 비일비재하다. 후임으로 온 교장 선생님(현 교장)은 나이도 어리고 대학을 졸업한 지도 얼마 되지 않은, 거기다 대학원 공부까지 하고 있는 유능한 청년이었다. 여기서 누군가는 "그런 사람이 교장이 된다고?"라고 물을 수도 있을 것이다. 이 문제는 본서의 10장에서 살펴볼 것이다. 나이도 어리고 신참이었던 그 교장 선생님은 학교일에 참 부지런한 열심을 보였던 것이 정말 인상적이었다. 하루는 마트에 장을 보러 갔다가 그분이 젊은 여성과 함께 있는 것을 보았다. 알고 보니 그분은 결혼한 지 얼마 안 된 신혼이었다. 그런데 아내의 얼굴이 어딘가 모르게 낯익어 보였고, 나중에 알고 보니 그 아내 분은 학교에서 음악을 가르치던 여선생님의 동생이었다. 즉 교장과 음악 선생이 제부와 처형 지간이었던 것이다. 나아가, 그 음악 선생님은 아이들이 네 명 정도 있었고 그중에 셋이 그 학교를 다니고 있었다. 그래서 그 아이들에게는 이모부가 교장 선생님인 셈이 됐다. 이렇게 이 공동체의 가족 관계는 학생, 부모, 교사에 넓게 분포하고 있다.

이것을 단적으로 보여 주는 학교 행사가 하나 있다. 매년 1월 말이 되면 '오픈 하우스Open House'라는 행사를 하는데, 이는 말 그대로 학교를 개방하고 부모와 조부모를 초대해서 아이들이 공부하고 뛰노는 모습을 볼 수 있게 하는 날이다. 이날 학교에 가면 말 그대로 더치 빙고의 요란한 장면을 여기저기서 보게 된다. 예전에 학교와 같은 부지를 사용하던 이웃 교회에 목사가 공석인 때가 있어서 여러 차례 설교를 부탁 받았던 적이 있다. 그러다 보니 그 교회 교인들과도 친분이 조금 쌓였는데, 오픈 하우스 날에 학교를 가면 그 교회 교인들을 많이 만나게 된다. 만나서 이야기하다 보면, 이분이 저아이의 할아버지라는 사실, 저 아이가 이 집안의 손녀라는 사실 등을 새롭게 알게 되기도 한다. 오픈 하우스 날에는 '스펠링 비Spelling Bee'라는 메인 이벤트가 열린다. 말 그대로 영어 단어의 스펠링을 맞추는 콘테스트이다. 4학년부터 참여 자격이 주어지는데, 이 대회에서 우승을 하면 다른 학교 학생들과 경쟁하는 대회에 나가기도 한다. 제법 규모가 있는 대회이다 보니, 이에 관심 있는 할아버지, 할머니들이 콘테스트를 보기 위해 많이 방문한다. 그러면 정말 어마어마한 가족 잔치 비슷한 것이 연출된다. 교사, 부모, 조부모, 그리고 학생들이 한 가족이 되어 즐거운 잔치를 여는 것 같다.

학교 안에 가족 관계가 많다 해도, 모든 구성원이 그런 관계에 있는 것은 아니다. 우리 가족처럼 교사나 학생 누구와도 혈연관계가

학교 오픈 하우스 행사의 메인 이벤트였던 스펠링 비 콘테스트

아닌 구성원도 간혹 있다. 이민자 가정, 다른 교단적 배경을 가진 가정, 특히 사역지를 따라 옮겨 다니는 목사 가정이 그러하다. 그러면 이런 사람들은 저런 거대한 가족 관계에 속하지 못하니 소외 당하고 마는 것인가? 학교에 가도 아는 사람이 없고 가족, 친척도 없어서 늘 외톨이여야만 하는가? 전혀 그렇지 않다. 다시 이 학교의 설립과 운영 원리를 환기시켜 보면(6장 참고), 학교는 가정의 확장이기도 하지만 교회를 통한 완성으로 나아가는 중간 단계에 있다고 할 수 있다. 따라서 학교는 단지 혈연으로만 관계를 맺고 그 관계 안에서만 돌아가는 공동체가 아니다. 그보다 더 중요하고 크고 본질적인 교회라는 영적인 혈맹 관계가 바탕에 있기에, 비록 피를 나눈 가족은 아닐지라도 언제나 가족과 같이 잘 지낸다.

예를 들어, 부모들은 자기 아이가 학교를 마치고 집에 올 때, 다른 학부모에게 자기 아이를 맡기는 경우가 많다. 급한 일이 생겨서 아이를 학교에 데려다주기 어렵거나 데려오는 시간을 맞추지 못할 때는 아는 부모에게 전화해서 내 아이 좀 태워다 달라, 집에 데려다 달라고 종종 부탁한다. 브리티시 콜롬비아 주에 간 지 얼마 안 됐을 때 우리 가족은 학교에서 조금 멀리 떨어진 곳에 살았다(차로 40분 정도 걸리는 거리). 큰아이가 유치원에 들어갔을 때, 같은 반에 우리 집과 가까운 곳에 사는 아이가 둘 있었다. 그래서 세 가정의 부모들은 협의하여 돌아가며 아이들을 학교에 데려다주고, 데려왔다. 그렇게 해서 통학에 드는 기름값을 절반으로 줄일 수 있었다.

학교에서 소풍이나 견학field trips을 갈 때도 마찬가지다. 외부 행사가 있기 몇 주 전에 학교는 부모들에게 차량 봉사 지원서를 나눠 준다. 그러면 날짜와 시간을 보고 가능한 부모들은 아이들을 위해 차량 봉사를 한다. 즉 학교에서 견학 장소까지, 그리고 다시 학교까지 아이들을 태워 주는 것이다. 이처럼 학교 밖으로 나가는 외부 행사는 거의 대부분 학부모들이 차량 봉사를 한다. 내 아이들과 친구들을 돕는 일이니, 부모들은 언제나 적극적으로 나서서 활동한다. 그밖에도 학교 내외의 많은 행사에 부모들이 늘 관여한다.

사실 학교를 운영하는 위원회 자체가 부모들로 구성되었고, 교사들도 대부분 아이들의 부모이고, 부모들 역시 과거에 같은 학교를 다녔던 친구들이며, 지금 학생인 자녀들 역시 친구이자 동시에 가족들일 뿐만 아니라, 모두가 다 한 교회 혹은 이웃 교회의 믿음의 형제자매들이니 서로가 서로를 위해 봉사하고 일하지 않을 이유가 없는 것이다.

이에 대해 (1)번 책인 『학교 생활 지침서』From the Garden to the City의 마지막 부분을 다시 한 번 볼 필요가 있다.

우리 학교의 존재 이유를 나열해 보는 것은 그다지 어려운 일이 아니다. 그것들을 실제로 행하는 일이야 말로 힘든 도전이다. 기독교적 교과 과정을 만들어 내기 위해서는 많은 생각이 필요하다. 또한 성경적 생활 양식에 따라 살아가는 일에는 많은 사랑이 요구된다. 따라서 우리에게는 모든 구성원의 진심 어린 협력이 필요하다. 모든 구성원이 하나님께 끊임없이 기도함으로써 이러한 협력의 증거를 보여 주기를 바란다.

이렇게 할 때만 우리는 윌리엄 오브 오렌지 기독교 학교를 위한 일들에
하나님께서 복 주심을 기대할 수 있다.

무엇보다 이들은 늘 서로를 위해 기도하는 공동체이다. 가정은
학교를 위해 기도하고, 학교도 수업 전에 어려움을 겪는 친구나 부
모, 교사를 위해 항상 기도하며, 교회 역시 학교를 위해 기도하는 일
을 게을리하지 않는다. 가정, 학교, 교회는 언제나 서로를 위해 끊임
없이 기도함으로써 하나님의 손길이 임하기를 간절히 구한다. 이것
이 바로 개혁교회 신앙의 깊은 정수이다.

8장
조회 및 기타 행사

캐나다 개혁교회 학교는 매주 월요일 아침에 언제나 전교생과 모든 교직원이 함께 모여 조회를 한다. 불현듯 예전에 한 희극인이 조회 시간에 교장 선생님이 훈화 말씀하는 모습을 익살스럽게 흉내 내어 인기를 끌었던 것이 생각난다. 그러나 아쉽게도 캐나다 개혁교회 학교에서는 그런 모습을 보기 어렵다. 그 조회는 교장 선생님의 전 유물이 아니라 모든 선생님이 돌아가며 인도하기 때문이다.

아침 조회는 기본적으로 캐나다 개혁교회 안에서 행해지는 모든 종류의 모임과 회의, 기타 행사들과 동일한 순서로 진행된다. 즉, 성경과 찬송, 그리고 기도가 있다. 그날 조회를 맡은 선생님은 성경책을 들고 나와 자신이 선택한 본문을 읽고 그에 대한 짧은 이야기를 전한다. 이때, 본문은 전날 교회에서 들은 말씀일 수도 있고, 자신이 개인적으로 읽고 묵상한 부분일 수도 있고, 아니면 지난주에 어디

선가 듣게 된 좋은 구절일 수도 있다. 조회를 맡은 선생님이 자유롭게 선택하여 모두와 함께 나누고 싶은 구절을 가지고 온다. 그렇게 말씀을 읽고, 자신이 느낀 점, 우리가 생각해 보면 좋은 점 등을 나눈다.

이 나눔들은 단순히 교훈적인 이야기나 잘해 보자는 격려 차원의 응원이 아니다. 하나님이 세상에 언약 백성을 두신 이유와 기독교 학교가 그 언약을 이루기 위해 어떻게 나아가야 하는지, 그리고 우리가 바로 그 하나님의 은혜의 언약 위에서 오늘 하루를, 또 이번 한 주를 어떻게 살아야 하는지에 대한 깊이 있는 성찰과 권면이 담겨 있다. 유치원 아이들부터 7학년 학생들까지 한자리에서 이런 내용을 듣는다. 아이들이 들은 내용에 대해 묻고 답할 수 있는 것은, 이 아이들 모두가, 그리고 그들을 가르치는 교사들이 건전하고 확고한 개혁주의 신앙의 성경 해석과 신앙고백 위에 든든히 서 있는 신자들이기 때문이다. 그리고 바로 그것이 이 학교의 존립 목적이다. 그들은 매주 월요일 아침마다 조회를 함으로써 그 목적을 상기시킨다.

때로는 그 시간에 특별한 손님을 모시는 경우도 있다. 예를 들어, 캐나다 개혁교회에서 브라질에 파송한 선교사들이 좀 있는데, 그 선교사들이 본국을 방문하여 인근에 올 일이 있을 때는 학교에서 그분들을 초대해 그 시간을 맡아줄 것을 부탁한다. 그러면 선교사는 성경을 읽고 이야기를 하는데, 여기에 더해 자신이 브라질에서 활동하던 모습을 사진으로 보여 주기도 하고 간단한 현지어(포르투갈어)를 한두 마디 가르쳐 주기도 한다. 또 가끔씩은 학부모들 중에 목사가 있으면 특별히 조회를 인도해 달라고 요청한다. 누가 인도하든 언제나 하나님의 말씀을 읽고 그 말씀으로 한 주를 시작하는 이 올바른 순서는 달라지지 않는다.

그렇게 가장 중요한 시간이 끝나면, 그 주에 생일이 있는 학생이나 교직원들을 축하하는 시간을 갖는다. 그리고 마지막으로는 교가와 애국가("O Canada!")를 부름으로써 조회를 마무리한다. 우리 아이들이 다니던 학교의 교가는 참 인상 깊다. 학교의 이름 자체가 과거 네덜란드 역사에서 중요한 한 인물의 이름을 그대로 가져온 것인데, 교가 내용이 지극히 신앙적이라 같이 한 번 나누었으면 하는 마음으로 본문에 실었다. 제목은 "I Will Maintain!", 곧 "지켜 내리라!"이다.

윌리엄 3세는 영국으로 건너갔네.
저지대를 떠나 왕의 자리에 올랐네.
그는 앞으로 일어날 일들을 맞이할 준비를 하며
자신의 믿음과 나라를 지켜 내려 했네.

훗날 우리의 조상들은 캐나다 땅에서
새로운 삶을 찾아 바다를 건넜네.
열심히 일하고 헌신하여 지켜 내고자 했네.
많은 기도와 수고로 교회와 학교를 지켜 내려 했네.

이 광활하고 평화로운 나라에 사는 것에 감사하네.

하루하루 지식과 지혜가 자라나네.

역사를 돌아보며 통찰을 얻고

믿음 가운데 앞날을 내다보네. 그분께서 지켜 내시네!

인생의 풍랑 속에서 지켜 내리라.

값없이 주신 믿음을 굳게 붙들리라.

약속된 땅에서 면류관을 받을 때까지

우리의 하늘 아버지께서 우리를 지켜 내시리라.

이런 신앙고백을 학교의 교가로 삼아 모든 구성원이 함께 부르며 한 주를 시작할 수 있다는 것은 너무나 큰 축복이 아닐까 싶다. 교가 안에는 산의 정기를 이어받았다는 내용도 없고, 나라와 민족을 위해 국위 선양을 꿈꾸는 내용도 없고, 세계와 지구촌을 향해 비상하자고 외치지도 않는다. 다만 하나님이 이 땅에 주신 교회와 학교를 지켜 내자고 하며, 값없이 주신 구원의 믿음을 지켜 내자고 할 뿐이다. 하늘의 아버지께서 우리를 지키시니 우리도 땅에서 이것들을 지켜 내기 위해 마지막 날까지 기도와 헌신으로 살아가자고 할 뿐이다.

마지막으로, 월요일 아침 조회에 관해 아주 특별한 점 한 가지만 더 소개하겠다. 그것은 그 자리에 교직원과 학생들만 참석하는 것이 아니라는 점이다. 원칙적으로 부모들도, 원하는 경우에는, 그 자리에 다 참석할 수 있으며, 실제로 상당히 많은 수의 부모들이 참석한다. 부모들은 그 시간에 참석해 함께 짧은 경건회 시간을 가진다. 우리 가족이 학교에서 제법 먼 곳에 살던 때에는 아이만 내려주고 곧바로 돌아가기가 섭섭해서 매주 이 월요일 조회에 참석했다. 그러면 선생님들은 물론이고 우리 아이와 같은 반 친구 부모들도 만나게 된다. 조회 시간을 통해 함께 성경 말씀을 듣고 찬송을 부르며 학교와 아이들을 위해 기도하고, 학교 소식도 듣고, 다른 부모들과 이야기도 나누게 된다. 이 시간은 확장된 가족 공동체가 유지되어 가는 데 매우 중요한 순간이라고 말할 수 있다. 이렇게 조회를 마치고 아이들이 교실로 들어가는 뒷모습을 보며 부모들은 제각각 자신들의 삶의 자리로 돌아간다.

이처럼 매주 갖는 조회 시간 외에도, 학교에는 다양한 종류의 행사들이 거의 매달 열린다. 그중에서 교회의 학교로서, 즉 신앙 공동체의 학교로서 굉장히 중요한 의미를 갖는 학교 행사를 한두 가지만 소개하고자 한다.

첫 번째는, 바로 '패밀리 펀 나이트Family Fun Night'라는 행사이다. 나는 의심의 여지없이 이날이 모든 학생이 일 년 중 가장 기다리는 순간이라고 말할 수 있다. 브리티시 콜롬비아 주의 기독교 학교는 주정부의 지원을 절반만 받는 독립학교이기 때문에, 가정에서 부담하는 학비 외에도 연중 다양한 모금 행사가 열리는데, 그중에서도 가장 규모가 큰 것이 바로 매년 5월 둘째 주 금요일 저녁에 열리는 이 행사이다. 이 행사는 이름에서부터 알 수 있는 것처럼 가족들이 함께 모여 즐겁게 노는 날이다. 또 한 번의 대규모 더치 빙고를 경험할 수 있는 자리이기도 한데, 아이들에게는 늦은 시간까지 마음껏 뛰어놀 수 있는 몇 안 되는 예외적인 날들 중의 하나이다.

이날의 큰 특징이라면, 참석 인원이 어마어마하다는 것과 그에 따라 부모들의 즐거운 희생도 만만치 않다는 점이다. 참석 인원이 많은 이유는, 이 학교를 다니는 자녀를 둔 부모와 조부모, 그리고 이 학교를 졸업한 학생과 그 학생의 부모와 조부모, 그 외 사촌과 친척들까지 전부 이 행사에 참석할 수 있기 때문이다. 한마디로 이 학교와 조금이라도 인연이 있는 사람이라면 누구나 다 참석할 수 있기에 학교가 발 디딜 틈도 없이 가득 찬다. 심지어 이 학교를 한 번도 다닌 적이 없는 한 홈스쿨링 가정도 교회를 통한 인연으로 이 행사에 매년 참석하곤 했다.

그런데 이 행사는 철저하게 부모들의 헌신으로 행해진다. 학교의 행사이긴 하나 교과 과정이나 수업과 관련된 것이 아니기 때문에 교사들은 이 행사에 직접적으로 관여하지 않는다(그저 다 같이 즐길 뿐이다). 학교의 모금을 담당하는 기관이 이 행사를 주관한다. 그 기관의 구성원인 부모들은 행사를 조직하고, 다른 부모들에게도 도움과 참여를 요청한다. 실제로 나와 아내도 이 행사에서 여러 가지 일을 맡아 봉사한 적이 있다. 나는 놀이 기구를 감독하고 아이들이 다치지 않도록 돌보는 일을 했고, 아내는 다른 어머니들과 주방에서 음식을 만들고 베푸는 일을 했다. 행사의 기획부터 진행, 마무리까지 모든 것이 부모들의 손으로 이루어지기 때문에, 어떤 학부모의 말대로 이날은 '패밀리Family' 펀 나이트라기보다는 오로지 '칠드런Children' 펀 나이트, 즉 아이들만 즐거운 밤이라고 하는 편이 더 적절할 것 같다.

또 한 가지 긴밀한 공동체적 특징을 발견할 수 있었던 학교 행사는 '스프링 싸커Spring Soccer'이다. 이는 봄철에 열리는 축구 교실 같은 것이다. 캐나다 어린이들은 참 열심히들 뛰어논다. 가정과 학교와 사회가 이 신체적 건강이라는 가치에 대해 흔들림 없는 일치를 보이고 있다. 그래서 보통 아이들은 방과 후에 여기저기서 스포츠 클럽 활동을 하거나, 레크레이션 센터 등에서 레슨을 받는다. 그뿐 아니라 주말에는 스포츠 활동이나 야외 활동을 하는 것이 아이들의 당연한 일상이다.

사회적, 문화적 배경이 그러하다 보니 캐나다 개혁교회 아이들 역시 스포츠 활동을 참 많이 한다. 캐나다의 대표 운동인 하키(한국에서는 '아이스 하키'라고 부르지만, 그들은 '하키' 하면 아이스 하키밖에 없기에 그저 '하키'라고만 부른다)나 그것을 위한 스케이트 레슨은 한국 아이들이 동네에서 태권도장 다니는 것에 비견할 수 있다. 그리고 수영을 배우는 일도 굉장히 보편적인 신체 활동으로 인식되어 있고, 그 밖에 개인의 취향에 따라 축구나 야구 등의 구기 종목 클럽에 가입해서 운동을 배우고 즐기기도 한다.

이런 분위기 속에서 캐나다 개혁교회 부모들이 생각해 낸 것이 바로 이 '스프링 싸커'이다. 브리티시 콜롬비아 주에는 캐나다 개혁교회 부모들이 세운 초등학교가 3개, 고등학교가 1개 있는데, 이 네

학교의 학생들을 대상으로 하는 '부모들의 자발적인 축구 교실'이 매년 4월부터 6월 사이에 두 달간 열린다. 즉, 전문적인 선수나 코치 등을 따로 부르지 않고 학부모들이 코치가 되어 아이들에게 축구를 재밌게 가르쳐 준다. 4월부터 6월 매주 토요일 오전 10시~12시까지 인근의 초등학교 운동장과 공원을 다 빌려서 부모들이 직접 아이들과 함께 뛰어놀며 토요일 오전을 보낸다. 한 해에는 나도 코치가 되어 두 달 동안 아들 녀석과 함께 벅찬 주말 오전을 보냈다.

이처럼 캐나다 개혁교회 학교에서는 모든 일이 믿음의 테두리 안

스프링 싸커를 마치며
팀 동료들과 함께 다빛이

스프링 싸커를 마치며
팀 동료들과 함께 소휘

에서 일어난다. 크고 작은 모임과 행사들이 있지만 이들은 세상을 따라가기 위해서가 아니라 믿음 안에 있는 우리의 자녀들을 세상과 구별되도록 하기 위해 그 일들을 기획한다. 남과 경쟁해서 그들을 짓밟고 이기기 위해서가 아니라 다른 사람과 함께하는 기쁨을 배우고 그들을 돕고 섬기기 위해 이런 일들을 준비한다. 그리고 그러한 목적을 위해서 교사와 학부모들이 한마음이 되어 희생하고 봉사한다. 이것이야말로 값없이 주신 구원에 감사하는 삶이고, 은혜 가운데 맺으신 언약에 충실한 신자의 삶이라고 할 수 있을 것이다.

9장
교실 안팎의 풍경들

우리 아이들이 다녔던 학교의 등교 시간은 아침 8시 40분이었고, 하교 시간은 오후 3시 10분이었다. 중간에 점심시간이 한 번 있고, 간식 시간을 겸한 쉬는 시간recess이 저학년들은 그 앞뒤로 한 번씩, 고학년들은 오전에 한 번만 있다. 그 외의 수업 시간을 어떻게 사용하는지는 전적으로 담임 선생님의 재량이다.

　아침에 학생들이 학교에 도착하는 모습은 여느 공립학교들과 다를 게 없다. 스쿨버스를 타고 오기도 하고, 부모가 직접 태워다 주기도 하며, 학교 가까이에 사는 학생들은 직접 걸어서 오거나 자전거를 타고 오기도 하는데, 그런 경우에도 대부분은 부모나 보호자가 동행한다. 아이들 혼자서 등하교 하는 모습은 적어도 초등학교에서는 보기 어렵다. 캐나다 사회가 유달리 안전에 대한 의식이 강하고 투철한 곳이어서 그런지, 그들은 미성년자들이나 아동에 대한 보호에 있어서 보호자의 책임을 굉장히 분명하게 규정하고 엄격하게 감독한다. 그래서 스쿨버스를 타고 오는 것이 아니라면, 초등학생 혼자서 등하교 하는 일은 목격하기 쉽지 않다.

공립학교에는 부모들이 차로 아이들을 학교에 내려 주고 다시 태워 가는 지정된 장소가 있다. 등하교 시간에 그곳을 지나가다 보면 수많은 차량들이 길게 줄지어 서 있는 모습을 쉽게 관찰할 수 있다. 그런데 캐나다 개혁교회 학교는 이 점에서 약간 다른 부분이 있다. 공립학교는 그 장소가 아이들을 내려 주거나 태운 후에 곧 바로 빠져나가야 하는 구조로 되어 있다. 특히 하교 시간에 아이들을 태우러 온 부모들은 차량에서 내리면 안 되고 차 안에서 자기 아이를 기다려야 한다. 그러다 아이가 부모 차를 찾아 탑승하면 그때 바로 주차장을 빠져나가야 한다. 그러나 개혁교회 학교의 등하교 모습은 전혀 다르다. 물론 그 시간에 주차할 수 있는 주차장이 따로 있다는 것은 동일하다. 그러나 부모들은 그 주차장에 차를 대고 내려서 아이들이나 다른 부모들과 시간을 갖는다. 이것은 단순히 등하교 방법에 있어서의 차이라기보다는 학교의 가족 공동체적 특성이 더 잘 드러나는 특징이 아닐까 싶다.

실제 등하교 시간의 모습을 살펴보고자 한다. 공식적으로 수업이 시작하는 시간은 8시 40분이지만, 많은 아이들이 그 전에 이미 학교에 도착한다. 스쿨버스를 타고 오는 아이들은 8시가 조금 넘으면 이미 도착해 있고, 다른 학생들도 상당수 이미 학교에 도착해서 놀고 있다. 이런 일이 가능한 이유는 다음과 같다. 학교는 부모들에게 운동장 감독관parent supervisors으로 봉사해 줄 것을 요청한다. 그래서 부모들이 돌아가며 아침 8시 10분부터 학교 운동장에 공이나 여러 가지 놀이 도구들을 꺼내 놓고 아이들이 노는 것을 감독한다. 그래서 아이들은 교실에 들어가지 않고서도, 또 선생님이 아직 출근하기 전에도 학교 운동장에서 마음껏 뛰어놀 수 있다. 그러다가 8시 40분에 종이 울리면 일제히 학교 건물 입구에 줄을 서서 교실로 입장한다. 그러면 학부모 감독관들이 운동장에 널브러져 있는 공과 놀이 도구들을 주섬주섬 챙겨서 다시 학교 창고에 넣는다. 그리고 이와 똑같은 모습이 하교 시간에도 펼쳐진다. 오후 3시 10분이 되면 종이 울리며 학교가 끝나는 시간을 알리는데, 그러면 아이들은 일제히 운동장으로 쏟아져 나와 또 한 번 신나게 뛰어논다. 이때도 역시 학부모 감독관이 수업 끝나기 전에 미리 와서 각종 공이나 놀이 도구들을 꺼내 놓는다. 그렇게 적게는 30분, 또 '부모들의 상황'에 따라서는 1시간 이상도 마음껏 놀다가 집으로 갈 수 있다.

여기서 '부모들의 상황'이란, 이 시간이 비단 아이들만의 자유로운 놀이 시간은 아니기 때문이다. 등교 시간도 그렇지만 특히 수업을 마친 후의 하교 시간은 학부모들의 교제 시간이기도 하다. 주차장에 차를 세워 놓은 부모들은 운동장이나 놀이터 잔디밭 등에 삼삼오오 모여 이야기를 나눈다. 그러다 보면 시간 가는 줄 모르고 수다를 떨게 된다. 앞에서 살펴본 것처럼 많은 부모들이 이미 친인척 관계로 이어져 있기도 하고, 또 대부분 같은 교회에 다니고 있으며, 심지어 교사들까지도 한 교회 성도인 경우가 허다하기 때문에 방과 후에 잠시나마 만나 이런저런 이야기를 주고받는 시간은 부모들과 교사들에게 꽤나 유익한 시간이 된다. 선생과 학부모의 딱딱하고 어색한 관계가 아니라 그야말로 다 가족이고 한 교회 성도들이기에 가능한 모습일 것이다.

교실 안의 모습도 여느 공립학교와 다를 바 없지만, 교실에 처음 들어설 때 가장 먼저 눈길을 끄는 것이 있다면 교실 곳곳에 색색깔로 성경 구절들이 쓰여 있다는 점이다. 이것이 세상의 일반 학교와 일차적으로 구별되는 점이다. 하지만 더 중요하고 본질적인 차이점들이 있다.

첫째, 가르치는 내용이 다르다. 개혁교회 학교의 선생님 책상에는 성경책과 찬송책이 항상 올려져 있다. 특히 저학년을 맡은 선생님은 이야기 성경책도 같이 놓는다. 오랜 세월 수많은 아이들에게 읽고 또 읽어 줘서 표지가 낡다 못해 너덜너덜해진 성경책과 이야기 성경책을 보면, 기독교 학교의 본질이 어디에 있는지를 다시 한

K-1학년 선생님의
책상에 올려진
성경책과 찬송책

번 생각하게 된다.

(1)번 책인 『학교 생활 지침서』^{From the Garden to the City}에는 학교에서 가르치는 각 과목에 대해 간단히 정리한 내용이 실려 있다. 그중에 성경과 교회사에 관한 부분을 발췌한 내용은 다음과 같다.

i. 성경 연구

하나님은 온 인류에게 그분의 말씀, 곧 성경을 통해 하나님 자신과 우리의 상황을 가장 온전히 드러내 보여 주신다. 성경적으로 사고하며 살아가기 위해 하나님의 언약 백성들에게 필수적인 것은 하나님께서 계시하신 것들과 그 계시에 대해 우리가 어떻게 응답해야 하는지를 배우는 것이다. 따라서 성경의 단순한 내용뿐만 아니라 그 모든 것을 아우르는 구조를 함께 공부하는 것은 하나님께 영광이 되고 신자들에게는 유익이 된다. 이 일을 가정과 교회, 그리고 기독교 학교에서 하게 된다.

ii. 교회 역사

교회 역사는 성경 연구와 함께 하나님이 역사 속에서 행하신 위대하고 놀라운 일들을 공부하는 것이다. 예부터 전해 오는 격언 중에 "역사는 그분의 이야기이다^{History is His story}."라는 말은 교회 역사에 초점을 맞춘 것인데, 이에 따라 교사들은 세상과 교회의 모든 사건을 시편 2편의 관점에서 보아야만 한다. "어찌하여 이방 나라들이 분노하며 민족들이 헛된 일을 꾸미는가 세상의 군왕들이 나서며 관원들이 서로 꾀하여"(시 2:1-2).

따라서 교회 역사는 하나님이 역사를 관통하여 마지막 완성을 향해 나아가시며 이루시는 능력의 일들을 배우는 것이다. 비록 그 수는 많지 않을지라도 교회는 항상 있을 것이다. 그 누구도 여호와 하나님의 손에서 그분의 택하신 자들을 빼앗아 갈 수 없다.

이와 같은 학교의 기본적인 철학과 교수 지침에 따라, 각 학년의 모든 선생님은 성경과 교회의 역사를 필수적으로 가르친다. 물론 그 방식은 아이들의 연령과 이해도에 따라 굉장히 자유롭고 다양하게 시도될 수 있다. 주로 저학년 아이들에게는 성경의 이야기들을 재미있게 들려주고, 학년이 올라갈수록 성경의 각 권을 더 심도 있게 연구하며 가르친다. 고등학교에 올라가면, 교과 중에 아예 성경 과목이 따로 있게 된다. 그래서 학교는 이를 가르치는 교사를 따로 둔다. 아이가 청소년기일 경우, 가정에서는 부모가 교육하고, 교회는 교리문답 교육Catechism classes을 더해 주며, 학교에서는 성경과 교회의 역사를 아주 세밀하고 깊이 있게 가르쳐 준다. 이렇게 해서 가정과 학교와 교회는 언약 신앙의 자녀들이 세 다리로 균형 있게 성장할 수 있도록 돕는다.

둘째, 교실의 구성이 다르다. 우리 아이들이 다녔던 초등학교는 비교적 학생 수가 적었다. 물론 이민 1세대들이 1974년에 처음으로 세웠던 학교이기에 그 당시에는 브리티시 콜롬비아 주에서 유일하고 가장 큰 학교였지만, 시간이 흘러 사람들이 다른 지역으로 옮겨가고 그곳에도 교회가 세워지면서 이 학교의 학생 수도 줄어들기 시작했다. 2016년에 우리 큰아이가 입학할 때 총 학생 수는 85명이 있었는데, 매년 조금씩 줄었고 지금은 60명 정도라고 한다. 그리고 안타까운 일이긴 하지만, 올해(2021년)를 마지막으로 그 학교는 문을 닫고 역사의 한 페이지로 남게 되었다.

그러나 학생 수가 많지 않은 것이 오히려 장점으로 나타나기도 하는데, 이는 유치원부터 7학년까지 총 8개 학년의 학생들을 네 반으로 묶어서 네 명의 담임 선생님들이 가르친다는 점이다. 유치원(K)과 1학년, 2~3학년, 4~5학년, 6~7학년이 한 반이 된다. 물론 이것이 모든 기독교 학교에 적용되는 것은 아니다. 우리 아이들이 다녔던 학교(작은 규모)라 가능했다. 어떻게 이것이 가능할까 의아할 수 있지만, 신앙 공동체의 독특한 한두 가지 특성을 잘 생각해 보면 결코 불가능한 일도 아니다.

먼저 유치원 단계에서 처음 6개월은 아이들이 일주일에 이틀(월, 수)만 학교에 간다. 그리고 나머지 6개월은 일주일에 사흘(월, 수, 금)만 등교한다. 이렇게 하는 데에는 그들만의 이유가 있다. 캐나다의 교육 체계 안에는, 공교육이 시작되는 유치원 이전에 갓 태어난 아이도 보낼 수 있는 아이 돌봄 센터Child care centre와 약간의 교육이 가미되는 취학 전 학교preschools가 있다. 그러나 대부분 캐나다 개혁교회의 부모들은 언약 신앙 안에서 함께 운영하는 자신들의 학교에 아이를 보내기 전에 세상의 다른 교육/보육기관에 맡기지 않는다. 그것은 어찌 보면 지극히 당연한 일이고 또 옳은 일이라고 할 수 있다.

해밀턴에서 아내와 함께 개혁교회 학교들을 탐방한 적이 있다. 그때, 어느 초등학교 교장 선생님께 왜 취학 전 학교 같은 것은 없는지 물어봤는데 돌아온 답변이 참으로 우문현답愚問賢答이었다. 그분은 5세 이전의 아이들에게 최고의 교육은 언제나 엄마와 함께하는 것이라고 했다. 따라서 많은 가정이 맞벌이보다는 아버지의 외벌이로 살아가거나, 어머니가 일을 하더라도 파트 타임 정도로만 한다. 물론 전부가 그렇다고 할 수는 없다. 각 가정의 형편에 따라 부모가 맞벌이를 하면 조부모가 대신해서 아이를 봐주기도 하고, 또 형편이 정말 안 되면 간혹 아이를 어린이집daycare centre이나 종일반 학교에 보내기도 한다. 하지만 몇몇 예외적인 경우를 제외하면 대부분 아이의 첫 교육은 기독교 학교의 유치원에서부터 시작된다. 그런 경우 다섯 살이 될 때까지 집에서 가족들과만 지내던 아이가 갑자기 학교에 들어가서 주 5일 동안 하루 종일 있는 것이 어려울 수 있기 때문에 유치원의 첫해는 이렇게 격일로 다니게 한다.

또 한 가지 이러한 독특한 교실 구성의 이유이자 장점은 그곳에서 가정의 분위기를 연장시킬 수 있다는 점이다. 즉, 선생님들의 추가적인 노력과 헌신 위에 아이들은 가정의 교육이 학교에서도 그대로 이어지고 있음을 느끼고 또 배울 수 있다. 무슨 말인가 하면, 모든 아이는 자기 가족 안에서 누군가의 언니, 오빠, 누나, 형이고, 또는 누군가의 동생이 되기도 한다. 일반적인 학교의 경우, 같은 반에 동갑내기 친구들 밖에 없지만, 이 학교에서는 같은 반에 나이가 많은 언니, 오빠, 누나, 형 그리고 나이가 어린 동생이 있게 된다. 그래서 때로는 집에서 동생을 돌보듯 아래 학년의 아이를 돌봐 줘야 할 때도 있고, 형이나 오빠에게 하듯 윗 학년 학생에게 도움을 구해야 할 때도 있다. 선생님은 이렇게 서로 다른 나이의 두 학년 아이들이 함께 지내는 방법을 가르친다. 물론 교과 내용상 다른 내용을 가르쳐야 할 때는 교실 안에 칸막이를 두어 두 학년의 아이들을 물리적으로 나누기도 하지만, 성경을 가르치거나 함께 점심을 먹을 때 등 많은 시간을 함께 보내며 서로를 존중하고 돕는 신앙의 모습을 교육한다.

이와 같은 교실 구성은 해를 거듭할수록 그 빛을 발한다. 처음 유치원에 입학한 아이는 1학년 학생들에게 많은 도움을 받다가, 자기들이 1학년이 되면 받았던 것을 돌려줄 수 있는 기회를 갖게 된다. 그러다가 2학년이 되면 다른 교실로 가서 다른 선생님 아래서 다시 형, 누나들의 도움을 받고, 1년 후에는 다시 한 번 받은 것들을 돌려주는 훈련을 거치게 된다. 이렇게 8년 동안 여러 가지 교과목뿐만 아니라 한 신앙의 공동체 안에서 도움을 받고 또 도움을 주는 삶을 몸에 익힌다. 어쩌면 이것이 수학, 과학을 잘 배우고 여러 과목에서 좋은 성적을 내는 것보다 더 본질적이고 근본적인 인간 형성의 교육이 아닐까 한다.

이제 교실 밖으로 나가 학교 도서관을 좀 들여다보겠다. 나는 단연코 '책 읽기'가 서양 교육의 가장 큰 힘이고 근간이 되는 것 중의 하나라고 생각한다. 그들은 다른 어떤 목적을 위해(시험을 위해, 교과 과정과 연계하기 위해) 책을 읽는 것이 아니라, 그저 책 읽는 것 자체를 즐기기 위해 책을 읽는다. 나는 이 부분이 엄청난 차이를 일으키는 큰 힘의 원천이 된다고 본다.

실제로 유치원에 처음 들어간 아이들은 A, B, C를 떼고 소리 내어 읽는 법Phonics을 마치면, 바로 책 읽기에 들어간다. 학교 도서관에는 다양한 수준의 읽기 능력을 지닌 아이들이 마음껏 선택해서 읽을 수 있는 책들이 많이 있다. 그리고 1학년이 되면 책 읽기 도전challenge을 하게 되는데, 이는 아이들이 집에 가서 형제, 자매나 부모님에게 책을 읽어 주는 것이다. 50권을 읽은 아이들에게는 작은 책갈피를 선물로 주고, 100권을 읽은 아이들에게는 책을 한 권 준다. 이 도전은 100권에서 끝나지 않고 1학년을 마칠 때까지 200권을 읽으면 두 권의 책을, 300권을 읽으면 세 권의 책을 선물로 준다. 그리고 이 때 아이들은 선생님이 마련해 놓은 책들 중에서 자신이 원하는 것을 골라서 가질 수 있다.

이 밖에도 학생들은 도서관에서 일주일에 다섯 권 정도를 빌려 집으로 가져가서 읽을 수 있다. 그런데 그건 학생들이 빌릴 수 있는 권 수이고, 부모들도 책을 빌릴 수 있었는데 부모들에게는 권 수의 제한이 아예 없다. 나도 첫째 아이와 둘째 아이가 1학년일 때 한 주에 2~30권씩 책을 빌렸던 기억이 난다. 특히 학기 중에는 공공 도서관보다도 학교 도서관을 훨씬 더 자주 이용했다. 그 이유는, 학교 도서관에 비치된 책들이 사전 검열 작업을 마친 책이기 때문이다. 무슨 말인가 하면, 교사들과 도서관 직원으로 봉사하는 부모들은 도서관에 어떤 책을 들여놓기 전, 일일이 다 읽어 보면서 내용 중에

상스러운 표현이나 경건하지 못한 말들이 있지는 않은지 검사한다. 그래서 그런 표현들은 검은색 펜으로 덧칠해서 아이들이 볼 수 없게 지워 버린다. 한마디로, 학교 도서관에는 신앙적인 차원에서 믿을 수 있는 책들만 있는 것이다. 그렇기 때문에 영어권 세상에서 그렇게 흔하게 쓰이는 OMG 같은 말들을 기독교 학교 도서관에 비치된 책 속에서는 찾아볼 수 없다. 참으로 언약의 자녀들을 위해 모든 부모와 교사들이 특별한 사명감으로 수고하고 봉사함을 알 수 있다.

캐나다 개혁교회의 학교는 부모로서 정말 마음이 놓이는 곳이다. 신앙에 있어서는 물론, 교육의 내용이나 아이들의 안전 등 모든 면에서 믿고 보낼 수 있는 곳이다. 물론 모두가 동일한 경험을 할 수는 없겠지만 적어도 우리 가정에게는 그러했다. 우리 아이들은 지금까지도 계속해서 그곳을 그리워한다. 부모인 나와 아내는 다른 그 어떤 점보다도 자녀들을 부모와 같은 신앙 안에서 양육하고 가르칠 수 있다는 점에서 안심하고 그 학교를 보낼 수 있었다.

10장
교사와 보조 교사

2021년 현재 캐나다 개혁교회 안에는 이처럼 교회의 부모들이 자발적으로 세워 운영하고 있는 학교가 (캐나다와 미국에 걸쳐) 총 28개 있다. 캐나다에는 동부의 온타리오Ontario 주에 15개, 서부의 브리티시 콜롬비아 주에 6개, 알버타 주에 4개, 매니토바 주에 2개가 있고, 미국에는 워싱턴 주에 1개가 있다. 어떤 곳에서는 초등학교(K~7학년)와 고등학교(8~12학년)를 나눠서 운영하기도 하고, 또 어떤 지역에서는 두 과정을 한 학교 안에 두고 운영하기도 한다.

그렇다면 캐나다 개혁교회 학교의 교사가 되려면 어떤 과정을 거쳐야 하는가? 우선 캐나다 온타리오 주에는 캐나다 개혁교회 학교 교사 양성 전문 대학이 하나 있다. 이 교육 대학Teachers College에는 두 가지 풀타임 디플로마 학위 과정이 있는데, 하나는 고등학교 졸업 후에 바로 입학하는 3년 과정이고 다른 하나는 학사 학위를 가진

캐나다 개혁교회는 기독교 학교 교사 양성 전문 대학을 두고 있다.

사람이 입학할 수 있는 2년 과정이다. 그리고 현직 교사가 파트 타임으로 공부할 수 있는 자격증 반도 마련되어 있다.

하지만 캐나다 개혁교회의 기독교 학교에서 교사가 되기 위해 반드시 이 교육 대학을 나와야만 하는 것은 아니다. 캐나다나 미국은 연방제 국가이기 때문에 교육에 관한 것은 전적으로 각각의 주정부 관할이다. 따라서 교육 제도나 교사의 자격 여부는 주정부의 기준에 따라 판단한다. 그래서 온타리오 주에 있는 이 교육 대학을 나온 것만으로 다른 주나 다른 나라에서 곧바로 동등한 교사의 자격을 가질 수 있는 것은 아니며, 해당 주에서 교사가 되기 위해서는 그 주의 기준에 따라 필요한 과정을 마쳐야 한다. 또한 초등학교 교사가 되는 과정과 고등학교 교사가 되는 과정이 다르기 때문에 각각에 맞는 주정부의 정책에 따라야 한다. 예를 들어 보겠다. 브리티시 콜롬비아 주에 있을 때, 한 고등학교에 성경 교사 자리가 공석이었는데, 나와 친분이 있던 그 학교 교장은 내게 그 수업을 맡아 줄 수 있냐고 물었다. 나는 캐나다나 브리티시 콜롬비아 주의 학교에서 학위를 받지 않았는데 그것이 가능한지 물었고, 그 교장은 내가 신학에 관한 석사 학위를 갖고 있어서 가능하다고 말했다. 즉, 해당 교과목에 적합한 학위가 있으면 고등학교에서 가르칠 수 있는 자격이 된다는 말이다. 물론 이 일을 진행하는 과정에서 내 비자가 종교인 비자였기에(종교기관이 아닌 곳에서는 일을 할 수 없어서) 중단될 수 밖에 없었지만, 적어도 교사의 자격에 대해서는 각 주마다 정책이 다르다는 것을 알게 되었다.

그렇다면 각각의 기독교 학교에서 교사를 필요로 할 때 어떤 부분을 중요하게 보는지 한 번 살펴보겠다. 이를 위해 캐나다 개혁교회 학교에서 교사 자리가 비었을 때 공식적으로 올리는 구인 광고들 중 일부를 발췌해 보고자 한다.

아래에 실린 내용은 온타리오 주에 있는 한 학교에서 교장을 구할 때 낸 광고다. 광고의 첫 단락은 다음과 같다.

우리는 하늘 아버지께서 우리에게 맡겨 주신 언약의 자녀들을 교육해 가도록 그분께서 끊임없이 지도하시고, 돌보시며, 모든 필요를 채워 주심을 고백합니다. 우리의 비전은 언약의 자녀 한 사람 한 사람을 위해 탁월한 교육을 제공함으로써 그들이 자신의 학습 잠재력을 이루어 가고, 영적으로 분별력 있게 성장해 가며, 또한 예수 그리스도의 제자로서 자신의 삶 속에서 하나님께 영광을 돌리도록 하는 것입니다.

그리고 해당 학교의 교장 자리에 적합한 자격에 대해 다음과 같이 나열한다.

1. 목표를 향해 사고하는 사람. 그리하여 변화하는 문화와 사회 속에서 개혁주의 기독교 교육의 필요를 피력하고, 수호하며, 발전시켜 나갈 수 있는 사람.
2. 학사 학위(혹은 그 이상)나 교육 대학 디플로마를 보유한 사람.
3. 교육과 행정 분야에 경력과 지도력이 있는 사람.
   ⋮

우리는 이런 광고를 통해서도 개혁교회 기독교 학교가 언약의 자녀들을 올바로 교육하기 위해 분명한 목표를 가지고 있다는 사실과, 따라서 그러한 학교에 필요한 교사들 역시 동일한 신앙과 철학을 가지고 있어야 한다는 점을 분명히 알 수 있다. 형식적 요건을 만족시키기 위한 학위나 경력 등도 필요하겠지만, 그보다 더 중요하고 가장 근본적인 자격은 언제나 스스로 하나님의 언약에 신실하고, 또 언약의 자녀들을 동일하게 신실한 천국의 백성으로 교육해 가고자 하는 분명하고 뚜렷한 열망이 있어야 함을 발견하게 된다.

이와 비슷한 내용의 요건을 담고 있는 광고를 하나 더 보겠다. 온타리오 주에 있는 학교에서 교감직과 상담을 맡아줄 수 있는 교사, 중학교 과정의 교사, 그리고 불어 교사를 모집하는 광고다. 먼저 광고의 가장 상단에 있는 학교 소개 글은 다음과 같다.

> OOO 개혁주의 기독교 학교는 온타리오 주 패리스Paris에 소재하고 있으며, 유치원부터 12학년까지의 과정이 있고, 온타리오 남서부 지역의 개혁교회 공동체를 위해 세워진 학교입니다. 우리는 그리스도 중심의 개혁주의 교육을 제공함으로써 하나님이 학생들에게 주신 재능과 성격, 그리고 성경적 신앙을 육성하고 개발하여 하나님께 영광을 돌리고 그분의 나라를 세워 가고자 합니다.

이 내용은 다시 한 번 개혁주의 신앙 위에 세워진 기독교 학교가 견지해야 할 교육의 목표와 중심 사상을 뚜렷하게 보여 준다. 그리고 그런 바탕 위에서 함께 언약의 자녀들을 가르쳐 나가고자 하는 교사는 다음과 같은 자격이 요구된다.

> 우리는 기독교 교육을 통해 예수 그리스도를 섬기며 보편신조와 개혁파 신앙고백에서 가르치는 성경의 진리에 복종하는 열정 있는 신입/경력 교사를 구합니다.

이 학교는 학력이나 기타 다른 자격 요건 등에 관해서는 아예 언급조차 하지 않았다. 학력은 교사를 하고자 하는 사람이라면 해당 주에서 요구하는 조건을 다 알 것이라고 전제한 것 같고, 기타 다른 자격 요건은 더 근본적인 조건이 충족된 사람에게는 부수적이라고 판단한 듯하다. 교사라는 직업이 단순히 지식을 전달하는 일만 하는 것이 아니라, 만왕의 왕이신 예수 그리스도를 섬기는 일이라는 인식은 너무나도 인상적이다. 따라서 기독교 학교에서 교사가 되고자 하는 사람은 이러한 사명 의식하에 왕 되신 분께, 그리고 그 왕을 드러내는 성경의 진리에 철저하게 복종하고자 하는 사람이어야 한다는 자격 조건은 현대를 사는 그리스도인들의 직업관에 대해 많은 것을 생각하게 한다.

마지막으로 매니토바 주에 있는 한 학교에서 초등학교와 고등학교 교사를 구하는 광고를 보겠다. 이 학교의 교장은 원래 해당 학교에 교사로 재직 중이었고 교감직을 맡고 있었는데, 교장 자리가 공석이 되면서 그 자리를 맡게 되었다. 이에 그는 추가적인 학업을 하기 위해 학교의 허가를 받고 브리티시 콜롬비아 주에 있는 한 대학을 다녔다. 그와 그의 아내와 여섯 명의 자녀들은 모두 브리티시 콜롬비아 주로 와서 그 대학의 학생 기숙사에서 생활했다. 그 가정은 내가 장로로 봉사하던 캐나다 개혁교회에 출석을 했고, 우리는 1년간 교제를 나눴다.

그 학교의 구인 광고의 첫 문구 역시 다음과 같다.

은혜 안에서 자라나고

탁월하게 준비되며

삶을 위해 배워 나가는

OOO 기독교 학교.

해당 학교에서 교사가 되기 위해서는 교육에 관한 학사 학위나 앞서 언급한 캐나다 개혁교회의 교육 대학에서 취득한 학위가 있어야 한다. 그리고 무엇보다 캐나다 개혁교회나 교회적으로 교제 관계에 있는 교회, 즉 자매교회의 교인이어야 한다는 요건도 포함된다. 사실상 이 요건은 굳이 명시하지 않아도 캐나다 개혁교회 안에 있는 교회는 물론, 모든 종류의 기관에서 공통적으로 요구하는 암묵적 조건이다. 우리는 이를 통해 모든 일을 신앙의 통일성 위에서 행해 나가는 그들의 일관된 모습을 볼 수 있다.

이러한 전반적인 분위기 속에서 우리 아이들이 다녔던 학교 선생님들을 한 번 떠올려 보게 된다. 최근에 교장 자리에 취임한 젊은 남자 선생님은 참으로 열정이 가득한 분이었다. 그분은 대학을 졸업한 지 얼마 되지 않았는데 교장직을 맡게 되어, 인근 대학에서 석사 공부도 함께 하고 있었다. 앞에서도 보았지만, 개혁교회 학교에서는 교장이라는 위치가 일반 교사에서 승진에 승진을 거듭하여 올라앉는, 온갖 유무형의 권위로 가득 찬 정점에 있는 자리가 아니다. 캐나다의 일반적인 공립 학교에서는 어떤지 모르겠지만 적어도 캐나다 개혁교회의 기독교 학교에서는 그렇지 않다. 오히려 교장직은 더 많은 헌신과 책임이 요구되는 자리이다. 각 반의 담임 선생님이나 해당 교과목의 선생님들은 자기가 맡은 일만 하면 되지만, 교장은 학교의 전반적인 일에 대한 관리 책임을 지는 자리이기 때문에 가르치는 일을 하지 않더라도 행정이나 교사 관리 등, 학교 안에 온갖 잡다한 것을 처리하는 일을 한다. 그래서 아침에 가장 먼저 학교 문을 열고, 오후에 가장 늦게 학교 문을 닫는 사람도 교장이다. 담임 선생님이 아파서 학교에 오지 못하면 그 자리를 메우기 위해 뛰어야 하는 사람도 교장이다. 이런 경우, 그는 자신이 직접 들어가 가르치기도 하고, 대체 교사가 필요하면 일일이 직접 전화를 걸어 와 줄 수 있는지를 알아본다. 더 큰 특권이 주어지는 만큼 더 큰 헌신이 요구되는 것은 당연한 일이다. 그 권위와 책임에 있어서 나이 따위는 전혀 고려 대상이 되지 않는다.

2~3학년 반을 맡고 계신 선생님은 교사들 중에 가장 나이가 많고, 본래 네덜란드에서 교사를 하시다가 캐나다로 이민을 오신 분이다(아직까지도 캐나다 시민권을 갖지 않고 네덜란드 국적을 갖고 있다). 그래서 영어 발음에 네덜란드어 억양이 아직도 남아 있고, 학교에서 네덜란드어가 필요할 때면 항상 앞장서시는 분이다. 이 선생님 반을 거친 아이들은 그분의 익살과 재미있는 이야기에 매료된다. 적지 않은 연세에도 불구하고 아이들에게 항상 재미있는 농담으로 다가가시고, 수업 중에도 아이들을 사로잡는 이야기 보따리를 많이 갖고 계신 천부적인 이야기꾼이다. 우리 집 작은 딸아이는 1학년을 마치고 한국으로 돌아와야 했기에, 이 선생님 반에 가지 못한 것을 늘 아쉬워하고 있다.

큰아이가 4~5학년 반에 있을 때 담임 선생님은 굉장히 조용한 성격의 남자분으로, 환경 문제에 많은 관심을 갖고 계신 꽤나 진지한 분이었다. 그분은 이웃 교회의 교인이었는데, 그 교회에 목사가 공석일 때 내가 가서 설교를 하면 다음에 학교에서 마주칠 때 설교에 대해 이런저런 질문을 하곤 했다. 그분은 비가 오나 눈이 오나 자전거를 타고 출퇴근하셨고, 학교 안에 컴퓨터 관련된 일은 도맡아 하셨으며, 학생들과 신체활동이나 운동을 적극적으로 같이할 정도로 건강 관리에 신경을 많이 쓰셨다. 아쉽게도 유제품에 알레르기가 있어서 가끔 선생님들을 위해 초콜릿이나 과자 종류를 선물하면, 마음만 받겠다고 하셨다. 그래서 학기 말에는 이 선생님을 위해 특별히 우유가 들어가지 않은 다크 초콜릿을 준비해 선물한 기억도 난다.

또 아이들이 학교에 입학하면 가장 먼저 만나는 K~1학년 담임 선생님은 (첫 선생님 답게) 규율이 엄격하신 여성분이었다. 큰 소리를 내지 않고도 어린아이들을 휘어잡을 수 있는 카리스마가 있는 분이었다. 특히나 갓 유치원에 들어온 아이들은 사실상 뒷바라지가 많이 필요한데, 그 선생님은 언제나 그런 아이들을 꼼꼼히 챙겨 주시는 너그러운 분이었다. 올해를 마지막으로 학교가 문을 닫게 되자 은퇴를 결심하셨는데, 그만큼 나이가 적지 않은 분이심에도 취미로 산악용 오토바이^{dirt bikes}를 타는 분이다. 그분은 매년 여름마다 오토바이를 타러 미국의 캘리포니아까지 가실 만큼 매사에 열정이 넘치는 분이다.

6~7학년 담임을 맡다가 작년에 은퇴를 하신 여선생님은 정말 전문직업인으로서의 열정이 인상적이었다. 그분은 교사로서의 자부심이 강한 분이었고, 자신의 교육 방식과 철학에도 신념이 가득했던 분이었다. 특히 영어 과목이 전공이었는데, 아이들의 읽기 교육을 위해 매년 새로운 아이디어를 내었다. 은퇴하기 전까지도 교실을 꾸미는 것이나 아이들의 학습을 위해 항상 새로운 아이디어를 개발하기 위해 애쓰던 분이었다. 또 캐나다의 공용어인 프랑스어도 가르쳤는데, 그 시간에는 학생들에게 프랑스어만 쓰게 했다.

　그 밖에도 학교에는 보조 교사Educational Assistants가 몇 명 있다. 보조 교사는 학업이 부진한 학생에게 일대일로 붙거나, 소위 지적 장애가 있는 학생을 전담해서 가르치기도 한다. 전자의 경우에는 주로 각 반의 담임 선생님을 도와서 그 반에서 수업을 잘 따라가지 못하는 학생에게 추가적인 학습을 시켜 준다. 내 아내도 우리 아이들이 다닌 학교에서 보조 교사로 2년을 일했는데, 글을 잘 읽지 못하는 저학년 학생에게 책 읽는 것을 가르치기도 했고, 수학이 부족한 6~7학년 학생에게 수학을 따로 더 봐주기도 했다. 또 그 학교에는 약간의 발달 장애를 겪는 아이도 한 명 있었는데, 이 아이를 위해서는 전담 보조 교사가 배정되어 있었다. 그 교사는 그 아이가 속한 반에 들어가 아이 옆에 앉아서 아침 일정, 즉 함께 성경을 읽고 기도하는 등의 매일 반복되는 시간을 보낸 후에 그 아이를 따로 데리고 다른 장소로 가서 개별적인 교육을 담당했다. 담임 선생님과의 상의를 통해 그 아이에게 필요한 내용을 전달받고 보조 교사가 일대일로 교육한다. 나는 그 보조 교사가 아이의 부모와도 긴밀히 대화하는 모습을 자주 보았다.

이렇게 한 해가 지나면 부모들은 교사들에게 마음에서 우러나오는 감사 카드와 함께 작은 선물을 준다. 이들은 좋은 일이 있을 때 카드를 써 주는 전통을 가지고 있어서 딱히 어떤 선물을 주지 않더라도 카드만 써서 그때그때 서로의 마음을 전한다. 또한 선물이라고 해 봐야 결코 부담되지 않는 선에서 마음을 전하기 위한 목적으로 한다. 위에서 본 것처럼 선생님의 입맛이나 기호에 따라 초콜릿을 주기도 하고, 커피를 좋아하는 분이라면 특정 커피 전문점의 기프트 카드를 주기도 하는데, 보통 $15~20 정도 되는 것을 준비한다. 그러면 우리 돈으로 해도 2만원 안팎이니 주는 사람이나 받는 사람이나 모두 부담을 느끼지 않는다. 어쨌든 이들은 선생과 학부모의 기계적 관계 이전에 먼저 한 신앙 안에서 살아가는 형제자매이고, 같은 교회의 성도들이다 보니 고마운 마음을 고맙다고 전할줄 알되, 이에 결코 다른 목적을 담지 않는다.

지금까지 짧게나마 선생님들의 면면과 함께 캐나다 개혁교회 학교의 모습을 살펴보았다. 한 가지 강조하고 싶은 것은, 선생님들의 성격이나 특성은 다 남다르고 독특하지만 그들 모두가 한 신앙 안에 머물러 있다는 점이다. 이 책의 뒤에서 많이 강조할 것이지만, 개혁신앙의 최대 강점 중의 하나가 바로 이것이다. 즉, 한 신앙 안에서 개인의 자유를 넓게 인정하는 것이 필요하다. 사람(선생님)에 대해 이래야 한다 저래야 한다고 규정하지 않고, 나이가 많으니 이래도 된다거나 나이가 어리니 저래야 된다거나 하는 비뚤어진 편견이 있으면 안 된다. 기독교 학교와 교육의 근본적인 원리 안에서 개인의 특성과 자유를 폭넓게 존중하고 인정하며, 자기에게 맡겨진 일을 그리스도를 섬긴다는 마음으로 신실하게 감당하는 것이 필요하다. 이것은 인격적인 관계에 있어서만이 아니라 캐나다 개혁교회의 보이지 않는 신앙의 저변이기도 하기에 너무나도 중요한 요소라고 생각한다. 이런 환경 안에서 언약의 자녀들은 안정감을 누릴 수 있고, 성경적이고 고백적인 신앙 위에 든든히 뿌리내릴 수 있을 것이다.

질문 1 : 캐나다에는 개혁교회에서 세운 학교가 있나요? 아니면 우리나라
　　　　처럼 초교파적인 기독교 학교 정도만 있는 건가요? 우리나라에서
　　　　는 아직 홈스쿨링 등 비인가 교육시설이 학력으로 인정되지 않는
　　　　데, 캐나다에서는 인정하나요? 그리고 홈스쿨링에 대한 교회와 성
　　　　도들의 인식은 어떤가요?

답 : 개혁교회 신자들의 전통적인 신앙은 교회가 섰을 때 최대한 빨리 자
녀들을 위한 학교를 세우는 것입니다. 2차 세계 대전 직후에 네덜란드에서
캐나다로 이민 온 캐나다 개혁교회 신자들도 그 전통 안에서 신실하게 살
았습니다. 처음 이주해 온 신자들은 그들보다 먼저 캐나다 땅에 와서 자리
잡고 거의 100년 정도 살아온 네덜란드계 이민자들의 교회를 찾아갔습니
다. 그러나 그들과 신앙고백이 일치하지 않음을 보고는 같은 신앙을 가진
사람들이 모여 새로운 교회를 세웠습니다. 그때가 정확히 1950년입니다.
그리고 나서 얼마 지나지 않아 50년대 중반부터는 뜻을 모은 부모들이 자
치적인 협의회를 세워 학교를 설립하기 위해 애를 썼습니다.
　　계속해서 이민해 오는 사람이 많아지자, 이들은 캐나다 각지로 흩어져
교회를 세웠으며 네덜란드에서 목사들을 청빙하여 교회의 기틀을 다졌습

니다. 더 많은 이민자 가정이 교회에 합류하게 되면서 학교를 세우기 위한 노력들도 각지에서 이어졌고, 결국에는 캐나다 개혁교회가 있는 곳에는 대부분 부모들이 세운 학교도 함께 서게 되었습니다.

캐나다 개혁교회 안에 있는 여러 학교의 설립 역사를 들여다보면 언제나 한 신앙 안에 있는 부모들이 그 첫출발이었음을 알 수 있습니다. 네덜란드에서 조상 때부터 내려온 역사와 전통을 이어 가려는 노력이었죠. 처음에는 가정에서 교육이 시작되었고, 이후에 교회 안에서 신자들의 가정이 협력하여 교육하기 시작했으며 주말 학교와 같은 모습을 통해 점점 발전되어 갔습니다. 그러다 뜻을 같이하는 가정이 많아지고 그들의 헌신이 더해져서 비로소 정식 학교를 세우게 된 것입니다. 그들은 비록 캐나다의 광활한 땅에 흩어져 살았지만, 교회를 세우고 언약의 자녀들을 위한 학교를 세우는 일에 있어서는 참으로 놀라울 정도로 같은 모습의 삶을 살아왔습니다. 바로 그 전통 때문에 지금까지 캐나다 개혁교회를 굳건히 붙들고 있는 세 개의 다리(가정-학교-교회)가 존재하는 것 같습니다.

홈스쿨링에 관해 간단히 언급하자면, 교육에 관한 영역은 각 주정부의 고유 권한입니다. 캐나다 전체 연방이 통일된 정책을 갖고 있는 것은 아닙니다. 따라서 제가 모든 주에 대해 다 알고 있는 것은 아니지만 적어도 한 가지 분명한 것은, 캐나다는 물론 미국도 마찬가지로 홈스쿨링에 대해 길이 굉장히 자유롭게 열려 있다는 것입니다. 우리나라 같은 의무 교육이라는 개념 자체가 없고 공립학교는 전부 다 무상교육이기 때문에 자녀를 집에서 가르치는 일 역시 폭넓은 자유가 허락됩니다. 저희가 있었던 브리티시 콜롬비아 주 같은 경우에는 주정부에서 인증하는 학력 평가 기준이 있는데, 고등학교 10~12학년에 해당하는 내용만 평가를 해서 기준을 만족하는 경우에는 고등학교(엄밀히 말하자면 Secondary school이라고 해서 Elementary 이후, 그리고 College 이전의 교육 과정을 뜻함) 학력을 인정해 주며, 그것으로 대학도 갈 수 있습니다. 다시 말해서 10학년 이하에 대해서는 사실 어떻게 하든 크게 상관하지 않는 것이죠. 즉 가정이나 사립학교에서 자체적인 기준과 커리큘럼을 가지고 자유롭게 아이들을 교육할 수 있습니다. 물론 사립학교의 경우 주정부에서 50%의 재정 지원을 받기 때문에 주정부 커리큘럼에서 완전히 자유로울 수는 없지만, 그래도 성경이나 교회사, 그리고 기타 과학과 사회 등을 기독교적인 시각에서 가르칠 수 있는 자유는 있습니다.

홈스쿨링에 대한 캐나다 개혁교회와 교인들의 인식은 지극히 긍정적입니다. 교회에서 공예배 중에 목사가 신자의 자녀들을 위해 기도할 때마다 기독교 학교는 물론 홈스쿨링을 하는 가정과 그 가정의 자녀들을 위해서도 항상 같이 기도합니다. 학교가 있는데도 홈스쿨링을 하는 것에 대해 의아할 수 있지만, 이들은 전혀 그렇게 생각하지 않습니다. 자녀 교육에 대한 것은 언제나 그 부모가 결정하는 것이기 때문에, 아이를 학교에 보낼 것인지 집에서 부모가 가르칠 것인지는 전적으로 그 가정의 자유로운 결정에 달려 있습니다. 실제로 학교에 다니던 아이들도 이런저런 이유로 몇 년 정도 홈스쿨을 하기도 하고, 그러다가 다시 학교로 돌아오고 하는 일이 너무 쉽고 자연스럽습니다. 저희 주변에도 그런 가정들이 여럿 있었는데, 그런 일에 대해 누구도 가타부타 말하지 않고 교회나 학교에서 색안경을 끼고 보는 일도 없습니다. 하나님께서 권위를 주신 사람의 결정을 모두가 존중하고 항상 서로 사랑 안에서 도우려 하기에 그렇습니다.

질문 2 : 한국은 캐나다와 달리 모든 부분에서 경쟁을 하는 사회이고, 모든 교육의 내용도 결국은 평가라는 단계에서 경쟁을 피할 수 없게 만들어져 있습니다. 사회는 더할 나위 없고요. 지식이나 운동이나, 모든 부분에 있어서 점수나 등수 등의 평가가 있기 마련인데, 캐나다 개혁교회에서는 이러한 평가와 경쟁에 대해 어떻게 가르치고 생각하는지, 혹 경쟁보다 협력과 봉사와 사랑을 어필할 만한 평가 방식이 있는지 알고 싶습니다.

답 : 평가와 경쟁이라는 점에 대해서 우리는 조금 더 근본적인 질문을 던져 보아야 할 필요가 있습니다. 과연 누가 나와 내 아이를 평가하고 판단할 수 있을까요? 사람이 육에 속하지 않고 성령님께 속하여 그분이 주시는 지혜와 분별력으로 신령한 삶을 살아간다면 그는 세상을 판단하되 그 누구에게도 판단을 받지 않는다고 말씀합니다(고전 2:15). 따라서 바울은 자신을 심판하실 분은 오직 주님밖에 없다고 했습니다(4:4). 또한 성도는 세상(6:2)과 천사(6:3)도 판단할 사람들이라고 했습니다. 그런데 우리는 과연 누구의 평가와 판단을 더 두려워하고 있습니까?

여기서 저는 이 '두려움'이라는 굉장히 중요한 주제가 개입한다고 생각합니다. 그리고 이 두려움은 하이델베르크 제1문답의 '위로'와도 직결되는 주제입니다. 즉 두려움과 위로는 공존할 수 없는 상태입니다. 두려움에 빠진 사람은 위로를 누리지 못하는 것이고, 참된 위로를 누리는 사람에게는 두려움이 없습니다.

저는 한때 서울의 유명 영어학원 분점에서 아이들을 가르치면서 이 두려움의 신이 대한민국을 가득 집어삼켜 버렸음을 경험했습니다. 원장이 강사들에게, 그리고 강사들이 학부모들에게 휘두를 수 있는 무기가 바로 이 두려움이요, 불안감이었습니다. 그리고 그 칼자루를 쥐고 놓아주지 않는 무대 뒤의 주인공은 바로 공중의 권세 잡은 자였습니다. 수많은 부모와 그 자녀들이 그 끔찍한 권세에 짓눌려 날마다 두려움과 불안감에 사로잡혀 살아가는 모습을 너무도 가까이에서 지켜 보았습니다.

그리스도 안에서 진정한 자유를 얻고 그 자유로 인해 모든 두려움에서 해방된 참 신자라면, 세상의 평가와 경쟁에 내몰리거나 스스로 자신을 그 구렁텅이에 내던질 이유가 어디 있겠습니까? 작은 제도를 몇 개 들여와 겉모습과 구색을 갖추는 일보다는 항상 근본적인 뿌리가 땅에 잘 심겨져 있는지를 돌아봐야 된다고 봅니다. 뿌리도 내리지 않은 나무에서 열매가 주렁주렁 열릴 리도 만무하지만, 그렇게 열려봐야 금세 나자빠져 버릴 테니 말이죠.

질문 3 : 우리나라에서는 아이들이 자라고 세상 속에서 직업을 갖고 살아가다 보면 직업에 따라 다소간 경쟁이라는 것이 불가피할 때가 있는데요(우리가 항상 그것을 추구하지 않으려 한다 해도 말입니다). 이 경쟁에 대한 캐나다 개혁교회의 신자들의 보편적인 의식이 어떠한지 궁금합니다. 그리고 이에 대한 목사님의 생각도 덧붙여 말씀해 주신다면 감사하겠습니다.

답 : 우선 교육 현장을 좀 살펴보고 그다음에 그들의 직업 환경에 대해 언급한 후에, 그들의 삶 전반의 모습을 조금 생각해 보겠습니다.

적어도 초등학교 과정, 즉 7학년까지는 기독교 학교 안에 학업으로 인한 경쟁은 전무합니다. 그들은 시험을 보지 않으며, 성적을 매기지 않습니다. 다만 1년에 세 번 발달에 관한 리포트를 부모에게 주기는 합니다. 그 리포트에는 아이의 여러 가지 성장의 모습이 담겨 있습니다. 학업과 활동, 그리고 무엇보다 성품에 관한 내용이 있고, 아이의 모습을 다양한 영역에 걸쳐 묘사하고 있습니다. 즉 아이를 종합적으로 관찰한 내용과 그 변화와 발달의 모습이 들어 있습니다. 그리고 그 리포트가 나갈 때마다 선생님들은 부모들에게 그 평가가 자녀의 지적 수준이나 순위를 매기기 위한 것이 아님을 늘 주지시킵니다. 그리고 리포트를 받은 부모는 선생님과 상담 시간을 갖습니다. 지난 학기에 아이가 무엇을 배웠고, 어떤 성장을 이루었는지, 수업과 활동에 어떻게 참여했는지, 그리고 무엇보다 선생님과 친구들 사이에서 관계는 어떠했는지 등을 놓고 이야기합니다. 학교 교육의 학업 성취도를 다른 아이와 비교하거나 경쟁하는 개념 자체가 기독교 학교에는 존재하지 않습니다.

고등학교는 아직 직접적으로 경험해 보지 않아서 정확히 말씀 드릴 수 없지만, 고등학생이 있는 가정을 심방하며 아이들의 이야기를 들어 본 바로는, 일단 시험을 보기는 보는 것 같습니다. 앞서 언급한 브리티시 콜롬비아 주의 학력 인정 기준에 부합한 자격을 얻어야 졸업이 인정되므로 거기에 맞춘 교육과 그것을 평가하는 시험이 학교 안에 있기는 합니다. 그러나 그것은 개인의 발달과 자격을 갖추기 위한 것이지, 그 안에 학생들 서로 간의 경쟁 개념은 전혀 없어 보였습니다. 학급 석차나 점수로 스트레스를 받는 아이의 모습을 본 적이 없습니다. 대부분 고등학교에서의 과정은 자신의 적성과 진로를 발견해 가는 과정에 더 큰 중점을 두는 것처럼 보입니다.

한 가지 재미있는 예가 있습니다. 저희 교회에 같이 다니던 한국인 가정이 있었는데, 그분은 한국에서 포항공대를 나오고 캐나다로 유학을 와서 유명한 주립대학에서 박사 학위까지 마치신 소위 수재급 인물이었습니다. 그분은 자녀가 태어나서 학교를 보내야 할 시기가 다가오자 많은 고민을 하는 것 같았습니다. 그분이 보기에는 캐나다 개혁교회 학교가 거의 '직업 학교' 같다고 합니다. 고등학교라고 해도 오후 3시 정도면 수업이 끝나고, 그다음부터는 전부 운동을 하거나 자기가 하고 싶은 일을 하니 공부량이 절대적으로 부족해 보였나 봅니다. 특히 학교 커리큘럼을 보면 정말 다양한 직업군을 체험할 수 있는 과목들이 많아서(예를 들어, 목공, 용접 등) 한국의 전형적인 엘리트 출신이 보기에는 그 학교가 그저 실업계 직업 훈련 학교 정도밖에 안 돼 보였던 것입니다. 그런데 여기서 반전은, 제가 만나 본 캐나다 개혁교회 교인들은 아이들이 고등학교에 올라가면 공부량이 너무 많아져서 다들 힘들어 한다고 했다는 점입니다. 부모들은 물론이고 아이들과 대화해 봐도 고등학교 수업과 과제가 너무 많다고 말합니다.

어쩌다 보니 한 가지 알게 된 사실이 있는데, 캐나다 개혁교인들의 면면을 들여다보면 소위 말하는 고학력자가 별로 없습니다. 여기서 고학력자라 함은 대학 나온 사람을 말합니다. 캐나다 전체를 놓고 봐도 대학 진학율이 우리나라의 절반에도 못 미칩니다. 40%가 채 안 되니까요. 특히 캐나다 개혁교회 교인들 중에는 대학 나온 사람을 많이 못 봤습니다. 대부분이 고등학교만 졸업하고 자신의 적성을 따라 일을 합니다. 일의 종류도 우리나라처럼 대기업이나 공무원을 선호하는, 말 그대로 경쟁의 한복판에 자신을 밀어 넣는, 그런 일은 거의 안 합니다. 주로 소소하게 자기 사업을 많이 합니다. 그리고 landscaping이라고, 쉽게 말하자면 공사판 일을 하는 사람이 정말 많습니다. 그 외에도 손에 기름이나 흙 묻히는 일들을 많이 합니다. 그래도 다들 행복하게 삽니다.

캐나다 개혁교회 안에서 그나마 가방끈이 좀 길다 하는 사람들은 대부분 목사들입니다. 목사가 되려면 대학과 대학원까지 나와야 하니 그렇습니다. 앞에서도 언급한 적이 있는데, 매니토바 주에서 기독교 학교 교감을 하다가 교장 자리가 공석이 되어 그 교장직을 맡기로 하고 1년간 추가적인 공부를 하려고 브리티시 콜롬비아 주에 왔던 분이 있습니다. 그분 가정이 저희 교회에 1년 정도 출석했는데, 이 가정의 담당 장로가 심방을 갈 때 저보고 같이 가자고 하더군요. 파트너가 아닌데도 함께 가자고 해서 왜 그러냐고 물었더니, 그분이 대학원에서 석사 공부를 하는데 제가 그래도 나름대로 학교도 많이 다니고 학위도 여러 개 있으니 그분에게 뭐라도 도움이 될 만한 말들을 해줄 수 있지 않을까 싶어서 그런다고 하더군요. 그 장로 역시 고등학교만 나와서 자기 사업을 하시는 분이었고, 대부분의 장로들은 농사를 짓거나 공사판에서 집을 짓는 일을 하는 분들이었습니다. 원래 그분의 파트너는 크랜베리 농장을 하는 농부였지요.

저는 짧은 기간 동안 개혁교회 교인들과 살면서 이 경쟁이라는 용어와 개념 자체를 거의 듣거나 경험해 보질 못했습니다. 기껏해야 체육대회 때 달리기하는 정도거나 오픈하우스 때 스펠링 비 콘테스트 정도가 초등학교

수준에서는 전부였습니다. 그 외에 그들은 삶 속에서 누구를 이겨야 한다는 생각 자체를 거의 안 하고 사는 것 같습니다. 오히려 누구를 도와야 할지 생각하고 삽니다. 사람과 사람 간의 관계의 핵심 키워드는 사랑이고 봉사이지, 경쟁이나 승리가 아닙니다.

마지막으로 제 생각을 말씀 드리자면, 경쟁은 두려움과 욕심에서 오는 결과라고 생각합니다. 자유를 누리지 못하기 때문에 필연적으로 나타나는 자기방어 기제인 것이죠. 진리가 우리를 참으로 자유롭게 한다면 누가 누구를 짓밟으려 하겠습니까? 오히려 그런 상황이 펼쳐진다면 먼저 피하고 자신을 희생하라는 것이 주님의 가르침 아니었던가요? 그렇게 살다가 쪽박을 차더라도, 주님이 인정하시면 그게 바로 행복이고 참된 천국이 아닐까 저는 믿습니다. 이렇게 말했다고 해서 제가 욕심의 동기에서 나온 것 말고 하나님이 주신 지적 은사를 계발시키고 발휘하기 위해 힘쓰는 것의 아름다움을 배제하는 것이 아닙니다. 올바른 동기로 열심히 지적 개발에 힘쓰는 것은 참으로 긍정적이라 할 것입니다.

제3부

교회

11장
교인이 되는 과정

먼저 캐나다 개혁교회의 교인/교인 자격에 대해 살펴보겠다. 교인은 크게 두 가지 유형이 있다. 교회의 온전한 교제, 즉 성찬에 제한 없이 참여할 수 있는 교인이 있고, 참여할 수 없는 교인이 있다. 전자를 '수찬교인communicant members'이라고 부르고, 후자는 '비수찬교인 non-communicant members'이라고 부른다. 그 밖에 교인 자격 없이 예배에 참석하거나 교인이 되기 위한 교육 과정 중에 있는 모든 사람을 통상 '손님guests'이라고 부른다. 교회 질서The church order상으로는 딱히 이러한 개념 구분을 규정해 놓지 않으며, 단지 교회가 발급하는 증명서Attestations와 관련해서 이와 같이 두 가지 형태의 교인 자격을 언급하고 있을 뿐이다. 이러한 구분은 성경에 나타나는 교회와 교인의 당연한 개념을 각 당회가 가져다 쓰는 것인데, 이 개념이 캐나다 개혁교회 안에서는 보편적으로 사용된다.

먼저 수찬교인受餐敎人이라 함은 문자적으로 성찬의 상에 참여할 수 있는 교인이라는 뜻이다. 수찬교인이 되기 위해서는 기독교의 모든 진리를 믿고 받아들여야 하며, 그 사실을 교회 앞에서 공적으로 고백하는 과정을 거쳐야 한다. 그러고 나면 비로소 하나님의 구원의 약속을 받은 자로 인정하는 세례를 받게 된다. 이 과정을 모두 거치면 교회의 성찬에 참여할 수 있는 수찬교인이 된다.

그러나 신자의 가정에서 태어난 아이는 유아 세례를 먼저 받는데, 이런 경우에는 세례를 통해 교인이 되기는 하나 성찬에는 아직 참여할 수 없는 비수찬교인非受餐敎人이 된다. 유아 세례를 받은 사람은 이후에 성장하여 일정한 교육을 받고 스스로의 신앙을 공적으로 고백하면 비로소 성찬상에 참여할 수 있는 수찬교인이 된다. 따라서 수찬교인과 비수찬교인의 차이는 이처럼 유아 세례와 공적 신앙고백 사이의 시간적 간격 때문에 생겨나므로, 성인 세례로 교인이 되거나 다른 교회에서 이미 세례를 받은 사람이 교인이 되는 과정에는 비수찬교인이라는 개념이 존재하지 않는다. 즉 성인 신자의 경우에는 교인이냐 아니냐의 구분만 있을 뿐 그 밖의 다른 개념은 모두 인위적인 발상에 불과하다. 성인이 신앙을 고백하고 세례를 받은 것이 인정되어 교인이 되었는데 성찬의 상에는 아직 참여할 수 없다는 이상한 개념은 개혁교회 안에 존재하지 않는다.

반면에 아직 교인이 되지 못한 사람은 그저 손님이라고만 부를 뿐이다. 손님 중에는 그저 오다가다 들러 본 말 그대로의 손님도 있겠지만, 그 교회의 교인이 되기를 희망하며 정기적으로 예배에 참석하면서 당회의 교육을 받고 있는 사람도 있다. 후자는 '정규 손님 regular guests'이라는 명칭을 쓰기는 하지만, 이는 공식적인 것이 아니고 따라서 정규 손님이 되기 위한 어떤 절차나 규정이 정해져 있는 것도 아니다. 단지 당회에서 손님의 예배 참석을 눈여겨보다가 열심히 예배에 참석하고 교인들과 교제하는 모습을 확인하면, 그 손님에게 다가가 교인이 될 것을 권면하며 당회의 지도와 교육을 받을 것을 권한다. 여기에 손님 본인이 긍정적으로 응하면 당회는 비로소 그를 소위 '정규 손님'의 범주에 포함시켜 교육하기 시작하며, 담당하는 장로를 배정해 어느 정도의 관리와 돌봄도 베푼다. 필요한 경우에는 집사를 통해 경제적인 지원을 할 수도 있다.

그렇다면 이제 캐나다 개혁교회의 교인이 되는 과정을 '유아 세례', '성인 세례', '기존 신자' 세 부류로 나눠서 살펴보겠다. 이 중에 '기존 신자'는 캐나다 개혁교회와 교회적인 관계가 있는지 여부에 따라 다시 나누어진다. 그리고 그 관계 구분의 기준이 되는 '증명서 (혹은 이명서)'가 있는데, 이에 대해서도 살펴보겠다.

먼저, 신자의 가정에 자녀가 태어나면 '유아 세례'를 준다. 교회 질서는 다음과 같이 이를 규정하고 있다.

제57조 세례
당회는 가능한 한 빨리 신자의 자녀에게 세례를 베풀어 하나님의 언약을 인쳐야 한다.

개혁교회의 교리상, 세례는 세례를 받는 자의 신앙고백, 즉 그의 능동적 인지행위를 인정한다는 의미가 아니다. 오히려 세례는 죄인이 하나님의 언약 안으로 들어왔음을 표하고[sign] 인치는[seal] 의미를 가지며, 이것은 당사자의 인지행위에 주도권이 있는 것이 아니라 하나님의 은혜의 결과이다. 따라서 캐나다 개혁교회 신자의 가정에서 태어나는 자녀는 산모의 건강이 회복되는 대로 교회 앞에 나와 세례를 받음으로써 그 교회의 공식적인 교인이 된다. 그러면 이 세례를 통해 하나님의 언약을 확인한 부모는 최선의 힘을 다해[to the best of their ability](교회 질서 제58조) 그 아이를 양육하고 가르치며, 이 과정에 학교와 교회가 협력한다. 그렇게 일정한 교육을 거쳐 그 아이가 스스로 자신의 신앙을 고백할 수 있는 때가 되면, 그는 교회 앞에서 공적으로 자신의 신앙을 고백함[the public profession of faith]으로써 비로소 교회의 수찬교인이 된다.

다음으로, 교회 질서는 '성인 세례'에 대해서도 정하고 있다.

> 제59조 성인 세례
> 세례 받지 않은 성인은 공적으로 자신의 신앙을 고백한 후에 거룩한 세례를 통해 그리스도의 교회에 접붙임 받아야 한다.

성인이 된 누군가가 교회에 나와 예배에 참석하며 그 교회의 교인이 되고자 한다면 가장 먼저 세례를 받는 것이 공적인 절차이다. 교회 안에 낯선 손님의 존재를 인지하게 되면, 당회원들은 그 손님을 관찰하기 시작한다. 물론 여기서 당회원들의 관찰과 다른 교인들의 친절은 아무런 상관이 없다. 다시 말해서, 당회원들이 공식적으로 관찰을 시작하기 이전에도 기존의 교인들은 얼마든지 친근한 모습으로 다가가 손님을 맞이할 수 있고 또 그렇게 해야 한다.

우리 가족이 다녔던 교회는 인도에서 온 이민자들이 많은 지역에 위치해 있었고, 그러다 보니 교회를 찾는 손님들이 종종 있었다. 그 중에 교회 가까이에 사는 할머니와 어머니, 그리고 두 자녀의 한 가족이 우리 교회를 자주 방문했었다. 그들은 예배에도 자주 참여할 뿐 아니라 교인들과도 아주 폭넓게 교제했다. 우리도 그들에게 예배 참석을 독려할 뿐 아니라, 교회에서 식사를 하거나 이런저런 행사가 있을 때는 언제나 그 가정을 초대해서 함께 교제하자고 권하곤 했다. 당회는 이런 움직임들을 예의 주시하면서 그들이 교인이 되고자 하는 의사가 있는지를 잘 살폈다.

이렇게 손님이 예배에 정기적으로 참석하고 교인들과도 적극적인 교제를 나누는 것이 확인되면, 당회원들이 다가가 교인이 되고자 하는 의사가 있는지 묻고, 이에 긍정적으로 답할 경우 당회가 정한 일정한 교육을 받을 것을 권면한다. 이 교육의 기간이나 구체적인 절차 등은 당회의 재량이며, 경우에 따라 다 다르다. 즉, 교회의 목사가 직접 가르치기도 하고, 필요한 때에는 당회원인 장로가 교육하기도 한다. 그리고 교육의 양이나 질 또한 당사자에 따라 당회가 결정한다. 물론 교회에 따라서는 자기들만의 표준화된 교재나 과정을 마련해 두기도 하지만, 그것이 꼭 필수적이라거나 캐나다 개혁교회 전체에서 공통적으로 쓰이는 것은 아니다. 오히려 교인이 되기를 희망하는 자의 상황이나 여건에 맞게 탄력적으로 해 나간다. 이렇게 일정한 기간 정해진 교육을 마치고 나면 교회 질서에 따라 본인들이 성경적인 신앙을 스스로 고백해야 하며, 이 고백을 확인한 당회는 그 사람에게 세례를 베풀어서 그 교회의 정식 교인, 수찬교인이 되게 한다.

유아 세례나 성인 세례를 통해 처음으로 기독교 신자가 되어 교회의 교인이 되는 경우도 있지만, 이미 다른 교회에서 세례를 받고 신자로 살아가던 사람이 캐나다 개혁교회의 교인이 되고자 하는 경우도 있다. 이런 '기존 신자'의 경우, 그 사람이 다녔던 교회가 캐나다 개혁교회와 교회적인 관계Ecclesiastical Fellowships가 있는지 없는지에 따라 교인이 되는 과정이 달라지게 된다.

먼저 캐나다 개혁교회와 공적인 자매관계가 없는 교회에 다니다가 온 경우, 절차상으로는 불신자의 경우에 준해서 처리한다. 이에 대해서는 교회 질서상으로 정해 놓은 바가 없기 때문에 개교회의 당회가 정한 규정에 따른다. 우리 가족이 다녔던 교회에도 '당회, 그리고 집사를 포함하는 당회의 활동 규정Regulations for the Activities of Consistory and the Consistory with the Deacons(이하 '내부 규정'이라 부름)'이라는 문서가 있는데, 여기서 제2장 제12조 (II.12.)에 다음과 같이 정해 놓고 있다.

캐나다 개혁교회와 교회적 관계가 없는 교회 출신으로 본 교회의 교인이 되고자 하는 자는 반드시 자신의 신앙을 고백해야만 교인으로 받을 수 있다. 이 신앙고백을 공적으로 행할 것인지, 아니면 당회나 당회가 정한 위원회 앞에서 할 것인지는 각각의 경우에 따라 개별적으로 결정한다.

물론 교육의 양이나 기간은 불신자와 다를 수 있다. 성경도 한 번 읽어본 적 없는 사람과 나름대로 오랫동안 신앙생활을 해 왔던 사람을 같은 선 상에 놓고 판단할 수는 없을 테니 말이다. 어쨌든 그것을 결정하는 것이 바로 당회가 하는 일이다. 나는 장로로 봉사하던 시절에, 아프리카에서 온 난민 출신의 청년과 중국에서 이민 와서 중국인 교회에 다니다가 온 가정을 교육한 적이 있다. 아프리카에서 온 손님은 천주교에서 영세를 받았고 중국에서 온 손님 가정은 중국인 교회에서 세례를 받았으나, 본인들의 의사에 따라 개혁교회의 신앙고백서를 가지고 다시 교육을 했었다. 아쉽게도 우리가 한국으로 돌아오기 전에 이들이 교인이 되는 모습을 보지는 못했지만, 정해진 교육을 잘 마치고 당회가 정한 절차에 따라 신앙고백을 한다면 이들은 공적으로 캐나다 개혁교회의 수찬교인이 된다.

마지막으로, 캐나다 개혁교회와 공적인 관계를 맺고 있는 교회(교단)의 신자가 캐나다 개혁교회에 와서 교인이 되고자 할 때는 이전 교회에서 합법적인 증명서Attestations를 가져와 해당 교회의 당회에 제출해야 한다. 특별히 교인의 이동에 관한 증명서를 우리말로는 '이명서移名書'라고 부르는데, 이런 절차는 해외와 국내는 물론 같은 캐나다 개혁교회 안에서도 동일하다. 즉, 온타리오 주에 있는 캐나다 개혁교회에 다니던 사람이 알버타 주로 이주해 그곳의 캐나다 개혁 교회 교인이 되려면, 온타리오에서 다니던 교회로부터 이명서를 받아 와서 알버타에 있는 교회에 제출해야 한다.

제62조 증명서
수찬교인이 자매교회로 옮겨 가는 경우에는 먼저 전교인에게 공지한 후 그의 교리와 신앙에 관하여 당회 회원 두 명이 당회를 대신하여 서명한 증명서를 발부해야 한다. 비수찬교인의 경우에는 그러한 증명서를 직접 해당 교회로 발송한다.

이에 따라 우리가 다니던 교회의 내부 규정에도 교인의 이명서에 관해 다음과 같이 몇 가지 관련 규정을 정해 놓고 있다.

II.13. (캐나다와 해외의) 자매교회에서 온 교인은 먼저 당회가 그들의 이명서를 검토한 후에 본 교회의 교인이 되었음을 공포하고 교인 명부에 기록해야 한다.

II.14. 자매교회의 교인으로서 본 교회를 방문하여 성찬상에 참여하고자 하는 자는 자신의 본 교회 당회로부터 적법한 여행증명서Travel Attestations를 가져와 제출해야 한다. 본 교회의 당회에서 발부하는 여행증명서는 6개월간만 유효하다.

II.15. 본 교회를 떠나는 교인은 반드시 본인이 요청하여 이명서를 받아야 하고, 당회는 회의를 열어 이 요청을 다루어야 한다. 당회는 적당한 때에 해당 교인이 옮겨 가는 교회에 이 사실을 알려야 한다.

II.16. 비수찬교인이 교회를 떠날 때에는 옮겨 가는 교회에 해당 교인의 세례 증명서Baptismal Attestations를 보내야 한다.

II.17. 이명서의 요청과 접수는 강단에서 발표하고, 교회 소식The Church News에 공표해야 한다.

이렇게 캐나다 개혁교회에서는 교인의 자격과 교인이 되는 과정에 관하여, 교회 질서와 그 바탕 위에 각 교회에서 정한 세부적인 규정들을 철저히 따른다. 적어도 캐나다 개혁교회 안에서는 공적인 문서와 실제 현실과의 사이에 이유 없는 괴리가 발생하지 않는다. 교인의 들고남에 대해, 그리고 새로운 사람을 받는 사안에 대해 이들은 언제나 합의된 교회 전체의 규칙을 준수한다. 그것이 공교회적公敎會的인 신앙이요, 그리스도의 교회를 질서 있게 다스려 가는 길이라고 믿기 때문이다.

나와 아내가 처음 네덜란드라는 유럽의 낯선 나라에 갈 때도 알 수 없는 글자로 쓰인 이명서를 들고 갔으며, 그 이후 해밀턴에 갈 때나 다시 브리티시 콜롬비아 주의 교회로 갈 때도 언제나 우리는 우리 가족의 이명서를 들고 갔다. 그것이 가능한 이유는 내가 속한 한국의 장로교회가 그들과 공적인 자매관계를 맺고 있기 때문이다. 비록 언어와 문화가 다르고 그런 차이로 인해 제대로 된 교류가 거의 없는 현실 속에서도 그들은 공적인 관계를 무시하지 않았으며, 개별적으로 우리의 사상을 검증하려 들거나 자기들 마음에 들 때까지 공적인 지위를 유보시키는 등의 자의적인 행동을 하지 않았다. 그들은 우리가 교인이 되는 것을 언제나 환영해 주었다.

그런데 이렇게 공적인 절차에 철저한 그들도 사소한 부분에 있어서는 유연함을 보이기도 했다. 예를 들어, 우리가 해밀턴에서 교회를 처음 갔을 때 깜빡하고 이명서를 지참하지 못했는데, 당회는 우리를 면담한 후에 바로 교인으로 받아 주었다. 특히나 그날은 성찬

마라나타 캐나다 개혁교회 예배당 앞에서 예배 후에

을 하는 날이었기에 그런 문제에 더 민감할 수밖에 없는 상황이었음에도, 그들은 자매교회에서 온 목사 가정이 자신들의 교회에 출석하리라는 사실을 신학교로부터 이미 전해 들어 알고 있었고, 그 사실에 합당한 증인이 그 자리에 함께 있는 등 충분한 증거가 된다고 판단했기에 당장 이명서를 들이밀지는 못했음에도 우리를 교회의 교인으로 공표하고 성찬의 상에 받아 주었다. 그리고 나는 다음 주일에 이명서를 당회에 제출했다.

이처럼 개혁교회는 공적인 관계를 굉장히 중시하는 공교회적 The Catholic Church인 신앙이 탄탄히 뿌리내려 있다. 나는 한때 실제적인 교류도 거의 없는 이 두 교회, 즉 캐나다 개혁교회와 내가 속한 한국의 장로교회가 자매관계를 유지하고 있는 것이 무슨 의미가 있는가 의구심을 가졌던 적이 있다. 특히나 두 교회의 현실적인 모습을 보면 신앙의 일치는 고사하고 비슷한 점조차 거의 발견하기 힘든데, 왜 저들은 우리를 한 신앙 안에서 형제자매로 인정하고 있는가 하며 의아해했던 적이 한두 번이 아니다. 그러나 그때 해밀턴 신학교에서 만난 한 한국인 목사님의 말씀이 나의 생각을 획기적으로 바꿔 주었다. 그분 말씀은 그것이 바로 우리가 사도신경에서 늘상 고백하는 거룩한 공교회에 대한 신앙이라는 점이다. 사적으로는 맘에 들지 않고 의심스럽거나 내키지 않는 부분이 있을 수 있으나, 공적인 관계는 사사로운 감정의 잣대를 갖다 대는 것이 아니라는 조언이었다. 실제로 교회 질서는 이렇게 정하고 있다.

제50조 외국 교회

외국 교회들과의 관계는 전국 총회에서 규제한다. 개혁주의 신앙을 고백하는 해외 교회들과는 가능한 한 자매교회 관계를 유지한다. 교회 질서나 교회적 관행과 같은 부차적인 문제들로 인해 외국 교회들과의 관계를 거절해서는 안 된다.

그 목사님은 캐나다 개혁교회와 아무런 관계도 없는 교단에서 오신 분이었지만, 교회의 머리 되시는 그리스도 안에서 공교회적인 신앙의 중요성에 대해 나에게 중요한 깨달음을 주었다.

12장
예배당과 예배

캐나다 개혁교회는 현재 캐나다와 미국에 총 65개의 지역 교회가 있다. 대부분은 캐나다에 있고, 미국에는 4개뿐이다. 개혁교회 중에는 당회consistories가 있는 조직 교회Instituted churches도 있고, 이웃 교회에서 지역의 복음 전파를 위해 선교사를 파송한 교회로 아직 완전한 독립을 이루지 못한 선교 교회Mission churches도 있다. 그래서 독립된 교회 건물을 가지고 모이는 교회도 있지만 다른 교회의 건물을 빌려 예배를 드리는 곳도 있다. 하지만 건물의 소유 여부가 교회의 조직/미조직을 결정하는 기준은 아니다.

캐나다 개혁교회는 일반적으로 한 교회의 교인 수가 보통 2~300명 정도 되는 것 같다. 물론 그보다 더 적은 곳도 있고 훨씬 많은 곳도 있다. 우리 가족이 미국 그랜드 래피즈에서 다녔던 교회는 조직 교회이기는 했지만 교인 수가 50명 안팎이어서 재정적으로는 자립을 하지 못해 노회로부터 지원을 받았다. 한편, 그 전에 온타리오 주 해밀턴에 있을 때 다녔던 교회는 교인이 700명을 웃도는 큰 교회였다. 그리고 마지막으로 다녔던 브리티시 콜롬비아 주 써리에 있는 교회는 1950년 캐나다 서부에 최초로 세워진 캐나다 개혁교회로서 80년대까지만 해도 500명을 웃도는 그 지역 최대 규모의 교회였으나, 시대의 흐름 속에서 교인들이 동쪽으로 이주해 들어감에 따라 지금은 6~70명 정도만 남아 있게 되었다.

이렇게 교인 수는 교회마다 다 다른데, 교회당의 구조는 어지간해서는 별 차이가 없다. 우리 가족이 다녔던 교회 뿐만 아니라, 이런저런 일로 캐나다 내의 여러 교회들을 방문하다 보면 교회 건물의 내부 구조가 굉장히 단순하고 또 유사하다는 것을 볼 수 있었다. 물론 이는 디자인이나 인테리어를 말하는 것이 아니라, 예배당 건물 안에 포함되어 있는 요소들을 말한다.

우선 교회 건물에 필수적인 부분은 예배를 드리는 예배당이다. 이 장소를 부르는 말이 영어로는 딱히 정해져 있지 않아 보인다. a worship hall이나 an auditorium이라고 부르는데, 최근에는 젊은 층에서 성경의 "성소ᵃ sanctuary"라는 개념을 가져와 사용하는 것 같다. 한 교회 안에는 언제나 하나의 예배당만 있는데, 이 공간에서 가장 핵심적인 요소는 예배 인도자가 서서 예배를 인도하고 설교를 하는 강단ᵃ pulpit이다. 그리고 대부분 유럽의 전통을 이어받아 예배당 안에 파이프 오르간이 있는데, 형편에 따라서는 전자 오르간이나 피아노로 대체하는 경우도 간혹 있다. 또 우리에게는 익숙지 않은 것 중에

마라나타 캐나다 개혁교회 예배당 전경

하나가 직분자석이라는 공간이다. 주로 예배당 앞쪽, 가능한 한 강단 가까이에 이 직분자석이 마련되는데, 이는 예배 중에 장로 및 집사들이 앉는 자리이다. 이 자리의 의미는 뒤에서 다시 다루겠다. 마지막으로 가장 넓은 면적을 차지하는 것이 회중이 앉는 자리이다. 대부분의 캐나다 개혁교회들이 이 정도 구성요소로 예배당을 채운다. 요즘에는 방송의 필요성이 크게 대두되면서 방송실을 운영하는 교회도 많이 있지만, 그 공간은 꼭 예배당 안에만 있지 않고 바깥이나 위쪽 다른 공간을 사용하기도 한다.

다음으로 캐나다 개혁교회의 예배당 건물에 꼭 있는 공간은 바로 교제실이다. 영어로는 대부분 a fellowship hall이라고 부른다. 써리의 교회에서는 1층이 예배당이고 지하에 교제실이 있어서, 교제실을 다른 이름으로 부르지 않고 그저 "아래층에서 모입니다."라고만 말했다. 이런 교제 공간에는 주로 이동식 탁자와 의자들이 있다. 그래서 필요한 경우에 교인들이 함께 식사하거나 다과를 나눌 수 있고, 따라서 대부분 교제실 한쪽에는 작은 주방이 딸려 있다. 써리의 교회에서는 성찬식이 있는 주일이면 예배 후에 온 교인이 다 함께 식사를 하는데, 그때 꼭 필요한 공간이다. 또 경우에 따라서는 이곳의 탁자와 의자를 접어서 치운 후에 다른 행사를 하기도 한다. 예를 들어, 여름에는 우리의 여름성경학교와 비슷한 'Vacation Bible School'이라는 행사를 하기도 하고, 교회에 새 성경책을 구비하거나 힐 때는 재정 마련을 위해 교인들이 집에서 안 쓰는 물건들을 가져와 늘어놓고 팔기도 하는데, 이런 특별한 행사 때 이 교제실을 사용한다.

캐나다 개혁교회의 예배당 건물에서 가장 큰 공간을 차지하는 곳

마라나타 캐나다 개혁교회의
교제실 모습

이 예배당과 교제실이다. 그 외에 작은 공간들이 몇 개 있는데, 그 중에 하나는 당회실ª consistory room이다. 이곳은 당회원들이 한 달에 한 번 회의를 하고, 매주일 예배 전에 직분자들이 모여 예배에 대한 회의를 하는 공간이기도 하다. 주로 회의 공간으로 쓰이는 곳이다 보니 큰 탁자와 의자들이 가득하고, 행정에 필요한 기구들이 배치되어 있다. 내가 장로로 봉사한 교회의 당회실에는 한쪽 벽면에 그 교회의 역대 말씀 사역자들과 선교사들의 사진이 일렬로 걸려 있었다. 역사가 오래된 교회이다 보니 현재 목사님을 제외하고 열네 분의 사진이 걸려 있었다.

또 캐나다 개혁교회의 건물 안에 항상 있는 공간 중 하나가 바로 유아실ª nursery room이다. 말 그대로 어린아이들을 돌봐 주는 곳인데, 특징적인 것은 이 유아실이 대부분 예배당과 멀리 떨어져 있다는 점이다. 교회에 따라서는 이곳에 스피커를 연결해 예배 내용을 들을 수 있게 해 놓은 곳도 있지만, 아예 예배 공간이나 예배 자체와 분리되어 있는 곳도 있다. 따라서 이곳에서 봉사하시는 분들은 해당 예배를 드리지 못하기 때문에 여러 명이 순번을 정해 돌아가면서 말 그대로 희생적인 봉사를 한다. 부모들은 예배 전에 아이를 데리고 와서 이곳에 맡긴 후에 예배당으로 이동하고, 예배가 끝나면 최대한 빨리 유아실에 가서 아이를 찾아간다.

또 한 가지 작지만 중요한 공간이 교리문답 교육실ª catechism room이다. 이곳에는 칠판과 책상과 의자가 있고, 목사가 청소년들을 만나 성경의 교리를 가르치는 데 사용된다. 물론 이 공간도 필요에 따라서는 얼마든지 다른 목적으로 사용 가능하다. 써리의 이웃 교회 중에 중국인들을 위한 선교 교회가 있는데, 그 교회는 교인 수가 많지 않기에 커다란 예배당보다 상대적으로 작은 이 교리문답 교육실에 모여 예배를 드렸다. 나는 한인 선교 일을 할 때 매주 토요일에 한인들을 위한 성경 공부 모임을 열었는데, 그때 교리문답 교육실을 사용했었다. 또한, 교인이 되기 위해 교육을 받던 손님들도 이곳에서 공부를 했다.

마지막으로 빼놓을 수 없는 공간이 바로 도서관이다. 아마 대부분의 캐나다 개혁교회들은 예외 없이 도서관을 갖고 있을 것이다. 도서관에는 교인들이 자유롭게 빌려 볼 수 있는 책과 미디어 자료들이 있다. 우리가 있던 써리의 교회는 공식적으로 도서관 위원회를 두어서 도서관 관리와 운영을 맡겼다. 이곳에는 개혁교회의 역사와 전통 속에서 너무도 소중한 자료들, 그러나 일반 서점이나 인터넷에서는 구하기 힘든 귀한 자료들이 가득하다. 나도 그 교회에 간 다음 해부터 꾸준히 도서관 위원회 일을 하면서 그들의 유산을 물려받기 위해 노력했다.

자, 이렇게 캐나다 개혁교회 예배당 건물 안의 모습을 대략적으로 살펴보았는데, 약간의 편차는 있을 수 있지만 거의 대부분의 교회들이 대동소이한 구조를 갖고 있다. 교인 수에 따라 각각 공간의 크기가 다르거나 위치가 다른 정도이지, 이 필수적인 공간들 외에 다른 공간을 마련하는 일은 거의 없다. (물론 주차장이나 화장실은 너무 당연한 거라 뺐다.) 간혹 선교 교회나 이제 막 분립 개척을 한 경우에는 다른 교단 교회의 건물을 빌려 사용하기도 하는데, 이런 특별한 경우가 아니라면 대부분의 캐나다 개혁교회 예배당은 거의 이런 구조를 갖고 있다.

이런 특징을 보이는 이유는 아마도 예배당의 목적에 대한 이해가 통일되어 있기 때문이 아닐까 한다. 즉, 교회의 건물은 회중이 모여 예배를 드리고 성도가 함께 교제하며 언약의 자녀에 대한 가르침이 행해지는 장소라는 인식이 캐나다 개혁교회 안에서 일관되게 자리하고 있기 때문이다. 이에서 더 나아가거나 모자라지 않기 때문에 50명이 모이는 교회든 700명이 모이는 교회든, 딱 이 정도의 공간 구성만으로 예배당을 구성해도 충분하다.

그렇다면 이제 캐나다 개혁교회에서 가장 중요하게 생각하는 예배의 모습을 관찰해 보았으면 한다. 지금부터 언급할 내용들은 예배학의 이론이나 예배에 대한 신학적 관점을 제시하려는 것이 아니다. 서문에서도 명시했지만 이 책은 그런 목적의 것이 아니다. 개혁교회의 예배 순서나 예전에 관한 내용은 다른 책들을 통해 알 수 있을 것이다. 따라서 여기서는 실제 캐나다 개혁교회의 예배 현장에서 어떤 특징들을 발견할 수 있는지, 우리에게 익숙하지 않은 특이점들은 무엇이 있는지 등을 보려고 한다.

첫째, 캐나다 개혁교회는 예외 없이 주일에 두 번 예배를 드린다. 북미의 많은 기독교 교회들이 주일에 한 번만 예배를 드리는 분위기로 변해 가고 있기에 오전, 오후 두 번의 예배를 드리는 것만으로도 그곳에서는 특별한 일이 되고 있다. 심지어 '개혁교회 Reformed

Church'라는 간판을 걸고서도 주일에 한 번만 예배를 드리는 교회들이 상당히 많다. 그러나 그것은 그 자체로 더 이상 성경의 교리에 대한 설교를 하고 있지 않다는 반증이기 때문에, 주일에 두 번 예배를 드리는 것은 매우 중요한 일이 된다. 보통 오전 예배는 이르면 9시, 늦으면 11시 정도에 드리고, 오후 예배는 이르면 2시, 늦으면 3시 30분 정도에 드린다. 예배 시간은 각 교회가 회중의 형편에 맞게 정하는 것이기 때문에 옳고 그름이 없다. 가장 보편적인 시간대를 보면 오전 9시 30분이나 10시, 그리고 오후 2시 30분이나 3시가 가장 많다. 예외적으로 다른 교회의 건물을 빌려 예배를 드리는 경우에는 시간의 충돌을 피해야 하다 보니, 예배 시간이 이런 보편적인 시간대와는 조금 다를 수 있다.

둘째, 예배 전에 직분자들이 당회실에 모여 간단히 회의를 한다. 이때 교인들은 예배당 바깥에서 자유롭게 대화를 나누기도 하고, 예배당에 들어가 차분히 예배를 준비하기도 한다. 회의의 내용 중 가장 중요한 것은 설교자의 무탈 여부이다. 그래서 장로와 집사들은 설교자를 악수와 인사로 맞이하고, 함께 간단히 기도를 하기도 한다. 그다음에는 회중의 기도제목이 있는지를 확인한다. 설교자는 예배 후반에 온 회중을 위해 기도하는데, 이때 성도들의 개별적인 기도 부탁이 있는지 장로들을 통해 확인하는 것이다. 즉 장로가 맡은 구역에서 특별히 설교자의 기도를 필요로 하는 사람이 있는지를 묻고, 있다면 그 내용을 설교자에게 전달하여 빼먹지 않도록 한다. 또 한 가지 의견을 나누는 것은 예배 전 광고의 내용이다. 보통 설교자가 강단에 올라가 예배를 시작하기 전에 회중에게 광고를 하는데, 이때 전달할 내용을 정리해서 설교자에게 전달한다. 특히 그 주일에 집사들이 걷는 헌금에 특별한 의미가 있는 경우에는 그 내용도 함께 광고하기 위해 확인을 거친다. 그리고 성찬식이 있는 주일에는 성찬을 돕는 장로들을 확인하고 구체적인 동선 등을 다시 한번 정리한다. 이때 여행 증명서를 제출하여 성찬에 참여하려는 타교회 성도가 있다면 그 내용도 확인하여 성찬 허락 여부를 결정한다. 대략 이 정도의 내용으로 10~15분 정도의 회의를 마치고 시간이 되면 다 함께 일어나 예배실로 들어간다.

셋째, 캐나다 개혁교회의 예배 모습을 보면 예배당 밖에 있던 직분자들이 함께 안으로 들어오는 장면을 볼 수 있다. 오르간 음악이 잔잔히 흐르는 가운데 하나둘씩 입장해서 보통 예배당 앞쪽에 있는 직분자석에 앉는데, 직분자 전원이 앉는 것은 아니고 보통 장로들과 그 주에 헌금을 걷는 집사들만 앉는다. 장로의 경우에도 특별한 사정이 있으면 회중 가운데 자기 가족과 함께 앉기도 한다. 이때 가장 마지막으로 설교자와 장로 한 명이 입장하면서 회중 앞에서 악수를 나누는데, 이는 굉장히 인상적이고 의미 있는 순간이다. 이렇게 설교자와 악수하는 장로를 가리켜 '책임 장로duty elders'라고 하는데, 미리 정한 순번에 따라 돌아가며 이 일을 맡는다. 이 악수의 의미는 해당 교회의 당회가 오늘 설교할 설교자를 공식적으로 인정하였음을 온 회중에게 가시적으로 확인시켜 주는 것이다. 개혁교회의 교회 질서(제52조)상 회중을 예배로 부르는 것은 개교회 당회의 권한이자 의무이다. 따라서 당회에서 이 권한과 의무에 따라 회중에게 합당한 설교자를 모셨음을 모두가 볼 수 있도록 상징적인 행위를 취하는 것이다. 그 주의 책임 장로는 그날의 설교자를 인도하여 예배당 안으로 입장시키고, 설교자는 강단에 올라서기 전에 그 장로와 굳건한 신뢰의 눈빛을 교환하며 악수를 나눈다. 그러면 책임 장로는 직분자석으로 돌아오는데, 이 직분자석도 마찬가지로 상징적 의미를 갖는다. 장로들은 예배와 회중을 감독하는 의미로, 그리고 집사들은 자비의 사역을 수종 드는 의미로 직분자석에 앉는다.

넷째, 이렇게 강단에 오른 설교자는 간단한 인사 후에 먼저 광고 사항을 전달한다. 이는 우리에게 익숙하지 않은 부분 중에 하나이다. 그러나 캐나다 개혁교회에서 예배 시작 전에 하는 이 광고는 아주 간략하고 핵심적이다. 예배에 참석해야 하는 것이 모든 신자의 의무이듯, 예배 자리에서 신자들이 꼭 기억해야 하는 지극히 공적인 내용만 전달한다. 예를 들어, 다음 주에 성찬식을 한다는 내용, 이번 주에 당회 회의가 있다는 내용, 혹 성찬식 당일이라면 우리 중에 이명서를 가지고 온 방문자나 새 교인이 있다는 내용, 그리고 성찬식이 있는 예배 후에 다 함께 식사를 한다는 내용 등이다. 따라서 이 광고의 내용은 보통 두세 가지 사항 정도이고 많아도 서너 가지를 넘는 일은 거의 없으며, 광고가 전혀 없는 주일도 있다. 시간으로 치면 1~20초, 길어도 30초를 넘기는 일은 없다. 그 외에 모든 부수적인 일들은 대부분 교회 주보에 글로 싣거나, 임박한 사안이면 교인들에게 이메일을 보내기도 한다. 그러면 다들 주보나 이메일을 통해 앞으로 일어날 일들을 숙지하고 각자의 판단대로 행동한다. 누구도 미주알고주알 말하고 다니지 않으며, 목사는 물론 어떤 직분자도 두 번 세 번 어린애 다루듯 사적으로 연락하거나 하지 않는다. 공적으로 전달할 것은 공적으로 전달하면 그것으로 끝이다. 그것에 대해 어떻게 반응하느냐는 각자가 알아서 할 몫이다. 이 성숙함의 깊이는 참으로 표현하기가 쉽지 않다.

다섯째, 광고를 마치면 비로소 예배가 공식적으로 시작된다. 캐나다 개혁교회가 정하고 있는 예배 순서상 첫 순서는 통상 '서원 Votum'이라고 부른다. 성경의 시편 124:8을 함께 혹은 인도자가 암송함으로써 우리가 이렇게 모여 하나님을 예배할 수 있는 것은 전적으로 그분의 은혜에 있음을 고백하는 것이다.

여섯째, 그다음 순서는 '인사Salutation'라고 하는데, 이것은 인도자 개인의 인사가 아니라 하나님이 예배하러 나온 회중을 맞아 주시고 그들에게 복 주심을 약속하신다는 의미이다. 그래서 이 순서 역시 성경에서 특정 구절들을 가져와 그대로 암송한다. 보통 고린도전서 1장 3절이나 디모데전서 1:2 혹은 요한계시록 1:4-5절의 일부를 사용하는데, 이때 인도자는 손을 들어 하나님의 축복을 선포하듯 한다. 어떤 분은 한 손만 들어서 하기도 하고, 또 어떤 분은 두 손 모두를 드는데, 이는 맞고 틀리고의 문제라기보다는 인도자 개인의 선택이다.

일곱째, 이는 서양 교회의 특징이라고 할 수 있는 점으로 예배당 안에 모든 자리마다 성경책과 찬송책이 다 비치되어 있다. 그리고 그 두 권의 책 안에는 예배를 위해 필요한 것이 다 들어 있다. 그래서 교인들은 거의 대부분 빈손으로 교회에 온다. 우리 가족도 처음 개혁교회를 접하던 때에는 매주일마다 한 보따리씩 싸서 교회에 가곤 했는데, 시간이 지나면서 굳이 그렇게 하지 않아도 된다는 것을 알게 되고는 훨씬 가벼운 발걸음으로 집을 나섰다. 영어가 모국어가 아닌 나는 작은 수첩 하나를 늘 챙겨서 장로석에 앉곤 했는데, 나중에 알고 보니 그런 점을 다른 장로들이 신기하게 봤으며, 또 어떤 이는 배울 점이라고 생각했다고도 한다.

여덟째, 캐나다 개혁교회의 예배에서는 성경의 시편을 찬송으로 부른다. 이 점은 제법 많이 알려진 사실인 것 같다. 전 세계에 개혁교회라는 이름으로 존재하는 교단들이 적지 않지만, 그중에서도 1562년부터 종교개혁자 칼빈의 주도하에 만들어진 제네바 시편 찬송The Genevan Psalter을 부르는 개혁교회는 이제 많지 않다. 특히 북미에서는 캐나다 개혁교회가 유일하다. 그 밖의 다른 개혁교단에서는 시편을 부르기는 하나, 보다 현대적인 곡조에 가사를 붙여 부른다. 이 사실은 언제나 많은 찬반 논쟁을 불러일으킨다. 심지어 캐나다 개혁교회 안에서도 이 논쟁은 끊이지 않는 것 같다. 특히 젊은 세대들은 갈수록 더 다양하고 공감대가 넓은 곡조로 찬송하기를 원한다. 따라서 이 문제는 지금도 현재진행형이다.

아홉째, 캐나다 개혁교회에는 성가대나 찬양대 같은 것이 없다. 찬송은 모든 회중의 의무이자 권리이다. 예배 중에 하나님을 찬양

할 수 있는 것은 모든 성도의 특권이다. 그래서 캐나다 개혁교회에서 회중이 함께 찬송을 할 때는 인도자의 마이크를 아예 꺼 버린다. 그뿐 아니라 인도자가 아예 강단 뒤에 앉거나 거의 숨어서 보이지 않는 경우도 있다. 오직 전체 회중이 한목소리로 하나님을 찬양할 뿐이며, 이것이야말로 언약 백성으로서 예배 중에 할 수 있는 가장 큰 기여이자 커다란 몫이기에 이에 대해서는 이론이 제기되는 것을 본 적이 없다. 오히려 개혁교회라고는 해도 개방적인 사고를 하는 교회일수록 예배 시간에 특정한 개인이나 일부 집단에게 특별한 순서를 마련해서 하나님의 영광을 가로채게 하는 일이 자주 생겨난다. 그러나 캐나다 개혁교회에서는 아직 그렇지 않다. 예배는 온 회중의 것이고, 찬송도 그러하다.

마지막으로, 개혁교회 예배 장면 중 특징적인 모습은 마지막 축도Benediction이다. 모든 예배를 마칠 때 인도자는 성경의 말씀으로 축도를 하는데, 이때 성도들은 눈을 뜨고 그 장면을 바라본다. 예배를 마칠 때에도 시작할 때처럼 목사가 예배에 참석한 그 백성에게 하나님의 축복을 선포하는데, 성도들은 하나님의 말씀을 선포한 목사가 손을 들어 축복을 선포하는 모습을 눈을 뜨고 바라보면서 하나님의 약속을 떠올린다. 따라서 이 축복의 말은 목사 개인의 간구나 미사여구를 포함하는 것이 아니라 오로지 성경의 말씀으로 하나님이 약속하신 복을 내려주는 것이다. 그러면 회중은 예배 중에 선포된 하나님의 말씀과 예배를 마치며 약속하신 축복의 말씀을 붙들고 담대하게 세상에 나가 '빛과 소금'으로 살아가게 된다.

지금까지 주마간산走馬看山으로 캐나다 개혁교회의 예배당과 예배의 모습을 살펴보았다. 그들의 중심이 어디로 향하고 있는지를 건물의 형태나 예배 순서 속에서도 뚜렷하게 볼 수 있다. 그리고 이 본질에서 벗어나는 것들을 걷어 내고 제거하려는 그들의 끊임없는 노력은 곁에서 직접 보지 않고서는 쉽사리 이해하기 어렵다. 예수님은 "마음이 청결한 자들은 복이 있나니 그들이 하나님을 볼 것임이요"(마 5:8)라고 말씀하셨다. 나는 캐나다 개혁교회 신자들의 특징을 단 한마디로 굳이 말해야 한다면 언제나 주저 없이 이 "마음의 청결함"을 꼽는다. 그들의 이 순수함은 삶에서도 말할 수 없이 풍겨 나지만, 특히 예배 가운데 그 정수가 담겨 있다. 오직 하나님만을 보고자 하는 마음으로 예배에 임하는 그들에게는 모든 인간적인 요소들이 다 헛되고 헛될 뿐이다. 우리가 그들과 같은 신앙을 고백하고자 한다면, 이러한 노력을 함께 기울여야 할 것이다.

13장
강단 교류와 낭독 설교

캐나다 개혁교회 내에서 일어나는 일들은 사실 그들의 교회 질서만 잘 알고 있어도 어리둥절하거나 난데없는 느낌을 받지 않을 것이다. 그만큼 연합체 안에 있는 모든 교회와 성도들이 총회를 통해 합의된 공적 질서를 따르는 데 자발적이며, 개교회 안에 일어나는 모든 일들이 이 교회 질서의 범위를 벗어나지 않기 때문이다. 그것이 그리스도의 교회를 질서 있게(고전 14:33, 40; 골 2:5; 살후 3:7 등) 유지하는 방법이라고 굳게 믿기 때문이다. 이렇게 공적 질서가 굳건히 지켜질 때에만 사적인 신앙의 자유도 훨씬 폭넓게 누릴 수 있게 된다.

캐나다 개혁교회의 예배와 성례의 시행은 교회 질서의 규정에 따라 목사와 장로로 구성된 개교회 당회의 권한이다. 따라서 예배를 주관하는 당회가 곧 예배의 인도자 및 설교자에 대한 권한도 가지고 있다. 다시 말해서 회중의 예배를 누가 인도하고, 누구에게 설교를 맡길 것인가 하는 것은 전적으로 당회의 권한에 위임되어 있다는 말이다. 교회 질서는 그것을 아래와 같이 다시 한 번 명시적으로 확인하고 있다.

제38조 당회

모든 교회에는 말씀 사역자와 장로로 구성된 당회를 두어야 하는데, 보통 적어도 한 달에 한 번은 회의를 가져야 한다. 일반적으로 의장은 말씀 사역자가 맡는다. 교회에 한 명 이상의 목사가 있으면 번갈아 가며 의장을 맡는다.

제52조 예배

당회는 주일에 두 번 전교인을 예배로 불러야 한다. 당회는 보통 매주일 한 번씩은 하이델베르크 교리문답에 정리된 것을 따라 하나님 말씀의 교리가 선포되도록 해야 한다.

제56조 성례의 시행

성례의 시행은 오직 당회의 권한하에서 공예배 중에 말씀 사역자가 채택된 양식을 가지고 하여야 한다.

제15조 다른 곳에서의 설교

누구도 당회의 허락 없이는 그 교회에서 설교하거나 성례를 집행할 수 없다.

그러나 당회가 자격이 되지 않는 사람을 아무 검증 없이 자의적으로 세워도 된다는 말은 결코 아니다. 이는 교회 질서 안에서 말씀 사역자의 직무와 자격에 대해 분명하게 규정하고 있기 때문이고, 모든 당회는 그 합의된 질서에 스스로 순종하기 때문이다. 이번 장에서는 이러한 형식적 배경 위에서 우리에게 익숙하지 않은 개혁교회의 몇 가지 실제 모습을 살펴보겠다. 대표적인 것이 바로 '강단 교류Pulpit exchanges'와 '낭독 설교Sermon reading'이다.

강단 교류란 말 그대로 다른 교회의 말씀 사역자를 초청해 우리 교회의 예배 인도를 맡긴다는 뜻이다. 강단 교류는 여러 가지 경우에 따라 있게 된다. 가장 자주, 그리고 흔히 일어나는 일은 말씀 사역자에게 업무 부담을 덜어 주고 성도들에게 다양한 설교자의 설교를 들을 수 있는 유익을 제공하기 위해서이다. 그래서 매달 마지막 주일 예배는 이웃 교회와 강단 교류를 한다. 우리 가족이 있었던 캐나다 서부의 브리티시 콜롬비아 주에는 캐나다 개혁교회 안에 소속된 자매교회들이 꽤 많은 편이었다. 두 개의 지역 노회 안에 총 17개의 지역 교회들이 있는데, 우리 가족이 다녔던 교회가 속한 노회에는 8개의 교회가 있었다. 그러다 보니 강단 교류의 유익을 참 많이 누릴 수 있었다. 물론 주변에 자매교회들이 많지 않거나 미국에 있는 몇 안 되는 교회들은 이런 유익을 누리기가 쉽지 않다.

이러한 정기적인 강단 교류의 경우에는 해당 교회 목사가 미리 초청자를 선택해 당회 회의 때 보고하는 방식으로 한다. 즉, 소속 노회와 이웃 노회 목사들이 상호 간에 연락을 주고받으며 이런 월말의 정기 강단 교류를 스스로 진행한다. 그래서 두 교회의 목사들이 일대일로 교류하기도 하고, 또 많은 경우 순회 방식으로 교류하기도 한다. 예를 들어, 1번부터 8번까지의 교회가 있다면 1번 교회 목사가 2번 교회로, 2번은 3번으로, 4번은 또 5번으로… 순회하며 교류한다. 그러나 개교회 상황이 그때그때 다르기 때문에 이런 순번제가 잘 지켜지지 않을 때도 있고, 그러면 목사가 다른 곳을 수소문하여 교류할 목사를 찾는다.

강단 교류가 가장 활발한 시기는 여름 휴가철이다. 캐나다 개혁교회 목사들은 보통 1년에 5~6주 정도 공식적인 휴가를 갖는다. 물론 이것을 어떻게 사용하느냐 하는 것은 목사의 전적인 자유이다. 여름철에 그 휴가를 전부 다 사용할 수도 있고, 아니면 1년 동안 적절하게 나누어 사용할 수도 있다. 내가 있었던 교회의 목사님은 대개 5주의 휴가 중에 여름에 2주, 아이들 학교 봄 방학 때 2주, 그리고 연말에 1주 이렇게 나누어서 사용했다. 호주 출신인 목사님은 휴가를 아껴 두었다가 고향(호주)을 방문할 일이 있을 때 한 번에 다 사용하기도 했었다.

말씀 사역자에게 휴가란 주일에 예배 인도와 설교의 직무를 쉴 수 있다는 뜻이다. 따라서 목사들이 휴가를 맞아 교회를 떠나면, 당회는 그 기간 동안 해당 교회의 예배를 인도하고 설교를 해줄 목사를 찾아야 한다. 바로 이때 또 다른 형태의 강단 교류가 일어난다. 이때, 예배 인도자를 찾는 것은 목사의 책임이 아니다. 왜냐하면 목사의 휴가는 교회에서 허락한 공식적인 일정이므로 여기서 목사는 그 책임을 질 필요가 없다. 따라서 예배를 주관하는 당회가 그 일을 처리해야 하며, 당회는 장로들 중에 한 명을 지정해 강단이 채워지지 않는 일이 없도록 한다. 장로로 봉사하던 시기에 감사하게도 이 일이 내게 맡겨져 3년 동안 인근 교회 목사들과 열심히 이메일과 전화 통화를 주고받았던 것이 기억난다. 보통 새롭게 한 해의 일정이 시작되는 9월에 목사님은 당회 회의에서 자신의 휴가 계획을 알렸다. 그러면 나는 그 일정을 잘 숙지해 두었다가 너무 이르지도, 또 너무 늦지도 않은 시기에 이웃 교회 목사들에게 연락해서 이러이러한 날짜에 우리 교회 예배를 인도해 줄 수 있는지를 묻고 그 빈 주일들을 채워 나갔다. 너무 일찍 연락하면 아직 구체적인 일정을 알 수 없다는 답변을 듣기가 쉽고, 또 너무 늦게 연락하면 그 목사님의 휴가 기간과 맞물리거나 이미 다른 곳에서 선점하여 기회를 놓치는 일이 있기 때문에 적절한 타이밍을 찾아야 했다. 아래에는 내가 보냈던 가장 최근의 이메일 내용을 가져와 실었다.

OOO 목사님께,

주님 안에서 평안을 빕니다!

마라나타 캐나다 개혁교회는 이번 여름에 몇 주간 강단이 비게 됩니다. 이에 목사님께서 아래 날짜들 중에 하루나 그 이상 우리의 예배를 인도해 주실 수 있는지 여쭙고자 합니다.

- 8월 18일 오후 예배
- 8월 25일 오전 예배

- 9월 1일 오전 예배

해당 날짜를 살펴보시고 연락 주십시오.

주님께서 목사님과 목사님의 강단을 축복하시기를 빕니다!

감사합니다!

이제롬

    시기가 잘 맞고 해당 목사의 일정에 무리가 없다면, 대부분 이런 요구에 긍정적으로 응답한다. 왜냐하면 이웃하는 자매교회들은 언제나 서로를 필요로 하며, 이렇게 서로를 도움으로써 내가 맡고 있는 교회의 성도들에게도 더 큰 유익이 된다는 것을 다들 잘 알고 있기 때문이다. 그래서 때로는 차로 10시간 이상 가야 하는 먼 곳에 있는 교회에서 도움을 청할 때에도 이러한 요청을 진지하게 숙고한다. 그럴 경우, 이를 강단 교류라기보다는 '강단 지원^{Pulpit supplies}'이라고 부르는데, 같은 노회 안에 목사가 공석인 교회가 있는 경우 노회에서 회의를 통해 주변 교회들이 돌아가며 그 교회의 예배를 한 번씩 인도해 주도록 한다. 이것 역시 노회를 통해 공식적으로 결정한 것이므로 목사는 당회에 이 사실을 알리고, 그러면 당회는 그날에 또 다른 설교자를 찾아 빈자리를 채워야 한다.

    그런데 이렇게 여러 가지 경우에 강단 교류가 일어나고, 또 그에 따라 당회가 자신들의 강단을 채우기 위해 애를 쓰며 알아보지만, 간혹 적당한 설교자를 찾기 어려운 때도 있다. 이런 예외적인 상황에서 당회원 중에 한 명인 장로가 예배를 인도하는 일이 바로 낭독 설교 혹은 낭독 예배Reading services이다. 당회는 이런 경우를 대비해 평소에 장로들의 순번을 정해 놓고 있다. 그러면 장로들은 각자 다른 목사의 설교문을 구비해 놓고 있다가 자신의 순서가 되었을 때 그 설교문을 읽음으로써 그날의 예배를 인도한다. 준비해 놓는 설교문은 대부분 캐나다 개혁교회 목사들의 설교이고, 자매관계를 맺고 있는 호주자유개혁교회Free Reformed Church of Australia 목사의 설교를 가져올 때도 있다. 그렇게 하여 교회의 교리적 통일성을 지켜 내려고 한다. 다른 목사의 설교문을 가져올 때는 반드시 그 목사에게 먼저 연락해서 사용에 대한 허락을 받아야 하며, 예배를 마친 후에는 어떤 목사의 설교를 가져와 읽었는지 회중 앞에 알려야 한다.

여기서 낭독 설교를 읽는 사람을 당회원이라고는 했지만 그것은 일반적인 경우에 그렇게 한다는 말이고, 당회가 결정한다면 꼭 장

마라나타 개혁교회의 장로 중 한 분이 낭독 예배를 인도하고 있는 모습

로만 그 일을 할 수 있는 것은 아니다. 심지어 직분이 없는데 낭독에 탁월한 재능이 있는 교인이라면, 당회는 그의 평소 행실이나 교리적 건전성 등을 판단하여 그에게 그 일을 맡길 수 있다. 우리 가족이 그랜드 래피즈 교회에 다니던 시절에는 이런 일이 자주 일어났다. 그랜드 래피즈 교회는 미국에 단 네 개밖에 없는 캐나다 개혁교회였기 때문에 강단 교류가 쉽지 않은 환경에 있었다. 더군다나 그 교회는 거의 3년 정도 말씀 사역자가 없었다. 그래서 캐나다에 있는 목사가 차로 대여섯 시간을 달려 오기도 했고, 인근에 있는 다른 자매교단 교회의 목사들을 초청하는 일도 많았으며, 그것마저도 힘들 때는 장로들이 낭독 설교로 예배를 인도하는 일이 비일비재했다고 한다. 다행히 우리 가족이 가던 해에 새로 목사님을 모시게 되어 일상적인 주일 예배에는 어려움이 없었지만, 그 목사님이 휴가를 갈 때나 외부 일정이 있을 때는 다시 낭독 설교가 필요해졌다. 그 교회는 교인 수도 얼마 안 되는 작은 교회라 장로가 단 두 명밖에 없었다. 이런 상황에서 낭독 설교가 자주 있게 되면 그 두 명은 한 주 걸러 한 번씩 설교를 준비해서 읽어야 하는 어려움이 있다. 설교자도 아니고 자신의 생업이 있는 그들에게는 그렇게 자주 설교를 준비하는 게 지나친 부담이 아닐 수 없었다. 그래서 당회는 교인들 중에 적절한 사람에게 그 일을 맡기기로 했다. 특히 그 교회에는 장차 신학대학원에 가서 목사가 되기를 희망하는 청년이 있었는데, 당회는 그에게 낭독 설교를 통해 미리 강단에 서 보게 하는 기회를 많이 주었다. 아무리 평소에는 말을 잘하고 또 나름대로 목사가 되기 위해 신학 공부를 준비하던 사람이어도, 많은 대중 앞에 서서 1시간 넘게 공적인 예배를 인도하기가 결코 쉽지 않았던 모양이다. 예배가 끝나고 나면 언제나 땀에 흠뻑 젖어 있던 그 친구 모습이 눈에 선하다.

살다 보면 예상치 못한 비상 상황이 발생하는 경우도 종종 있다. 특히 교회에서는 목사의 유고^{有故} 시에 예배 인도가 불가능할 때도 있다. 대부분의 캐나다 개혁교회는 목사를 포함한 교역자가 한 명뿐이라 이렇게 목사가 예배를 인도할 수 없는 상황이 발생하면 대체할 수 있는 인력이 사실상 거의 없다. 5~600명 이상 되는 큰 교회에서는 동사 목사를 두어 두 명의 목사가 있는 경우도 간혹 있지만, 일반적으로 캐나다 개혁교회 안에는 목사가 한 명뿐이다. 따라서 이런 경우에는 당회원인 장로가 부득불 예배를 인도해야만 한다. 목사에게 언제 어떤 일이 일어날지 아무도 예상할 수 없기에, 장로들은 평소에 한두 편의 설교를 늘 마련해 놓고 있어야 한다. 그래야만 갑작스런 목사의 부재시에도 예배를 이어갈 수 있기 때문이다.

캐나다 개혁교회의 강단 교류와 낭독 설교가 우리에게는 사뭇 낯선 전통이지만, 그 안에 담겨 있는 원리적 순수성과 예배에 대한 그들의 열정 만큼은 배울 만한 것이라고 생각한다. 말씀 사역자라는 교회의 직분이 무엇인지에 대해 성경적으로 올바르게 이해하고 있으며, 그러한 성경적 직무 외에 다른 부담을 주지 않으려는 수수한 태도가 너무나 인상적이다. 또한 교리적 통일성을 군건히 지켜 가는 가운데 다양한 설교자의 설교를 들음으로써 말씀을 보는 지평을

넓혀갈 수 있는 것 또한 매우 유익하다고 본다. 물론 요즘에는 인터 넷과 미디어의 과도한 발달과 보급으로 인해 다양한 설교를 쉽게 접할 수 있다.

개인의 사적인 영역은 신앙의 자유에 맡겨 두면서도, 교회의 공 적인 사명에 충실하고자 하는 모습은 지극히 온당한 태도라고 할 수 있다. 우리는 누구도 다른 이의 보이지 않는 속내를 판단할 수 없다. 그렇게 하는 것은 가능하지 않을 뿐 아니라 합당한 태도가 아 니다. 모든 신자에게 그리스도 안에서 스스로 자신의 양심을 따라 믿고 행할 수 있는 자유가 있기 때문이다. 그러나 사적으로는 모두 가 그와 같은 신앙의 자유를 누릴 수 있으나, 교회의 공적인 영역은 그리스도께서 주신 질서를 따라 행하는 것이 중요하다. 우리가 한 믿음 안에서 교회의 머리 되신 그리스도의 질서를 충실히 따라 믿 고 행한다면, 개개인의 사사로운 모습으로 그들을 판단하는 우를 범치 않을 수 있다. 그렇기에 이와 같이 통일된 질서 안에서 다양성 을 추구하는 것은 너무나 아름다운 개혁신앙의 모습이다.

14장
세례식과 성찬식

캐나다 개혁교회가 성경 말씀을 통해 받아들이는 성례전에는 '세례'와 '성찬' 두 가지가 있다. 교회 질서 제56조는 '성례의 시행'이라는 제목하에 "성례의 시행은 오직 당회의 권한하에서 공예배 중에 말씀 사역자가 채택된 양식을 가지고 하여야 한다."고 정하고 있다. 이 질서에 따라 캐나다 개혁교회 안의 모든 교회는 당회의 지도하에, 주일의 공예배 중에 총회의 결정에 따라 채택된 일정한 예식문을 가지고 말씀 사역자가 세례와 성찬을 시행한다. 그래서 이번 장에서는 이러한 교회 질서의 규정을 따라 세례와 성찬이 캐나다 개혁교회 안에서 실제로 어떤 모습으로 행해지며, 그 예식이 행해지는 날 성도들의 모습은 어떤지 한 번 살펴보겠다. 다시 한 번 본서의 내용은 성례에 대한 성경적 교리나 신학적 이론을 설명하고자 하는 것이 아닌 교회와 성도들의 실제 삶의 모습을 그려 보는 것임을 부연한다.

캐나다 개혁교회의 예식문에 따르면, 세례는 크게 유아 세례와 성인 세례가 있다. 하지만 아쉽게도 캐나다 개혁교회 안에서 목격할 수 있는 대부분의 세례식은 유아들에게 베푸는 것이다. 개인적으로 이 점은 앞으로 캐나다 개혁교회가 좀 더 힘써 변화를 추구해야 할 부분이라고 생각한다. 즉, 기존의 신자들이 세상에 나가 소금과 빛의 삶을 충실히 살아감으로써 복음이 실현되는 모습을 본 이웃들이 그리스도를 구원의 주로 믿고 돌아와 하나님의 언약 안으로 들어오는 일이 더 많이 일어나야 하겠다. 70년 이민 역사의 캐나다 개혁교회는 이를 위해 새로운 노력들을 많이 해 나가고 있지만, 그래도 현실에서는 여전히 성인 세례보다는 유아 세례가 압도적으로 더 흔하고 자주 볼 수 있는 모습인 것을 부정할 수 없다. 특히나 이

유아 세례를 베푸는 모습

들은 전통적으로 아이들을 많이 낳기 때문에 규모가 큰 교회라면 평소에도 유아 세례를 굉장히 자주 목격할 수 있다.

신자의 가정에 아이가 태어나면, 부모는 가장 먼저 구역의 장로나 목사를 통해 당회에 알린다. 그러면 당회는 산모와 아이의 상태에 맞춰 출산한 가정을 심방한다. 그리고 언약의 자녀를 주신 것에 대해 감사하며, 아이의 부모와 함께 세례식을 거행할 날짜를 논의한다. 교회 질서 제57조에서 "당회는 가능한 한 빨리 신자의 자녀들에게 세례를 베풀어 하나님의 언약을 인쳐야 한다."고 정하고 있기에, 보통은 생후 2~3주 안에 거의 세례를 받게 한다. 캐나다에서는 출산 과정에 딱히 문제가 없고 산모와 아이의 건강에 이상이 없는 한, 자연 분만을 한 산모는 대부분 하루 이틀 안에 퇴원을 한다. 빠른 경우, 당일 퇴원하는 사람도 있다. 수술을 하더라도 일주일 안에는 거의 퇴원하여 집에서 안정을 취하기 때문에 보통 2~3주 정도면 대부분 유아 세례를 받게 한다. 이런 개혁교회의 전통을 알고 모르고의 차이가 우리 가정에서 여실히 나타났었다. 아내와 내가 개혁교회를 제대로 경험하기 전에 부교역자로 살면서 낳은 큰아이는 태어난 지 10개월 정도 지나서야 세례를 받았는데, 그 후에 해밀턴과 그랜드 래피즈에서 개혁교회와 그 신앙을 경험하고 돌아온 후에 낳은 둘째는 2주 만에 세례를 받았다. 그저 흉내를 내고자 한 것이라면 결코 바람직한 모습이 아니었을 것이다. 그러나 산모와 아이의 상태가 허락하는 선에서 최대한 빨리 하나님의 언약을 자녀에게 인치고자 하는 부모의 마음은 개혁신앙의 귀한 유산이다.

교회는 부모와 함께 세례식 날짜를 정하고, 확정되면 곧바로 광고를 통해 전교인에게 알린다. 이때 재미있는 모습이 하나 있다. 보통은 교회의 목사가 교인의 자녀에게 세례를 주는 것이 일반적인데, 간혹 가다가 아이가 태어난 시점이 목사의 일정과 맞물려 목사가 교회를 비우는 경우가 있다. 예를 들면, 노회에서 정한 순서에 따라 목사가 공석인 이웃교회에 설교를 하러 가거나 목사의 정기 휴가 기간이거나 기타 어떤 이유로 때마침 목사가 세례식이 행해지는 주일에 부재하는 일이 가끔씩 일어난다. 이런 경우를 해결하는 방법에는 두 가지가 있다. 목사가 돌아올 때를 기다렸다가 그 목사에게서 세례를 받든지, 아니면 목사가 출타하고 다른 교회 목사가 와서 예배를 인도할 때 그 초청 목사에게서 받으면 된다. 이것은 전적으로 아이의 부모가 결정할 일이다. 교회 질서에서 정하고 있듯이 예배와 세례에 대한 권한은 개교회 당회에 있기 때문에, 당회가 다른 자매교회의 목사를 초청하여 예배 인도를 맡기고 설교를 듣기로 했다면 그 목사가 성례를 거행하는 것도 당회에서 얼마든지 허락할 수 있다. 따라서 아이의 부모가 최대한 빨리 세례를 받게 하기를 원한다면 다른 교회의 목사라 하더라도 전혀 문제될 것이 없고, 혹 그래도 내 아이는 내 교회의 목사에게 세례를 받게 하고 싶다고 생각한다면 한두 주 기다렸다가 세례식을 하는 일도 있다. 이런 경우가 아주 흔하지는 않더라도 결코 일어나지 않는 일도 아니며, 종종 목격되는 장면이다. 성찬은 대부분 교회마다 특정 날짜를 정해 놓고 일정하게 행하기 때문에 목사가 자신의 일정을 거기에 맞출 수 있는 반면, 아이가 태어나는 것은 예상하기 어려운 일이다 보니 실제로 이런 일이 간혹 일어나게 된다.

세례식은 주일 오전 예배, 오후 예배 중 언제든지 행할 수 있는데, 우리가 있었던 교회에서는 대부분 오후 예배시에 거행했다. 교회 주차장에 들어서서 여느 때와는 달리 굉장히 붐비고 못 보던 사람들이 많이 보인다 싶으면 그날은 세례식(혹은 공적 신앙고백)이 있는 날임을 알 수 있다. 물론 미리 광고가 나갔기 때문에 당연히 알고 있지만, 그것을 실감할 수 있는 장면이 교회 주차장에서부터 시작된다는 말이다. 낯선 얼굴들과 눈인사를 나누며 건물 안으로 들어가면 이미 로비에 사람들이 북적북적하다. 여기저기서 오랜만에 보는 반가운 얼굴들인 양 부둥켜안고 인사하는 모습을 볼 수 있다. 그렇게 로비를 지나 예배당에 입장하면 좌석의 정중앙 맨 앞줄에 일단의 사람들이 가지런히 앉아 있는 것을 보게 된다. 그 사람들 중에 나이가 좀 들어 보이는 누군가가 갓난아이를 안고 있으면 그들이 오늘 세례 받는 아이의 할아버지, 할머니라는 걸 직감할 수 있다.

캐나다 개혁교회에서 세례식은 어쩌면 한 명의 아기가 태어난 그 사실보다 더 중요하고 의미 있는 날일 수 있다. 세상의 모든 인간은 죄 가운데 잉태되고 태어난다. 따라서 이 자연적인 출생보다 그렇게 태어난 후에 하나님의 언약 안으로 들어왔음을 표하고 인치는 일은 더 값지고 복된 일이 된다. 그래서 개혁교회의 전통을 갖고 있는 사람들은 이날을 가정과 교회의 커다란 축제로 여긴다. 세례식날 교회 주차장이 평소와 다르게 미어터지는 이유도 그 축제에 참여하기 위한 손님들이 한꺼번에 몰리기 때문이다. 이민자 공동체인 이들에게는 여전히 네덜란드에 살고 있는 가족들도 있고, 캐나다가 아닌 다른 곳으로 이민 간 사람들도 있다. 그렇게 지리적으로는 멀리 떨어져 있을지라도 같은 신앙 안에 있다면 가족 중에 새 생명이 태어나 하나님의 언약 안으로 들어오는 일의 기쁨을 함께 누리는 것은 너무나도 중요한 일이다. 그래서 친척 중에 세례식이 있으면 가까이는 캐나다의 다른 주나 미국에서, 멀리는 호주나 네덜란드에서도 비행기를 타고 날아온다. 그렇게 날아와 아기의 세례를 축하하고, 오랜만에 보는 가족, 친척들과 뜻깊은 만남과 교제를 나눈 후에 자신의 자리로 돌아간다.

예배가 시작되면 곳곳에 산재한 낯선 사람들과 함께 예배를 드리지만 전혀 어색함이나 웅성거림 등의 분위기는 없다. 이는 기본적으로 그 자리에 있는 모든 사람이 캐나다 개혁교회의 공예배 순서에 익숙하기 때문이다. 캐나다 개혁교회의 예배 순서는 호주나 미국, 그리고 그들이 떠나온 조국 네덜란드의 개혁교회와 거의 차이가 없다. 성경과 신앙고백에 충실한 개혁신앙을 지켜 오는 교회라면 나라와 지역을 막론하고 공예배 순서가 거의 대동소이하며, 특히나 같은 캐나다 개혁교회라면 어느 주에 가서 어떤 교회의 예배를 드리더라도 총회에서 채택된 예배 순서에서 크게 벗어나지 않기 때문에 아무런 혼란이나 어리둥절함 없이 함께 예배를 드릴 수 있다. 그리고 그것은 세례와 성찬 같은 예식을 행할 때도 동일하다.

예배 중에 순서가 되면 인도자인 말씀 사역자는 통일된 예식문을 읽으며 세례식을 거행한다. 즉, 교회의 공적 성례인 세례를 목사 개인이나 교회의 특정인들이 임의로 해석하거나 거행하지 않도록 총회 차원의 합의에 따라 통일된 양식을 마련하여 그 안에서 성례를 행하도록 정해 놓고 있으며, 모든 교회는 예외 없이 이 양식에 따라 공적인 예식들을 행한다. 지면의 한계상 이 예식문의 내용을 다 살펴볼 수는 없지만, 그 공적인 예식은 크게 성경이 가르치는 '세례의 교리'를 설명하는 부분, '세례 받기 전 기도', '부모에게 하는 문답', 그리고 세례를 거행한 후에 드리는 '감사 기도'로 구성되어 있다.

그렇게 세례식을 포함한 예배를 다 마치고 나면 강단에서 내려온 목사와 당회원들이 차례대로 아기의 가족들과 악수하며 인사한다. 그 뒤를 따라 교인들이 줄을 서서 아이와 아이의 가족들을 만나 축복하기 위해 기다린다. 한 사람씩 예배당 맨 앞줄에 앉은 가족들 앞으로 지나가며 아이의 부모, 조부모와 악수하고 인사하며 축복의 말을 건넨다. 이때, 교인들은 간단히 악수만 하기도 하고, 카드를 적어서 전해 주기도 하며, 좀 더 개인적으로 친분이 두터운 사이라면 작은 선물을 준비해서 카드와 함께 주기도 한다. 세례 받은 아이의 가족들은 맨 앞줄에 일어서서 교인들의 인사를 일일이 받으며 그 축복의 순간을 누린다. 이렇게 예배당에서 공식적인 만남을 가진 뒤에는 교제실로 이동하여 더 자유로운 교제 시간을 갖는다. 주로 아이의 가족이 다과를 준비해서 제공하는데, 교인들은 이 교제의 자리에서 아이의 가족과 더 이야기를 나누기도 하고, 이 자리를 위해 멀리서 온 가족들과 교제를 나누기도 한다. 가족들 중에는 그 교회에 다니다가 다른 곳으로 이주한 사람도 있고, 세례 받은 아이보다 먼저 태어난 아이의 세례를 위해 이전에도 방문한 적이 있는 사람도 있다. 그래서 기타 여러 가지 이유로 안면이 있는 사람들을 많이 보게 되며, 그 자리에서 그렇게 다양한 교제가 이루어진다. 그리고 교회에서 모임을 다 마치고 나면, 가족들은 집으로 돌아가 다시 한 번 그들끼리 축하 자리를 갖기도 한다.

이제 성찬식의 모습도 한 번 그려 보겠다. 교회 질서는 성찬에 관해 다음의 두 가지 내용을 정하고 있다.

제60조 성찬
주님의 성찬은 적어도 석 달에 한 번은 거행해야 한다.

제61조 성찬의 허락
당회는 개혁신앙을 공적으로 고백하고 경건한 삶을 사는 자에게만 성찬을 허락해야 한다. 자매교회의 교인은 자신의 교리와 삶을 입증할 수 있는 충분한 증명서를 제출하면 성찬에 참여할 수 있다.

기타 성찬을 구체적으로 어떻게 거행할 것이냐에 대해서는 개교회의 권한에 맡겨 두고 있다. 캐나다 개혁교회의 공식 홈페이지(www.canrc.org)에도 성찬의 시행 방법에 관해 다음과 같이 기술하고 있다.

성찬은 두 달 혹은 석 달에 한 번씩 기념한다. 이것을 기념하는 횟수나 방식은 각각의 지역 교회 카운슬council이 정한다.

먼저 횟수에 관한 것을 보면, 교회 질서에 따라 대부분 두 달이나 석 달에 한 번씩 행한다. 브리티시 콜롬비아 주에 있던 두 개의 노회에 소속된 교회들을 전부 살펴보니 거의 예외 없이 1월, 3월, 5월, 7월, 9월, 11월, 즉 두 달에 한 번씩 행하고 있었다. 그러나 그 달 몇째 주일에 행하는지는 교회마다 조금씩 차이가 있다. 그리고 오전에 하는지 오후에 하는지도 정해진 것은 없으며, 공적인 예배 순서상으로도 오전, 오후 모두 행할 수 있으나 관행적으로 성찬은 대부분 오전 예배시에 행한다. 아마 조금이라도 사람들이 더 많이 참석할 때 성찬을 행하고자 한 것 같다. 세례와 마찬가지로 성찬은 개교회 공예배의 한 순서이므로, 장소상으로는 교회 밖에서, 그리고 시간상으로는 예배 시간 밖에서 행하지 않는다. 또한 성례의 권한이 당회에 있다는 말과 그 횟수나 방식을 교회 카운슬에서 정한다는 말은 서로 상충되지 않는다. 왜냐하면 '성례에 대한 권한'이란 말은 그것을 누구에게 베풀 것인가, 누가 참석할 수 있는가 등의 내용적 측면을 뜻하는 반면, 그 시행의 횟수와 방법은 형식적인 것이기 때문에 그것을 교회의 운영을 맡고 있는 카운슬, 즉 장로와 집사를 포함한 직분자 회의(제직회)에서 정할 수 있다는 말이기 때문이다.

그렇다면 캐나다 개혁교회의 당회는 이 성례의 권한을 어떻게 행하고 있을까? 내가 장로로 봉사한 교회에서는 홀수 달 둘째 주일 오전 예배시에 성찬을 기념했고, 한 주 전에 공식적인 광고를 통해 다음 주일에 있을 성찬을 교인들에게 미리 알렸다. 또한 당회 회의가 매달 첫째 주 수요일 저녁에 있었는데, 성찬이 있는 달에는 그 시간에 당회원인 목사와 장로들이 모여 다음 주에 있을 성찬에 관해서도 논의했다. 이때, 우선 이번 달 성찬식에 수종 들 장로가 누군지 미리 정해 놓은 순번에 따라 확인한다. 또한 교인들 중에 결격 사유가 있는 사람은 없는지, 손님이나 여행 증명서를 지참한 외부인이 있는지 등을 확인한다. 각 장로들은 자기 구역에서 성찬에 참여하기에 부적합하거나 권징 중에 있거나 권징이 필요한 사람은 없는지 등을 놓고 토론을 하며, 혹 성찬에 참여하기에 적절치 못한 사람이 있는 경우에는 당회의 결정을 따라 해당 장로가 그 교인에게 연락하여 성찬상에 참여하지 말 것을 권한다. 그리고 이 결정은 성찬식 당일에도 모든 장로에 의해 철저한 감독을 받는다.

이 밖에도 할 수만 있다면 장로들이 개인적으로 구역의 교인들을 돌아보는 것이 유익하다고 본다. 예전에 네덜란드에서는 장로들이 자전거를 타고 자기 구역의 교인들 집을 돌며 성찬에 대한 권면과 자신을 살펴 성찬에 참여할 것 등을 전했다고 한다. 물론 땅 크기가 우리나라의 경상도 정도 밖에 되지 않는 네덜란드와 캐나다는 지리적으로 많은 차이가 있기에 두 교회를 직접 비교하는 것은 어려운 측면이 많이 있다. 그럼에도 성찬이 있기 전에 적어도 교인들에게 한 주간 동안 자신을 살펴 성찬상에 합당히 나아올 수 있는지를 돌아보게 하는 일은 교회적으로 큰 유익이 되는 것 같다. 나는 처음 장로가 되어 이 성찬상에 대한 장로의 책임을 새삼 느끼게 되었다. 그래서 내 구역의 교인들을 일일이 찾아가지는 못하더라도 적어도 한 주 전에 모두에게 이메일을 돌려 다시 한 번 성찬상의 의미를 환기시켜 주어야겠다고 생각했다. 그래서 성찬식 전주에 당회를 마치고 나면 꼭 장문의 이메일을 써서 구역 교인들에게 보내주었다. 신기한 것은 외국인 장로의 그런 적극적인 애정공세를 처음 받아 본 몇몇 캐나다인들이 그 메시지가 참 좋았다고 다른 장로와 목사를 통해 당회에 신고했다는 점이다. 우리 가정이 캐나다를 떠나던 날까지도 내 구역의 몇 가정은 성찬 전주에 보내온 이메일이 참 기억에 남는다는 말을 해주었다.

성찬식이 있는 주일 전날, 카운슬에 속한 집사들은 성찬식에 필요한 것들을 준비한다. 예배당 앞쪽에 책상들을 붙여 놓고, 주변에 의자들을 배치한다. 빵과 포도주도 미리 준비하여 주일 아침에 가져와 성찬상에 배열한다. 장로들은 예배 전 회의에서 다시 한 번 수종 들 장로의 출석 여부를 확인하고, 성찬상의 감독을 어떻게 행할 것인지 논의한다. 예를 들어, 내가 있던 교회에서는 두 명의 장로가 성찬을 수종 드는데, 예배당을 반으로 나눠서 한 사람이 이쪽의 교인들 사이를 다니며 성찬에 참여할 수 있는 교인들에게 눈짓으로 성찬상 앞으로 나올 것을 표하면, 다른 장로는 성찬상 앞에 서서 상으로 나오는 교인들을 다시 한 번 일일이 확인하며 문제가 없는지를 감독한다. 한쪽의 교인들이 다 나가면, 이번에는 다른 장로가 반대편으로 가서 교인들을 하나하나 눈으로 확인하며 상으로 나가도 된다는 표시를 하고, 또 다른 장로는 상 앞에 서서 그리로 나오는 사람들과 눈을 마주치며 그들을 환영하면서 동시에 감독한다. 이렇게 함으로써 장로들은 직접 성찬상 주변에서 교인들의 참여를 감독하여 허락되지 않은 자가 성찬상에 앉지 못하도록 막는다.

성찬식을 구체적으로 어떻게 행하느냐는 앞서 살펴본 것처럼 개교회의 카운슬이 정할 수 있는 영역이다. 교회 질서에는 교회의 목사가 공예배 중에 일정한 예식문에 따라 행한다는 규정 외에는 따로 정해 놓은 것이 없다. 그래서 모든 교회는 캐나다 개혁교회 총회에서 합의된 예식문에 따라 성찬식을 거행하지만, 기타 세부적인 사항에 대해서는 개교회의 권한을 넓게 인정한다. 예를 들어, 빵에 이스트를 넣을 것이냐 말 것이냐, 아니면 둘 다 준비할 것이냐, 포도주로 할 것이냐 포도주스로 할 것이냐, 아니면 둘 다 준비할 것이냐, 컵은 하나의 큰 컵을 쓸 것이냐 작은 개별 컵을 쓸 것이냐, 사람들

규모가 작은 교회에서는 가급적 한 상에 모여 앉아 성찬을 거행함

이 한 상에 나와 둘러 앉을 것이냐 아니면 자기 자리에 앉아 있으면 장로와 집사가 가져다줄 것이냐 등등, 따지고 들기 시작하면 문제 삼을 수 있는 것들이 한도 끝도 없다. 그러나 캐나다 개혁교회는 성찬이 복음의 부수적인 수단임을 잘 인지하고 있다. 그래서 그 모든 세부 사항을 개교회의 상황에 맞게 직분자들이 정할 수 있도록 열어 둔 것이다. 그뿐 아니라 동일한 이유로 성찬 예식문 자체에서도 분병과 분잔 전에 항상 다음과 같이 강조한다.

> 형제자매 여러분, 이제 우리가 참된 하늘의 떡이신 예수 그리스도로부터 자양분을 얻기 위해서는 외적 상징물인 떡과 포도주에 우리의 마음을 빼앗겨서는 안 됩니다. 오히려 마음을 하늘 높이 들어 올려, 우리의 대언자이신 그리스도께서 하늘 아버지 우편에 계시는 그곳을 바라보아야 합니다.

이렇게 성찬이 끝나면 집사들은 성찬상과 집기들을 정리하고, 장로들은 당회실에서 짧은 회의를 갖는다. 이때 자신의 구역에서 성찬상에 참석하지 못한 사람은 없는지 함께 확인하고, 혹 불참한 사람이 있을 때는 예배 후에 전화를 걸거나 방문하여 불참 사유를 물어 다음 당회 때 보고한다. 대부분 교인들은 부득이하게 성찬식에 참여하지 못할 때는 미리 구역 장로에게 전화나 이메일로 사정을 알린다. 하지만 깜빡하고 장로에게 통보하지 못한 사람이 있을 경우, 장로가 연락해서 무슨 사정이 있었는지 등을 확인하여 당회에 보고한다. 그리고 이런 모든 보고 사항들은 교인들을 영적으로 돌보고 감독하는 자료로 축적된다.

지금까지 캐나다 개혁교회 안에서 세례식과 성찬식이 어떤 모습으로 행해지는지 간략하게 훑어보았다. 신학적 논쟁은 뒤로 하고 그들이 그 예식들을 얼마나 진지하게 받아들이는지에 대한 실제적인 모습들을 그려 보려고 했다. 첫째는, 모든 예식이 기타 교회 생활 전반과 마찬가지로 총회에서 합의된 교회 질서의 규정과 정확히 합치하고 있는 모습은 정말 놀라운 것이다. 둘째는, 그렇게 합치된 질서 속에서 신자 개개인이 얼마나 큰 유익을 누리고 있으며, 또한 그 커다란 테두리 안에서 얼마나 넓고 풍성한 자유를 누리고 있는가 하는 점이다. 캐나다 개혁교회는 지켜야 할 것은 분명하게 지키면서, 본질이 아닌 부분에서는 한량없는 자유를 누리고 있다. 이런 일관된 모습이 교회의 세례와 성찬에서도 나타나고 있는 것이다.

15장
예배 외 행사 및 모임

캐나다 개혁교회에서는 교회의 가장 핵심적인 본질인 예배 외에 그다지 많은 행사가 열리지 않는다. 특히 교회의 리더십인 직분자들이나 직분자 회의에서 주도하는 행사는 거의 없다고 해도 무방하다. 이번 장에서는 전체 직분자 회의인 카운슬Council이 주관하는 '전교인 회의'와 장로들의 회의체인 당회가 주관하는 '교리문답 교육', 그리고 교회 내 실무 위원회 중 하나인 전도 위원회에서 주관하는 행사를 한 가지씩 살펴보고, 그 밖에 교인들이 자치적으로 만들어가는 행사와 모임 등에 대해 살펴보겠다. 물론 개교회의 상황에 따라 다르겠지만, 이것은 캐나다 개혁교회의 전반적인 모습을 묘사한 것이다.

1. 전교인 회의 Congregational meetings / Council meetings with the congregation

우리 가족이 다녔던 교회는 매년 2월 말이나 3월 초, 즉 교회의 새해 예산안이 마련된 후에 전교인 회의를 했다. 직분자 회의인 카운슬은 새해가 시작되면 운영 위원회 the committee of administration 의 회계 담당자 a treasurer 를 통해 새 예산안을 짜기 시작하고, 이 예산안이 카운슬에 올라와 확정되면 전교인과 함께 모여 지난 한 해를 돌아보고 새해를 계획하는 회의를 갖는다. 교회 안에 중차대한 사안, 예를 들어 새로운 목사를 청빙하는 것과 같은 매우 특별한 일이 없는 한 이 전교인 회의는 1년에 한 번 열린다. 시간은 모든 교인이 다 같이 모일 수 있는 평일 저녁에 주로 열린다.

이 회의의 내용을 개략적으로 살펴보면 이렇다. 우선 지난해에 있었던 교인 변동에 대해 보고한다. 수찬교인과 비수찬교인의 수가 그 이전 해에 비해 어떤 변화가 있었는지, 교인들 중에 새로 태어난 아이, 세상을 떠나신 분, 공적 신앙고백을 한 사람, 그리고 타교회로 옮겨 가거나 타교회에서 옮겨 온 교인 등은 얼마나 되는지 그 통계를 공유한다. 그다음은 회계 담당자가 지난해 재정 운용한 것과 이번 해에 새롭게 마련된 예산안을 보고한다. 계속해서 집사들이 지난해 헌금 모금 현황에 대해 알리고, 당회원들이 그 사용에 대해 검토하여 문제가 없었음을 보고한다. 기타 보고할 사항이 있는 위원회는 순서를 마련해 활동 사항들을 알리고 최종적으로 교인들의 질의응답 시간을 갖는다. 그 후에는 잠시 다과를 나누며 쉬는 시간을 갖고 나서 마지막으로 교회의 전망과 미래에 대해 전체 교인이 자유롭게 토론하고 의견을 나누는 시간이 이어진다.

이 회의는 교회의 일상적인 운영에 대해 직분자들과 각종 위원회들의 공식적인 보고를 들을 수 있는 시간이면서, 또 교인들 서로 간에, 그리고 직분자들과 자유롭게 의견을 나눌 수 있는 시간이다. 하지만 이 회의 자체는 공식적인 결정권을 가진 기관이 아니기 때문에 이 자리에서 교회의 어떤 현안에 대해 이렇다 할 결정을 내리지는 않는다. 교회가 어떻게 흘러가고 있으며 이에 대해 교인들은 어떻게 생각하는지 등을 허심탄회하게 들을 수 있는 자리일 뿐이다. 물론 카운슬은 이 자리에서 나온 발전적인 의견에 대해 다음 카운슬 회의 때 다시 언급하여 어떤 조치나 결정이 필요한지 등을 논의하여 필요한 결정을 할 수 있다.

2. 교리문답 교육 Catechism classes

교회 질서 제16조는 '말씀 사역자의 직분'이라는 제목하에 목사의 직무를 규정하고 있는데, 그중에는 "교회의 자녀들에게 구원의 교리를 가르치며"라는 내용이 있다. 이에 따라 개교회의 당회는 목사를 통해 교리문답 교육반을 운영하게 하는데, 간혹 교회에 따라서는 당회의 결정에 의해 신학교에 다니고 있는 학생이나 졸업생들을 고용하여 교리문답 교육을 맡기는 경우도 있다. 당회는 교인의 자녀들이 일정한 나이가 되면 부모를 통해 이 교리문답 교육에 참여하도록 독려한다. 그리고 한 명의 장로를 배정하여 그 교리문답 교육 수업이 성경과 신앙고백에 따라 올바로 행해지고 있는지를 감독하게 하며, 그 직무를 맡은 장로는 정기적으로 교리문답 교육 수업에 참관하여 그 내용을 당회에 보고한다.

이 교리문답 교육의 기간은 보통 5년에서 7년 정도 된다. 시작하는 나이는 아이의 교육 상태나 부모들의 의지에 따라 조금씩 다를 수 있지만, 보통은 12세부터 13세 전후가 된다. 교육 과정은 목사의 재량에 따라, 그리고 해당 교회의 학생수에 따라 다양하게 조정할 수 있는데, 내가 있었던 교회에서는 하급 과정juniors과 상급 과정seniors, 그리고 공적 신앙고백을 위한 마지막 단계의 신앙고백 준비 과정pre-confession classes 등이 있었다. 그리고 사용하는 교재 역시 목사의 재량인데, 대체적으로 개혁교회의 신앙고백서인 세 일치 신조The Three Forms of Unity, 곧 벨직신앙고백서, 하이델베르크 교리문답, 도르트 신경을 바탕으로 하여 성경의 교리를 가르치고, 그 밖에 교회사와 현대 그리스도인들의 도전에 관한 주제 등을 다루기도 한다. 기본적으로 교리문답 교육의 전 과정을 마치면, 공적으로 자신의 신앙을 고백하여 교회의 독립된 수찬교인이 될 수 있는 형식적 자격을 갖추게 된다. 그러나 입교에 관한 결정은 본인의 몫이며, 아직 준비가 덜 되었다고 느낀다면 이를 미룰 수 있고 교회는 재촉하지 않는다. 그래서 간혹 20살이 넘어서 신앙고백을 하는 청년도 있는데, 대체적으로는 10대 후반에 당회의 결정을 거쳐 전체 교회 앞에서 공적 신앙고백을 하고 한 사람의 신앙적 성인이 되는 과정을 거친다. 그렇게 되면 스스로 성찬의 상에 참여할 수 있게 되고, 장로들의 심방도 독자적으로 받을 수 있게 된다.

교리문답 교육 수업은 평일 저녁에 하루를 내어 한다. 목사는 하루 저녁을 온전히 이 교리문답 교육을 위해 사용하는데, 대략적으로 저녁 7시부터 시작하여 두세 반을 각각 한 시간씩 가르친다. 부모들은 이날에 자기 자녀를 태워 교회에 가서 아이들이 교육을 받는 한두 시간 동안 기다렸다가 교육이 끝나면 다시 집으로 데려간다. 이때, 아이를 기다리는 동안 다른 부모들과 대화하기도 하고, 교회 도서관에서 책을 읽기도 한다. 내가 있던 교회의 오르간 연주자는 이 시간에 교회의 파이프 오르간을 연주하며 보내기도 했다.

3. 여름 방학 성경 학교 Vacation Bible Schools

이 행사는 복음 전도의 수단이며, 따라서 교회의 국내 전도 위원회 Home mission committee 에서 주관한다. 각각의 교회마다 전도를 위한 자기들만의 다양한 행사를 기획할 수 있는데, 여름철 행사 중에는 이 성경 학교가 가장 대표적이다. 개교회의 전도 위원회는 교인들 중에서 아이들을 다루거나 가르치는 데 재능이 있는 교인들을 섭외하여 이 행사를 이끌어 줄 것을 부탁하고, 그러면 그 인도자를 중심으로 젊은이들이 함께 힘을 더하여 교회 안팎의 어린이들을 위한 전도 행사를 준비한다. 보통 3월 즈음부터 행사 기획을 시작하여 여름의 한 주일 정도를 온전히 이 행사를 위해 사용한다.

그러나 안타까운 점은 이러한 행사가 교인들의 자녀를 위한 내부 행사로 그치는 일이 많다는 것이다. 물론 교회 주변의 이웃에서, 그리고 교회 아이들의 친구나 친척들 중에서 초청을 받고 행사에 참석하기도 하지만, 대부분의 참석자들은 그 교회 아이들이거나 이웃하는 자매교회의 아이들인 경우가 많다. 설사 외부에서 아이들이 온다 하더라도 거의 여름 방학 때 갈 만한 무료 캠프 정도로 여기고 오는 경우가 허다하다. 캐나다라는 사회 현실 속에서 미성년자 아이들이 부모의 동의나 동행 없이 스스로, 또는 친구를 따라 어떤 행사에 참여하거나 정기적으로 교회에 출석한다는 것은 거의 불가능한 일이기 때문에, 이러한 전도 행사가 실제적인 열매를 맺는 경우는 굉장히 드문 일이다. 이런 이유로 내가 있었던 교회에서도 이런 여름철 행사를 계속할 수 없게 되었고, 부활절이나 성탄절 즈음에 하루만 행사를 열어 이웃을 가정 단위로 초대하는 one day camp로 바뀌어 갔다. 이처럼 복음을 전하기 위해 행사를 준비할 때는 시대의 흐름을 잘 살피는 일이 참 중요할 것이다.

4. 교회 야유회 Church picnics

매년 9월 첫째 주 월요일은 캐나다 전체의 법정 공휴일인 노동절/근로자의 날 Labour Day이다. 내가 있던 교회에서는 이날에 전교인 야유회를 가졌다. 이 행사는 교회 내 여성들의 자치 모임인 '레이디 서클 Ladies Circle'이 준비하는 순수 친교 모임으로, 당회나 카운슬, 기타 다른 위원회가 전혀 관여하지 않는다. 긴긴 여름철 휴가 기간을 보내며 한동안 볼 수 없었던 교인들과 한자리에 모여 새로운 출발을 앞두고 편안한 교제의 시간을 갖는 것이다.

교회 가까운 공원에 모여 말 그대로 편안한 휴식을 취하며 즐거운 교제를 나눈다. 이런 종류의 자발적인 모임에 사회자가 없다는 것이 가장 큰 특징이다. 모임을 준비하는 사람들은 있지만, 어떤 사람이 주도적으로 그 모임을 이끌어 가거나 참석자들에게 불필요한 부담을 안겨 주지는 않는다. 그저 원하는 사람이 원하는 만큼만 관여한다. 당연히 참석 자체도 의무가 아닌 본인의 선택일 뿐이다. 그래서 어떤 교인들은 참석하지 않고, 자기 가족들끼리 여행을 떠나기도 한다. 그러나 누구도 그런 사람을 판단하거나 구설에 올리지 않는다.

어떤 사람은 이런저런 게임을 준비해 와 함께할 사람들은 같이 하자고 권한다. 보다 사적인 대화를 원하는 사람은 조용한 곳에 가서 원하는 사람과 편안한 대화를 즐길 수도 있다. 레이디 서클에서는 아이들을 위한 놀이 도구나 게임 등을 준비해 두기도 한다. 그러나 공원 자체가 아이들에게는 자연 속에 있는 장난감이기 때문에 그저 풀어만 놔도 신나게 뛰어논다. 어른들은 그저 지켜봐 줄 뿐이다.

5. 성경 공부 Bible studies

캐나다 개혁교회 가정에서 태어나 기독교 학교를 다니고(홈스쿨링을 한 경우도 마찬가지이다), 교회의 교리문답 교육 과정을 마쳐서 신앙적인 성인이 된 수찬교인들에게는 오후 예배시에 교리 설교를 듣는 것 외에는 더 이상 '교육'을 위한 프로그램이 존재하지 않는다. 더 정확한 말로는 교회가 공적으로 제공하는 추가적인 교육 프로그램이 없다는 뜻이다. 물론 새신자가 되어 성인 세례를 받기 위해서라거나, 혹은 공식적 관계가 없는 교회에서 와서 캐나다 개혁교회의 교인이 되고자 할 때와 같이 교회의 공적인 멤버십과 관련된 경우에는 당회가 주관하는 교육 과정을 마련해 놓는다. 그러나 기존 교인들을 위해서는 공적인 교육이 제공되지 않는다. 그 모든 추가적인 학습과 배움은 신자들 각자의 몫이다.

하지만 이것을 개혁교회 안에 성경과 교리를 공부하기 위한 움직임이 전혀 없다는 뜻으로 이해하면 큰 오산이다. 오히려 캐나다 개혁교회 안에는 교인들이 스스로 성경과 교리를 공부하기 위해 만든 자발적인 모임들이 많이 있다. 즉 연령대 별로, 날짜나 시간대 별로, 혹은 성별에 따라 자체적으로 다양한 성경 공부 그룹을 만들어서 함께 공부한다. 그리고 공부하는 주제나 교재 등도 자체적으로 정한다. 물론 당회원들이 정기적으로 그 모임을 방문하여 혹 교리적으로 잘못된 내용들이 퍼지고 있지는 않은지 감독한다. 그럼에도 이러한 자발적인 성경 공부 모임에는 목사의 일방적인 가르침이 없으며, 사실 목사가 참여하는 경우도 극히 드물다. 간혹 어려운 주제를 다룰 때, 그리고 목사가 시간이 될 때에는 특별히 목사를 초청해 그 주제에 대한 가르침을 받기도 하지만 이는 아주 예외적인 일이다. 대부분은 교인들이 스스로 주석을 찾아보든, 다른 책들을 읽든 해서 해당 주제에 대해 자유롭게 토론하는 방식을 취한다.

그랜드 래피즈 교회는 교인이 많지 않은 작은 교회여서 다른 구분 없이 하나의 그룹으로 모였던 기억이 난다. 젊은 청년부터 70대 노인까지 구분 없이 한자리에서 성경의 본문을 갖고, 때로는 그 말

목사님 가정에서 가졌던
가족 성경 공부 모임

가족 성경 공부 모임에서
아이들이 찬송을
부르는 모습

씀을 우리 삶에 어떻게 적용할지를 놓고 자유롭게 토론하고 대화하
며 성경 공부를 했다. 참석자들이 돌아가며 한 사람씩 특정 본문이
나 주제에 대해 발제를 했고, 그에 따라 다른 참석자들은 토론을 했
다. 발제자들은 성경 주석 등을 참고해 발제문을 마련해 와서 읽는
방식이었고, 참석자들 역시 집에서 주석책이나 다른 교재 등을 들
고 와서 책상에 펼쳐 놓고 해당 주제에 대해 자기 생각을 펼치는 방
식이었다. 처음 참석해 본 이 성경 공부는 나에게 큰 충격과 새로운

통찰을 불어넣어 주었다.

브리티시 콜롬비아 주 써리에서는 교인 수가 줄어들면서 성경 공부 모임이 와해되는 경험을 했다. 교인들 중에는 성경 공부 모임을 되살려야 한다고 주장하는 사람도 있었고, 이웃의 자매교회 성경 공부에 참석하는 여성들도 있었다. 이를 안타깝게 여긴 당회는 성경 공부를 위한 논의를 많이 했고, 결국 목사님 가정에서 주도권을 갖고 성경 공부 모임을 하나 만들었다. 그러나 목사가 그 모임을 주도하지는 않았다. 다시 말해, 그 모임은 목사가 교인들을 앉혀 놓고 가르치는 자리가 아니었다는 말이다. 그런데 이 모임도 시간이 지나면서 교인들의 참여가 시들해져 갔고, 결국에는 끝나 버리고 말아 많은 아쉬움을 남겼다. 모든 일에 다 양면성이 있는 것처럼, 자발성이라는 것에도 언제나 양과 음이 있기 마련이다. 그럼에도 목욕물과 아이를 함께 버리는 우를 범하지 않도록 늘 주의를 기울여야 하겠다.

6. 커피 소셜^{Coffee socials}, 커뮤널 런치^{Communal lunches}

교회에 기념할 만한 일이 있거나 누군가에게 축하할 일이 있을 때, 혹은 딱히 별일이 없어도 정기적인 교제를 위해 주일에 예배를 마치고 나서 교제실에서 다과와 함께 교제를 나눌 때가 있다. 이것을 그들의 일상적인 용어로는 '커피 소셜'이라고 부른다. 그리고 우리 가족이 다녔던 써리의 마라나타 캐나다 개혁교회에서는 성찬식이 있는 주일이면 오전 예배 후에 교인들이 함께 식사를 했는데, 이를 그들의 용어로는 '커뮤널 런치'라고 한다.

이 두 모임은 모두 레이디 서클(교회 내 여성들의 자치 모임)에서 준비한다. 레이디 서클은 한 해가 시작되기 전에 내년 한 해 동안 커피 소셜이나 커뮤널 런치를 위한 자원봉사자를 모집한다. 언제 어떤 모임 때 쿠키를 구워 와 달라거나, 식사를 준비해 달라거나, 설거지 및 뒷정리를 도와 달라는 등 여러 가지 항목에 대해 자원하는 사람을 구한다. 그러면 교인들은 가능한 날짜와 원하는 봉사 항목에 체크해서 지원서를 제출하고, 이에 따라 레이디 서클은 해당 모임을 준비한다.

커피 소셜은 말 그대로 간단한 음료와 다과를 놓고 자유롭게 대화하며 교제를 나누는 시간이다. 이 모임은 주로 오전 예배 후에 갖는 경우가 많지만, 세례가 있거나 할 때는 오후에 하기도 한다. 그리고 커뮤널 런치는 사실 캐나다 개혁교회 안에서 자주 볼 수 있는 모습은 아니지만, 현재 신학교 학장으로 계신 교수님께서 이 교회에 목사로 있을 때 시작하여 지금까지 이어져 내려온 좋은 전통이다. 사실 함께 점심을 먹는 것이 낯설지 않은 우리와 달리, 그들에게는 그 전통이 문화적으로 큰 도전이며 새로운 시도임에 틀림없다. 당시 우리 가정은 이런 좋은 전통을 조금 더 확장해 나가기 위해 애를 썼다. 때마침 교회에서 한인들을 위한 선교를 맡게 되어 우리 가족은 한인들에게 교회 문을 열고 그들을 기다리기 위해 매주일 교회에 남아 점심 식사를 했는데, 이때 목사님 가정이 함께하게 되었고, 또 당시 처음 교회에 나와 교인이 되기를 희망했던 중국인 가정도 합류하고 다른 장로 가정도 힘을 보태면서 결국 매주일마다 최소 서너 가정이 교회에 남아 함께 식사를 하는 새로운 전통을 만들게 됐다. 이런 전통이 캐나다 개혁교회 안에도 더욱 자리를 잡아 나갔으면 좋겠지만, 역시 서양인들의 문화 속에서는 쉽지 않은 도전임이 분명하다.

7. 헬핑 핸즈 Helping hands

이것은 교회 내에 자치적으로 존재하는 모임이다. 교인들 중에 어려움을 당한 사람이 있을 때 (집사들을 통한 공식적인 도움이 아닌) 교인들이 자발적으로 도움을 베풀기 위한 기구이다. 예를 들어, 한 번은 내가 다리를 크게 다쳐 수술을 했던 적이 있다. 6주간 다리를 움직일 수 없었고, 집에 머물러 아무 일도 하지 못했다. 반면 아내는 계속 일을 해야 했기에 아이들을 돌보고 음식을 준비하는 일에 큰 어려움이 있었다. 이때 교회의 헬핑 핸즈에서 자원자들을 모아 몇 주간 우리 집에 저녁 식사를 준비해서 보내 주었다. 이처럼 집사를 통한 재정적 지원 외에도 실제적으로 도움이 필요한 교인 가정에 따뜻한 손길을 보여 주는 귀한 모임도 있다.

이상 우리가 캐나다 개혁교회 안에서 경험했던 공식적/비공식적 행사와 모임들을 살펴보았다. 무엇보다 공적인 것과 사적인 것을 구별할 줄 아는 그들의 일상을 통해 많은 것을 배울 수 있었다. 교회도 마찬가지였다. 교회의 본질을 바로 알고 그 본질에 부합하는 공적인 일과 그 외에 사적인 부분에서 신자들이 누릴 수 있는 자유와 책임의 영역을 잘 구분함으로써 보다 더 풍요롭고 역동적인 교회와 신자의 삶을 경험할 수 있었다.

16장
목사, 장로, 집사

캐나다 개혁교회는 그리스도께서 그분의 교회에 선물(엡 4:8)로 주신 직분을 세 가지만 인정한다. 교회 질서 제2조는 "직분에는 말씀 사역자와 장로, 그리고 집사가 있다."고 못 박는다. 교회 질서는 이를 시작으로 제28조까지 교회의 직분에 대한 규정들을 가장 먼저 다룬다. 하지만 이번 장에서 다루고자 하는 내용은 직분의 성경적 근거나 신학적 이론이 아닌 그들의 실제 업무를 가까이에서, 그리고 아주 개략적으로 살펴보고자 하는 것이다. 캐나다 개혁교회의 목사, 장로, 집사는 교회 안에서 실제로 어떤 일을 하는지 보겠다.

1. 목사

제16조 말씀 사역자의 직분

말씀 사역자 직분의 구체적인 직무는 교인들에게 주님의 말씀을 철저하고 신실하게 선포하며, 성례를 집행하고, 전교인을 대신하여 공적으로 하나님의 이름을 부르는 일이다. 또한 교회의 자녀들에게 구원의 교리를 가르치며 교인의 가정을 심방하고, 병든 자들을 하나님의 말씀으로 위로하는 일이다. 나아가 장로와 함께 하나님의 교회 안에 선한 질서를 유지하고 권징을 시행하며, 주님께서 정하신 방법대로 교회를 다스리는 일을 한다.

목사에게 가장 중요한 일은 무엇보다 "주님의 말씀을 철저하고 신실하게 선포"하는 일이다. 이를 위해서는 우선 합당한 자격이 필요하다. 성경과 신앙고백에 충실한 신학 교육을 받고 적법한 절차

목사 후보생들

를 거쳐 말씀 사역자로 인정받은 자만이 캐나다 개혁교회의 강단에서 하나님의 말씀을 선포할 수 있는 자격을 갖는다. 다음으로는 끊임없는 연구와 준비가 필요하다. 이것을 위해 목사 본인은 물론, 교회도 이에 협력하기 위해 제도적으로나 실질적으로 노력해야 한다. 이 노력에 대해 좀 더 구체적으로 이야기해 보겠다.

캐나다 개혁교회의 목사는 주일에 오전, 오후 두 번의 예배를 인도하며 그 예배 중에 하나님의 말씀을 선포하는 설교를 해야 한다. 이것은 당위이면서 동시에 가장 현실적인 명제이고, 조금 세속적으로 표현하자면 가장 합리적인 계약 사항이다. 즉, 한 사람의 목사가 일주일에 두 편이 넘는 설교를 준비하여 예배를 인도하는 것은 요구되지 않을 뿐 아니라, 현실적으로도 불가능한 일이라는 뜻이다. 목사에게 설교가 가장 중한 직무이기는 하나 그것이 전부는 아니다. 주중에 하루는 신자의 자녀들을 위한 교리문답 교육에 할애해야 하고, 또 특별한 경우에 심방을 가기도 한다. 그리고 매달 당회와 카운슬 회의가 한 번씩 있기 때문에, 당회가 있는 주에는 당회장으로서 회의를 준비해 주재해야 하고, 카운슬 회의가 있는 주에는 카운슬의 회원으로서 회의의 일정 부분을 준비해야 한다. 기타 새신자가 되려는 사람이 있다면 그를 위한 교육 시간도 또 따로 필요할 것이다. 이것은 교회의 말씀 사역자로서의 직무에 관한 것만 나열한 것이며, 사실 그보다 더 중요한 것은 목사이기 이전에 하나님이 지으신 한 사람이자 신자로서, 그리고 하나님이 형성하신 한 가정의 남편과 아버지로서, 가족들을 위한 시간도 결코 소홀히 하거나 희생되게 해서는 안 된다는 사실이다.

그렇기 때문에 캐나다 개혁교회 안에서는 목사가 일주일에 두 편이 넘는 설교를 해야 하는 상황이 발생하면, 그중에 한 번은 거의 예외 없이 다른 목사를 초청하거나 장로들이 낭독 설교를 한다. 이런 일이 가장 흔히 일어나는 때가 바로 특별 예배가 있는 시기이다. 성금요일(소위 정사예배)이나 성탄절, 기타 신년감사예배 같은 경우에는 매주일 정기 예배 외에 주중에 추가적인 예배가 있기 때문에 이런 경우에는 주일의 오전이나 오후 한 번은 은퇴하신 목사님을 초청하여 설교를 듣거나, 아니면 장로들이 낭독 설교를 한다. 그런 경우에 해당 교회 목사는 교인들 사이에서 자신의 가족들과 함께 앉아 예배를 드린다. 이런 모습은 개혁교회 안에서 결코 낯설지 않다. 일례로, 여름 휴가 기간에도 목사가 그 지역을 벗어나 멀리 가 있는 경우야 상관 없지만, 혹 어떤 사정으로 멀리 휴가를 떠나지 않은 경우에는 자신의 교회에 와서 교인들과 함께 앉아 다른 목사의 설교나 장로들의 낭독 설교를 들으며 예배를 드린다. 또한 독감이 도는 시기에 목사가 감기에 걸려 하루 이틀 고생을 하여 설교 준비가 어려운 경우에는 당회에 알려 다음 주일에는 오전이나 오후 한 번만 설교할 수 있을 것 같다고 양해를 구한다. 그러면 다시 장로들이 급히 설교를 준비하여 나머지 한 번의 예배를 인도한다. 이런 현상에 대해 고개를 갸웃거리거나 불필요한 판단을 하는 이는 한 사람도 없다.

물론 목사가 계획을 잘 세워 미리 준비를 해서 부득이 일주일에 세 편의 설교를 해야 하는 일을 감내하기도 한다. 예를 들어, 교리문답 교육이 방학을 하고, 당회나 카운슬 회의도 없으며, 심방의 필요나 요청도 없고, 기타 새신자 교육도 어떤 이유로 취소되거나 하는 등 여러 가지 요건이 맞물려 예상 외로 시간의 여유가 생길 때, 다음에 있을 특별 예배의 설교를 조금씩 미리 준비해 놓는 것이다. 그런 경우라면 목사가 당회에 이번에는 세 편의 설교를 모두 하겠다고 말하기도 하지만, 그럼에도 그것은 필수적이지 않으며, 또 당회의 장로들도 무리가 되면 그렇게 하지 말라고 앞장서서 만류하기도 한다.

이처럼 목사라는 직분의 가장 중대한 공적 직무와 관련하여 일차적으로 목사는 스스로 사사로이 시간을 허비하지 않기 위해 노력해야 한다. 예를 들어, 캐나다 개혁교회에서는 목사가 교회 외적인 일에 관여하고자 할 때 반드시 당회의 허락을 받아야 한다. 내가 당회원으로 있을 때 이런 일이 있었다. 인근에 있는 우리 교단 기독교 고등학교에 성경 교사 자리가 비는 시기가 있었다. 이에 학교는 우리 교회 목사님에게 일주일에 몇 시간 정도 성경 과목을 가르쳐 줄 수 있는지를 문의해 왔다. 당연히 목사님은 이것을 당회에 알렸고, 당회는 논의 끝에 이를 거부했다. 목사님은 학교에 당회의 이러한 결정을 알렸고, 결국 성경 교사 자리는 이웃 교회의 연륜 있는 목사가 잠시 맡아주는 것으로 매듭지어졌다. 물론 이것이 사사로운 시간 낭비의 예는 아니지만, 그만큼 목사 스스로 교회를 위한 일차적인 직무에 얼마나 진지하게 전념해야 하는지를 보여 주는 좋은 예가 된다. 하물며 사사로운 시간 낭비야 말할 것도 없을 것이다.

목사는 교회의 성도를 위해 부름을 받았고, 그 성도들을 위해 말씀을 준비하여 전하는 것이 가장 주된 직무이다. 기타 교리문답 교육도 교인의 자녀들을 위한 직무이며, 심방을 하는 것도 교회의 성도들을 위한 것이다. 목사의 모든 직무가 바로 자신을 부른 그 교회의 성도들을 위한 것이기 때문에, 그 외에 자신의 개인적인 목적과 이해관계를 위해 교회 밖 활동을 하는 일은 철저히 당회의 허락이 있어야만 한다. 이에서 벗어나는 일은 당회 장로들의 감독과 견책의 대상이 된다. 마찬가지로 교회 역시 목사가 주중에 말씀을 연구하고 설교를 잘 준비할 수 있도록 제도적, 실질적으로 지원해 주어야 한다. 교회의 이 노력은 목사뿐 아니라 성도 등 온 교회를 위해 매우 중요하다. 그런 이유로 목사는 교인들의 자발적인 성경 공부나 기타 행사에 꼭 참여할 필요는 없으며, 심지어 그 교회 예배당에서 어떤 행사가 치러진다 해도 목사의 직무와 직접적으로 관련이 없으면 참석해야 할 의무가 없다. 그것은 그저 목사 개인의 선택일 뿐이다.

이 모든 원리에 대해 당회는 물론, 전교인이 함께 동의하고 이해할 수 있는 성숙한 신앙이 필수적으로 요구된다. 목사든 교회든, 만약 이에서 지나치면 설교의 질적인 하락은 불을 보듯 뻔한 일이며, 그것이 초래하게 될 가장 큰 피해는 교인들 한 사람 한 사람에게 직접적으로 돌아간다. 따라서 이에 대한 합의와 이해 가운데 서로 사랑의 마음으로 협력하는 것이 중요하다.

2. 장로

제22조 장로의 직분

장로직의 구체적인 직무는, 말씀 사역자와의 협력하에 그리스도의 교회를 감찰하여 모든 교인이 교리와 삶에 있어서 복음을 따라 합당하게 행동하도록 하고, 신실하게 교인들의 가정을 심방하여 그들을 하나님의 말씀으로 위로하고 가르치며 훈계하되 합당히 행치 못하는 자들은 꾸짖는 것이다. 장로는 스스로 불신과 불경건을 드러내면서도 회개치 않는 자들에게 그리스도의 명령을 따라 기독교적 권징을 행해야 하고, 성례가 더럽혀지지 않도록 경계해야 한다. 나아가 하나님의 집을 맡은 청지기로서 교회 안의 모든 일이 단정하고 선한 질서를 따라 행해지도록 해야 하며, 자기에게 맡겨 주신 그리스도의 양 떼를 돌보아야 한다. 마지막으로, 장로는 선한 조언과 권고를 통해 말씀 사역자를 돕고 그들의 교리와 행동을 감찰해야 한다.

장로의 직무를 한마디로 묘사하자면 초고해상도를 가진 감시 카메라와 같다. 그러나 겉에서 보기에 딱딱하고 위협적인 자태의 검정색 카메라가 아닌, 동그랗고 친근하게 생긴 핑크색 카메라라고 할 수 있다. 그렇기 때문에 장로의 일은 전면에 드러나기보다는 지붕과 벽면 사이 모서리에 있는 듯 없는 듯 감춰져 있어야 한다. 그럼에도 그곳을 드나드는 사람들에게는 언제나 그 카메라의 존재가 뚜렷이 인식되어야 한다.

일차적으로 이 카메라는 심방을 통해서 작동한다. 교회에 새로운 교인이 들어오면 구역과 장로가 배정된다. 그러면 장로는 조속히 그 교인을 방문하여 교회 생활에 잘 적응할 수 있도록 도와주어야 한다. 대화를 통해 교회 생활에 필요한 것은 없는지, 혹 재정적인 도움이 필요하다고 판단되거나 직접적인 요청이 있다면 집사회에 이 사실을 알려서 집사들이, 혹은 집사와 장로가 함께 그 가정을 방문하여 도움을 줄 수 있도록 한다.

장로는 기존의 교인들도 정기적으로 심방한다. 보통 적어도 일년에 한 번은 필수적으로 방문하되, 특별한 일이 있을 때는 그 필요에 따라 더 자주 방문하기도 한다. 정기 심방은, 새 학기가 시작되는 9월과 동시에 시작된다. 교회에 따라서는 당회에서 심방의 주제를 정하여 1년 동안 그 주제로 심방을 하기도 하고, 또는 특정한 주제 없이 장로의 재량으로 심방하기도 한다. 주제를 정하는 경우에는 9월 초에 목사가 그 주제에 대해 전교인에게 설교하여 교인들이 주제를 잘 파악하고 심방을 받을 수 있도록 돕는다. 그러면 장로는 해당 주제에 따라 설교 본문이나 혹은 자신이 택한 본문을 심방시에 권면의 말씀으로 삼는다.

심방은 반드시 2인 1조로 다닌다. 이는 성경의 가르침에 따라 적법한 증인을 세우기 위한 것이다(마 18:15-20). 그래서 규모가 큰 교회에는 구역마다 두 명의 장로가 배정되어 있고, 규모가 좀 작은 곳에서는 구역마다 배정된 한 명의 장로가 다른 구역의 장로와 팀을 이뤄 심방한다. 예를 들어, 1구역 심방은 1구역 장로와 2구역 장로가 함께 가고, 2구역 심방은 2구역 장로와 3구역 장로가 함께 가는 식으로 짝을 지어 돌아간다. 혹 필요에 따라서는 한 해 내내 고정된 짝을 지어서 두 구역을 함께 심방할 수도 있다.

심방의 모습은 결코 딱딱하거나 경직되어 있지 않다. 이 방문은 사랑 안에서 양을 돌보기 위한 목자의 마음으로 하는 것이지, 감시하고 꼬투리를 잡아내기 위한 것이 아니기 때문이다. 또한 심방은 예배가 아니다. 따라서 예배를 드리듯 고정된 순서를 갖거나 헌금을 하지 않는다. 그뿐 아니라 심방은 결코 장로들이 대접받는 시간이 되어서는 안 된다. 심방시에는 식사를 대접하지 않고, 간단히 차나 커피, 그리고 쿠키 정도의 소소한 간식을 내올 뿐이다. 나에게 장로의 일을 가르쳐 준 한 선배 장로는 교인 집을 방문할 때 오히려 작은 선물을 들고 가는 모습을 보여 주기도 했다. 특히나 새로 교인이 된 가정에는 환영의 의미를 담아 먼저 작은 선물을 들고 가도 좋을 것이다.

심방한 내용은 정리하여 다음 당회가 열릴 때 보고한다. 다음 장에서 더 자세히 살펴보겠지만, 당회 회의에서 가장 많은 시간과 중요도를 차지하는 부분이 바로 이 심방을 통해 알게 된 교인의 상황을 다른 장로들과 나누는 일이다. 그렇게 함으로써 목사와 장로들이 전체 교인의 영적인 상황을 잘 파악하고 있을 수 있게 하는 것이다.

그 밖에도 장로들은 당회와 카운슬 회의에 참석하여 교회의 영적, 행정적 관리에 관한 결정을 하며, 한 번씩 목사와 함께 교회의 대표로서 노회에 참석하기도 한다. 또 예배시에는 직분자석에 앉아 자기 구역의 교인들이 예배에 잘 참석하고 있는지를 살피고, 예배 중의 모습들은 어떤지 말 없이 관찰한다. 이렇게 양으로 음으로 교인들을 잘 살피고 관찰하여 그들의 영적인 상태를 돌보기 위해 일하는 것이 장로들이다.

그러나 현실적으로 장로들에게도 그들의 생업이 있기에 교회일에 전적인 헌신을 기대하기 어려운 점도 있다. 실제로 캐나다 개혁교회의 장로들은 본격적인 심방철이 되면 보통 9월부터 다음 해 1~2월, 늦으면 5월까지는 심방과 각종 회의로 거의 매주 2~3일 저녁은 집을 비워야 한다. 우리가 살았던 브리티시 콜롬비아 주는 이 시기가 1년 중 가장 어둡고 비가 많이 오며, 또 가끔씩 눈도 오는 곳이다. 그렇게 밤마다 가까이는 2~30분, 멀리는 1시간 넘게 차를 몰고 심방을 다니는 일이 결코 쉽지는 않다. 그래서 3년간의 장로 혹은 집사의 직무가 끝나면, 필수적으로 1년은 쉬는 기간을 준다. 물론 연임하지 못하게 하는 견제의 의미도 있으나, 실제 이 일을 해보면 3년의 시간이 얼마나 힘이 드는 일인지 절감하게 된다. 내가 장로로 봉사할 때 당시 서너 살이었던 막내딸이 밤마다 집을 떠나는 나의 다리를 붙잡고 울었던 기억이 난다. 아이를 달래며 "아빠는 교회의 장로잖아. 그래서 교회 사람들을 도와주러 가는 거야."라고 하면, 딸아이는 눈물을 훔치며 "우리도 교인이잖아. 그런데 우리는 왜 안 도와줘?"라고 말했다. 보이지 않는 곳에서 직분자들의 희생이 얼마나 큰지 새삼 깨닫게 된 계기였다.

3. 집사

제23조 집사의 직분

집사직의 구체적인 직무는, 교회 안에 자비의 봉사가 선하게 진행되는
지 살피고, 부족함이나 어려움이 있는지를 늘 파악하여 그리스도의 지
체인 교인들에게 긍휼을 베풀도록 권유하며, 더 나아가 헌금을 모으고
관리하여 필요에 따라 그리스도의 이름으로 그것을 나누어 주는 일을
한다. 집사는 그리스도의 사랑의 선물을 받는 자들을 하나님의 말씀으
로 격려하고 위로하며, 말과 행동을 통해 교회가 주님의 상에서 누리는
성령의 연합과 교제를 증진시키는 일을 한다.

'집사' 하면 가장 먼저 헌금과 관련된 일이 떠오른다. 집사는 주
일 예배시에 직분자석에 앉았다가 헌금 시간이 되면 바구니를 들
고 회중 사이로 이곳저곳을 다니며 헌금을 걷는 일을 하기 때문에,
그것이 시각적으로 가장 두드러지게 각인이 된다. 그리고 실제로도
그 일이 집사 직무의 중심이다. 교인들이 하나님께 받은 은혜를 나
누어 형제자매 중에 부족함이 있는 사람을 채워 줌으로써 다 같이
"균등하게"(고후 8:13-14) 되도록 중간 다리, 조력자 역할을 한다. 그러
나 이 일을 실제로 감당하려면 단순히 돈을 걷는 것만으로는 부족
하다. 교회 안에 누가 그 부족함이 있는지를 알고 있어야 하기 때문
이다. 특히 서양인들은 이런 부분에 굉장히 예민하기 때문에 자신
의 부족함을 누구에게 알리는 일을 꺼리는 경우가 많다. 그래서 집

사들에게는 이런 부분과 관련해서 더욱더 큰 지혜와 겸손한 자세가 요구된다.

한 번은 운전을 하다가 교통사고가 난 적이 있었다. 다친 곳은 없었으나 차가 여기저기 많이 부서져서 큰 수리비가 들어갔다. 보험이 있었음에도 자기부담금이 적지 않았는데, 매달 빠듯하게 살아가던 우리 가정에게는 그 금액이 말 그대로 큰 부담이 되었다. 이에 나는 집사회에 도움을 청했고, 두 명의 집사가 약속을 잡고 우리 집을 방문했다. 기본적으로 집사의 방문 역시 장로의 방문과 비슷한 모습으로 진행된다. 가벼운 일상의 이야기로 대화를 시작하여 함께 성경을 읽고 기도를 하며 본격적인 이야기를 꺼낸다. 이때 장로들은 신앙의 삶에 초점을 맞추지만, 집사들은 보다 재정적인 부분에 관심을 갖는다. 구체적인 사안에 대해 이야기를 나눈 후에 어느 정도의 도움이 필요한지를 결정한다. 그러면 집사들은 들고 온 수표에 필요한 액수를 적어서 건네준다. 그리고 앞으로 주님께서 도우시기를 함께 기도함으로 그 방문을 마친다.

또 이런 경우도 있었다. 내가 맡은 구역에 이혼을 하고 혼자 아이 셋을 키우는 여성이 있었다. 나는 이 가정이 교회 출석이나 신앙 전반에 많은 문제가 있을 뿐 아니라, 특히 경제적인 형편이 어려운 상황임을 알게 되었다. 따라서 나는 장로로서 심방을 하고, 집사 한 명과 다시 이 가정을 몇 차례 방문하곤 했다. 집사들은 이 가정의 재정 상황을 면밀히 파악하여 당장 급한 아파트 월세와 개인 통신비 등을 지원해 주었다. 그뿐 아니라 그 여성이 취업을 하여 스스로 독립할 수 있도록 많이 격려하며 도와주었다.

집사들이 재정적인 도움을 주는 방식은 다양하다. 우리에게 베푼 것처럼 바로 수표를 써 줘서 현금처럼 사용할 수 있도록 하는 경우도 있지만, 식료품이 필요한 경우에는 돈보다는 일반적인 식료품점에서 사용할 수 있는 기프트 카드gift cards 등을 주어 다른 곳에 쓰지 않고 그 점포에서만 사용할 수 있게 하기도 한다. 또 월세를 대신 내주는 경우에는 집주인으로부터 계좌를 받아 직접 이체를 해주기도 한다. 또 이처럼 현금이나 물질적인 지원 외에도 다른 도움을 주거나 알아봐 주는 일을 한다. 우리가 해밀턴에 있을 때는 형편상 자동차가 없었는데, 이때 교회의 집사회는 교인들 중에서 우리를 교회에 태워 주고 예배 후에 다시 집에 내려 줄 봉사자들을 모집하는 일도 했다. 그래서 매주일 다른 교인이 우리 집 앞에 와서 우리 가족을 태우고 교회로 갔다가, 오후 예배까지 다 마치면 다시 우리를 집까지 데려다주는 일을 했었다. 이렇듯 집사회가 교인들 안에 어려움이 있는 사람을 찾아 돕는 일에는 정해진 것이 없으며, 그 밖에도 카운슬의 회원으로서 장로들과 함께 교회의 행정과 운영 전반에 관여한다.

짧은 글 속에서 목사, 장로, 집사의 세 직분을 충분히 설명하기란 불가능하다. 하지만 한 가지 강조하고 싶은 것은 교회의 직분 역시 성경의 가르침과 총회 차원에서 합의된 교회 질서에 철저히 부합하게 행하고자 하는 이들의 노력이다. 이 직분들이, 그리고 오직 이 직분들만 그리스도께서 교회 위에 주신 선물임을 명확히 깨닫고, 그들의 헌신과 노력으로 모든 성도가 영적인 유익을 누릴 수 있음에 동의함으로써, 자발적으로 이 영적인 권세에 순종하고 협력하는 성숙한 그리스도인의 모습을 오랫동안 경험할 수 있었다.

17장
교회 회의 (1) - 당회

'교회를 바로 세우기 위해서는 무엇이 필요할까'를 놓고 한없이 고민하던 나는 본질적이고 가장 중요한 어떤 것들 외에도, 사람이 모인 단체를 어떻게 운영해 가느냐 하는 기술적인 관점에 대해 큰 관심을 갖지 않을 수 없었다. 물론 후자의 정교함이 아무리 뛰어나다 해도 전자의 우선성과 필수불가결함을 대체할 수는 없다. 즉, 성경의 교리와 신앙고백이 어그러진 교회는 제아무리 행정이 체계적이고 효율적이라 해도 그리스도의 교회가 아니라는 뜻이다. 그럼에도 전자가 비교적 건전하게 지켜지는 곳이라면 후자에 대해서도 각별히 신경 쓰지 않을 수 없게 된다. 이에 이번 장에서는 캐나다 개혁교회 안에서 교인들이 교회를 운영해 나가기 위해 어떤 회의체를 가지고 있으며, 그 회의장에서의 실제 모습은 어떤지 간단히 살펴보도록 하겠다. 다만 이것은 교단의 치리회 전반을 의미하는 것이 아니고, 개교회 안에서 그 교회를 운영해 나가는 상황을 전제한 것이다.

1. 회의의 기본 구성

캐나다 개혁교회 안에서 이루어지는 모든 회의는 공통적인 형식을 갖는데, 이는 '의제agenda'와 '회의록minutes'을 갖는다는 점이다. 다시 말해서, 어떤 회의도 주재하는 사람의 개인 수첩 안에서 이루어지지 않는다는 뜻이다. 모든 회의체에는 최소 임원으로 의장과 서기가 있어야 한다. 의장의 주요 직무 중 하나가 다음 회의 때 다루어야 할 의제들을 정리하여 회원들에게 공지하는 것이고, 서기의 직무는 회의 현장에서 논의된 모든 내용을 기록으로 남겨 후에 회원들의 승인을 받는 것이다. 이러한 기본 구성은 최소 단위의 당회는 물론, 모든 직분자를 포함하는 카운슬, 그리고 이웃 교회들과의 협의체인 노회와 지역 총회, 나아가 전국의 모든 교회가 모여 회의하는 전국 총회에서도 똑같이 지켜진다.

각각의 회의체는 자신들의 규정에 따라 회의가 있기 얼마 전에 모든 회원들에게 임시 의제proposed agenda를 돌리고, 그 의제를 들고 모인 회원들은 회의 현장에서 의제 중에 오류나 추가할 사항 등은 없는지 논의한다. 그렇게 최종적으로 확정된 의제를 정하고 나서야 비로소 본격적인 회의가 시작된다. 회의가 진행되는 동안 서기는 의제에 포함된 각각의 항목에 대해 회원들이 나눈 논의의 내용을 기록으로 남기고, 회의 후에 잘 정리하여 다시 회원들에게 보내거나 다음 회의 때 검토한다. 이렇게 해서 마지막 회의록까지 확정되면, 그것을 모든 회원은 물론, 전교인 및 전체 교회에 배포하여 교회와 교단의 일이 어떻게 운영 및 진행되고 있는지를 알린다.

또 한 가지 모든 회의체 안에서 공통적으로 나타나는 요소는 바로 하나님의 이름을 부르며 회의를 시작하고 마친다는 점이다. 회의를 주재하는 의장은 자리에 참석한 회원들을 환영하며 성경의 한 부분을 읽는다. 그리고 함께 읽은 말씀의 의미를 간단히 나누고 그와 관련된 찬송을 부르기도 한다. 그러고 나서 의장은 전체를 대표해 회의를 위한 기도를 한다. 하나님이 교회의 모든 일의 주인 되심을 인정하며 그 자리에 모인 모든 이의 마음을 주관해 주시기를 구함으로써, 회의의 시작과 끝을 그분께 맡겨 드린다. 그런 다음에야 임시 의제를 살펴보며 보완할 점을 의논하고, 이전 회의록에서 수정해야 할 점은 없는지 등을 논의한다.

2. 당회 회의 The Consistory Meeting

내가 장로로 봉사했던 교회에서는 당회의 의제가 확정되고 본격적인 회의를 시작하면 가장 먼저 살펴보는 것이 교인들의 상황이었다. 즉, 지난 한 달간 출생 및 세례, 사망, 결혼, 교회 이전을 위한 이명서의 요청 및 접수, 여행 증명서의 요청 및 접수, 기타 교인들의 동향에 관한 전반적인 상황을 살핀다.

그다음으로 논의하는 항목은 당회의 핵심 직무라고 할 수 있는 '감독과 권징'이다. 특히 각 구역마다 여러 가지 이유로 좀 더 특별

MARANATHA
CANADIAN REFORMED CHURCH
Proposed Agenda for Consistory Meeting to be held on ☐
in the manse.
1) Opening: Chairman Rev. ☐ Welcome. Read: 1 Timothy 4. Sing: Psalm 146:2,3. Prayer. Absent:

2) Adoption of Agenda:
   a) Minutes of Previous Meeting:
      i) ☐
   b) Matters from the Minutes:
      i)
      ii)

3) Membership:
   a) General:
   b) Births and Baptisms:
   c) Marriages:
   d) Attestations Requested:
   e) Attestations Received:
   f) Travel Attestations
      i) Requested:
      ii) Returned:
   g) Joined:

4) Oversight and Discipline:
   a) Extra Care List

5) Reports:
   a) Home Visits: (Theme ☐)
      (1) Reports:
         (a)
   b) Special Visits:
      i) Visits to Bible Study Groups:
         (1) Young adults bible study: ☐ (DEC)
      ii) Other Visits:
         (1) Catechism classes (Junior & Senior): Jerome Lee (MAY)

   c) Ministerial:
      i) Reports of Visits:
      ii) Catechism classes:
      iii) Pre-Confession Class:
      iv) New Members Class:
      v) Preaching Schedule:
         (1)
         (2)
         (3) ☐ Exchange
      vi) Upcoming events
         (1) July: ☐ internship (2 weeks)
         (2) Vacation August 10 - September 7
   d) Preaching Review: Jan., Apr., July, Oct. or more frequently if requested.

6) Handover matters
   a) Assignment of duties (vice-chair; recording clerk; corresponding clerk)
   b) Finalization of elder wards
   c)

7) Lord's Supper Matters:
   a) July 12 duty elders
   b) COVID-19 procedure (ambulatory)?
   c) Baptism of
   d)

7) Outgoing Correspondence:
   a) Short Report
   b)

8) Incoming Correspondence
   a)

9) Unfinished Business:
   a) COVID-19 procedures

10) New Business:
   a) Home visit theme for next year
   b) How can elders create a better relationship with their district

11) Question Period:

12) Christian Censure (Art. 73 C.O.):

13) Next Meeting: ☐

저자가 당회원 시절 실제 사용했던 당회 회의 의제

한 돌봄이 필요한 교인들이 있는데, 이들에 대한 장로들의 평소 활동을 보고하고 그에 대해 논의하는 시간을 갖는다. 예를 들어, 내가 맡았던 구역에는 심리적인 불안 증세가 있어서 사람들이 많이 모이는 예배에 참석하지 못하는 교인이 있었다. 하지만 그분을 개인적으로 만나서 이야기해 보면 대화도 잘하고 딱히 정신적인 질병이 있다고는 느껴지지 않았다. 그분은 교회 운영 위원회the committee of administration 활동을 오랫동안 하면서 교회의 시설이나 건물 유지, 보수에 참 적극적으로 헌신하는 분이었다. 다만 사람들이 많이 모여 있는 곳에만 있으면 심박수가 올라가고 식은 땀이 나면서 불안 증세가 나타나, 안타깝게도 교회의 공예배에 참석하지 못했다. 나는 이분을 정기적으로 심방하는 것 외에도 교회에서 만날 때마다 대화하며 가까워지기 위해 노력했고, 한 번씩은 식사에 초대하려고도 했으나 아무래도 자신의 상태를 염려해서인지 늘 거절하시곤 했다.

이렇게 장로들은 자기 구역 안에 일반적인 교인들보다 더 세밀한 돌봄이 필요한 분들에 대해 가까이에서 살피며, 그 활동을 당회에 보고하고 함께 토론한다. 그러면 목사나 다른 장로들이 조언을 해 주기도 하고, 혹 그 교인과 개인적으로 친분이 있는 장로는 그 사람에 대한 이야기를 더 들려주기도 한다. 특히 이전 임기 때 그 교인의 구역을 맡았던 장로가 새로 그 구역을 맡은 장로에게 도움이 될 만한 이야기를 많이 해준다. 이 자리에서 모든 장로는 교인들 전체에 대해 빠짐없이 파악하고 알아가기 위해 부단히 노력한다.

또한 이 시간에는 교인들 중에 권징이 필요한 사안에 대해서도 논의한다. 한 가지 예로, 내가 맡았던 구역의 한 젊은 청년은 예배 출석이 굉장히 저조했다. 부모와 형제들이 다 우리 교회에 잘 다니고 있고 형제들 중에 가장 큰 형은 우리 교회 장로도 역임했던 나름대로 건실한 신자 가정이었는데, 유독 이 청년은 신앙생활에 별 흥미가 없어 보였다. 나와 다른 장로 한 명이 정기적으로 심방을 갔을 때도 그는 늘 형식적인 대답만 하기 일쑤였고, 회사일로 출장이 잦아서 우리 교회 예배는 잘 출석하지 못하지만 근처에 다른 교회를 가기도 하고, 때론 방송으로 예배 드릴 때도 있다고 했다. 그렇게 예배에 제대로 출석하지 않은지 거의 1년이 넘어가고 있던 시점에 비로소 당회는 이 청년을 특별한 돌봄이 필요한 상태라고 판단하고 주시하기 시작했다. 심방 때마다 예배 출석과 경건한 삶에 대해 독려하였고 한 번씩 따로 만나 개인적인 이야기도 나눠 보려고 했지만, 이 청년의 상태는 시간이 갈수록 더욱 나빠졌다. 결국 나의 장로 임기가 마치고 얼마 지나지 않아 당회는 교회 질서의 규정에 따라 절차를 거쳐 이 청년을 출교하기로 결정했다. 한때 이 청년을 영적으로 돌봐야 했던 나로서는 참으로 가슴 아픈 일이었다.

다음으로 장로들은 일상적인 심방 보고를 한다. 정기 심방의 주제에 따라 구역 내 각 가정을 돌면서 심방한 내용을 정리하여 당회 회의 때 보고함으로써 목사와 다른 장로들이 교인들의 상황을 공유할 수 있도록 하는 것이다. 이때 해당 구역의 담당 장로가 먼저 심방 내용을 보고하면, 동행했던 다른 장로가 그 자리에 함께 있었던 증인으로서 덧붙일 내용이나 수정해야 할 내용 등을 언급한다. 그러고 나서 특별히 함께 토론할 내용이 있으면 전체 장로들이 그 내용에 대해 논의한다.

이 정기 심방 보고에는 교인들의 가정에 대한 것도 있고, 개개 장로들이 맡은 교회 내 다른 모임에 대한 특별 심방도 있다. 특히 교인들이 자발적으로 모이는 여러 성경 공부 모임에 장로들이 한 명씩 배정되어 정기적으로 그 모임에 참석해 본다. 나는 우리 교회 안에 있었던 가족 성경 공부에 정기적으로 참석하는 회원이었기에, 당회는 나에게 그 모임의 감독을 맡겼다. 그래서 나는 성경 공부가 어떻게 진행되고 있으며, 참석하는 회원들은 누구인지, 그 내용이나 진행 방식에 문제는 없는지 등을 당회에 보고했다. 또 작년(2020년)에는 목사의 교리문답 교육을 감독하는 일을 배정 받았는데, 때마침 코로나 바이러스로 인해 교리문답 교육이 온라인으로 진행되던 때라 나도 온라인 모임에 들어가 교리문답 교육을 다 참관한 후에 그것을 똑같이 당회에 보고하기도 했었다.

이렇게 장로들의 심방 보고에는 가르치는 장로로서 목사의 보고 Ministerial reports도 포함된다. 목사는 주중에 교인들을 심방한 것이 있다면 장로들에게 보고하고 함께 토론한다. 내가 있던 교회에서 목사의 심방은 주로 노약자들을 중심으로 이루어졌다. 즉, 대부분의 일상적인 교인 심방은 장로들이 구역별로 맡아서 하고, 목사는 70세 이상의 노인/가정이나 특별히 병약하여 치료/입원 중인 사람 등을 정기적으로 방문했다. 이렇게 심방에 대한 보고 외에도 아이들의 교리문답 교육을 어떻게 해 나가고 있는지, 새신자가 있다면 그 교육은 어떻게 진행되고 있는지에 대해서도 보고하며, 다음 달 설교 계획은 어떻게 되고 혹 특별한 일정이 있는지, 예를 들어 휴가 계획 등에 대해서도 당회에 보고한다.

목사의 보고가 끝나면 장로들이 목사의 설교에 대해 이야기를 나누는 시간Preaching reviews도 있다. 굉장히 부담스럽고 긴장되는 시간이라고 생각할 수도 있지만, 실제로는 그렇게 껄끄러운 일이 아니다. 목사는 마음을 열고 교인들의 목소리를 듣고자 하고, 장로들도 사사로운 감정을 앞세우지 않고 교인들의 의견을 전달하거나 객관적인 평가를 하기 때문이다. 예를 들어, 예배 말미에 목사가 온 회중의 삶을 위해 기도하는prayer for all the needs of Christendom 순서가 있는데, 어떤 연세 많으신 교인은 "기도 중에 설교 내용을 너무 반복하는 것 같다. 그보다는 교인들의 삶을 위해 더 기도해 줬으면 좋겠다."는 의견을 전하기도 했다. 또 내 구역의 어떤 젊은이는 요즘 목사의 설교가 너무 부정적인 내용을 많이 담고 있는 것 같다며, 교인들에게 좀 더 밝고 희망적인 내용을 전해 주었으면 좋겠다는 속내를 비추기도 했다. 물론 장로들이 이런 교인들의 의견을 솔직 담백하게 전달하기는 하지만 그렇다고 그 내용에 다 동의할 필요는 없다. 나 역시그 젊은이의 말을 전하면서도, 개인적으로는 그렇게 생각하지 않는다는 뜻을 함께 전했다. 다른 장로들 역시 목사의 설교가 전체적으로 교인들의 삶에 긍정적인 영향을 미치고 있음을 전하면서 목사를 더욱 격려했다. 실제로 이 목사님은 신학교를 마치고 20대 중반에처음 이 교회로 청빙 받아 온 분이었는데, 초반에는 많이 떨고 설교 때나 성례를 집행할 때도 긴장한 모습이 역력했다고 한다. 내가 장로로 당회에 들어가던 때는 이미 4~5년 정도의 시간이 흐른 뒤였는데, 장로들은 목사님이 처음에 비해 훨씬 여유가 생기고 설교도 많이 좋아졌다는 긍정적인 평가를 자주 해주었다. 이에 목사님은 어색한 웃음으로 고개를 끄덕였고, 우리는 화기애애하게 이 순서를 마무리 지었다.

이 정도 당회 회의가 진행되면, 시간은 거의 1시간 반에서 2시간 가까이를 지나게 된다. 물론 회의 중간에 10~15분 정도 간단히 음료와 다과를 나누는 쉬는 시간이 있기는 하다. 그러고 나면 기타 행정적인 내용들을 다룬다. 지난 회의 때 끝내지 못한 이야기가 있으면 더 하고, 교인들이나 교회 밖에서 온 편지 등이 있는지, 그리고 그에 대한 답변을 해야 할 것이 있는지 등을 살피기도 한다. 그리고 현재 진행 중인 사안에 대해 더 논의할 것이 있는지, 혹은 새로 다루어야 할 일들이 있는지도 점검한다. 그리고 나서 오늘 회의 내용 중에 질문이 있는지 묻고, 다음 회의 일정을 잡기 전에 마지막으로 짧지만 매우 중요한 항목을 거친다.

이른바 교회 질서 제73조에 의거한 '기독교적 견책^{Christian censure}'이라는 내용이다. 교회 질서는 "목사, 장로, 그리고 집사는 서로 간에 기독교적 견책을 행해야 하고, 각각의 직분 수행과 관련하여 서로 권면하고 온유함으로 훈계해야 한다."고 정하고 있다. 이 규정에 따라 오늘 회의를 통해서 목사, 장로, 집사가 자신의 직분을 수행하는 데 있어, 혹은 회의 중에 타인의 의견을 듣거나 반박하는 과정에 있어 부적절한 모습을 보인 것은 없는지 서로 돌아보는 시간을 갖는 것이다. 이 항목 역시 당회를 비롯해 캐나다 개혁교회의 기본적인 회의 형식 안에 꼭 포함되는 중요한 사항이다. 회의의 의장은 회의를 마치며 의견을 나누는 자리에서 직분자로서 각자의 모습을 돌아보게 하고, 혹시 서로 나눌 만한 내용은 없는지 물어본다. 내가 장로의 직분을 맡아 당회와 카운슬 회의에 3년간 참여하면서 이때 의견이 제시된 것을 딱 한 번 보았다. 대부분은 이에 대해 딱히 할 말이 없다고 하며 넘기는 경우가 많은데, 한 번은 당회 때 목사님이 하고 싶은 말이 있다고 하는 것이었다. 모두가 처음 겪는 상황이라 관심 있게 지켜보았는데, 내게는 더욱 충격적이었던 것이 그 내용이 바로 나에 관한 것이었기 때문이다. 목사님은 이 교회 질서 제73조가 꼭 부정적인 내용일 필요는 없다고 생각한다며, 교회의 직분자로서 "서로 권면"할 수 있는 내용이라면 함께 나누는 것도 괜찮다고 생각한다면서 운을 뗐다. 그러고는 내가 맡은 구역에서 성찬을 앞두고 한 주 전에 교인들에게 보냈던 이메일에 대해 언급했다. 장로로서 성찬식이 있을 때 교인들을 좀 더 세밀하게 살필 수 있으면 좋은데, 현실적으로 일일이 다 찾아보기 힘들다면 이렇게 이메일이나 전화라도 돌려서 교인들의 상황을 살피는 것이 참 좋은 것 같다고 말씀하셨다. 따라서 다른 장로들도 각자의 형편에 따라 이렇게 교인들에게 가까이 다가가려고 노력하면 좋겠다고 했다. 이에 다른 장로들도 서로 격려하고 권면하며 다시 한 번 훈훈하게 회의를 마쳤던 기억이 난다.

이렇게 기독교적 견책까지 마치면 다음 회의 일정을 점검하고 마침 기도를 한다. 마칠 때는 목사를 제외한 당회원들이 순번을 정해 기도한다. 회의 내내 주님께서 선하게 인도하신 것에 대해 감사하고, 연약한 인간을 교회의 직분자로 세우셔서 그리스도의 몸을 이끌어 가게 하신 것에 대해 언제나 감사하는 기도를 한다. 회의 중에 특별히 언급된 교인이 있으면 그들을 위해 기도하고, 혹 권징에 관한 사안이 진행 중이라면 선하신 주님의 인도하심을 놓고 기도한다. 마지막으로 회의 후 늦은 밤 목사와 장로들이 차를 몰고 멀리 집으로 돌아가는 길과 내일 우리가 돌아갈 일상 속 생업의 자리까지 주님께서 신실하게 지키시고 돌보실 것을 믿으며 기도를 마친다. 이렇게 당회 회의를 끝내고 집으로 돌아오면 이르면 10시 반,

늦으면 자정에 가까울 때도 있다. 이것이 캐나다 개혁교회 장로들이 양 떼를 위해 기쁘게 감당하는 헌신의 모습이다.

18장
교회 회의 (2) - 집사를 포함한 당회

캐나다 개혁교회의 교회 질서 안에는 '집사를 포함한 당회The consistory with the deacons'라는 표현이 자주 등장한다. 예를 들어, 제3조에서 직분자 선출을 할 때는 교회의 '집사를 포함한 당회'에서 정한 규정에 따라 해야 한다고 정하고 있다. 하지만 이렇게 당회와 집사가 함께하는 회의체를 부르는 특정한 명칭은 나타나지 않고, 필요한 곳에서 그저 '집사를 포함한 당회'라는 표현만 반복해서 사용할 뿐이다. 그런데 개혁교회의 신앙고백서인 벨직신앙고백서는 제30조 '교회를 다스리는 일'에서 "또한 장로와 집사가 있어야 하는데, 이들은 목사와 함께 교회의 협의회the council를 구성한다."라고 함으로써 사실상 교회 질서에서 말하는 '집사를 포함한 당회'의 존재를 똑같이 언급하고 있다. 이에 따라 대부분의 캐나다 개혁교회 안에는 교인들의 영적인 감독과 돌봄을 맡는 '당회'와 더불어 교회의 여러 가지 행정 사무와 운영을 책임지는 협의체를 두고 있는데, 모두가 이를 간단히 '카운슬'이라고만 부른다. 그래서 이번 장에서는 우리가 있었던 캐나다 개혁교회의 카운슬 회의에서는 어떤 내용들을 다루며, 실제로 그 회의의 결과들이 교회 안에 어떻게 행해지는지를 보겠다.

카운슬 회의는 규정상 한 달에 한 번 정기적으로 열린다. 특별 회의가 필요한 경우에는 카운슬의 결정이나 임원의 요청, 혹은 일정 수 이상의 회원들이 요청해야 열릴 수 있다. 카운슬 회의에서 다루는 사안들은 '당회의 소관이 아닌 교회의 모든 문제'이다. 당회의 의장은 목사가 맡는 것으로 명시해 놓고 있으나, 카운슬에 대해서는 규정이 따로 없다. 대부분 목사가 아닌 장로 중에 한 명이 맡지만 원칙적으로는 집사가 맡아도 무방하다. 그리고 나머지 임원 역시 장로(목사를 포함)나 집사 구분 없이 배분해서 맡을 수 있다. 내가 있었던 교회에서는 직분자들이 대부분 나이가 많아 전자 기기를 다루어 회의록을 작성하는 데 익숙지 않아서, 젊은 나이의 목사님이 서기를 맡은 적도 있다.

회의의 진행 순서는 당회 회의와 동일하다. 회의가 시작되면 마찬가지로 의장이 회원들의 참석을 환영하며 성경의 한 부분을 읽는다. 그리고 함께 해당 내용과 관련하여 찬송을 부르고 다시 의장이 기도함으로써 회의의 시종을 주님의 권위에 맡겨 드린다. 그러고 나서 사전에 미리 배포한 임시 의제에 수정할 내용이나 추가할 사안이 있는지 검토하고, 이전 회의의 회의록 역시 회의 내용에 맞게

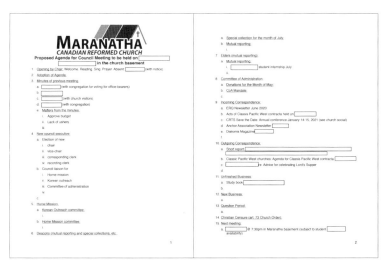

저자가 당회원 시절 실제 사용했던 카운슬 회의 의제

잘 작성되었는지 함께 검토한다.

이렇게 이전 회의의 회의록과 이번 회의의 의제가 정리되면 본격적으로 회의에 들어간다. 앞서 언급한 것처럼 카운슬 회의에서 다루는 내용은 당회가 맡고 있는 교인의 자격 문제나 교인들의 영적 돌봄과 관련되지 않은 제반 사항이기 때문에 굉장히 다양한 주제와 안건들이 있다. 또한 교회마다 세운 위원회나 시행 중인 사업 등이 다 다르기 때문에 그런 다양한 모습들을 획일적으로 언급할 수 없기에 여기서는 내가 있었던 교회에서 직접 경험했던 회의의 모습과 내용들을 중심으로 전개해 나가고자 한다.

우선 카운슬 회의의 중점적인 내용은 교회 안에 여러 기관들의 업무를 관장하는 것이다. 내가 있었던 교회의 내부 규정에는 상설 위원회로서 운영 위원회, 선교 위원회, 오르간 위원회, 전도 위원회,

도서관 위원회, 그리고 IT 위원회를 두고 있었는데, 예배의 녹화 및 온라인 송출 등을 담당하는 IT 위원회는 나중에 전도 위원회의 산하 기구로 포함되었고, 브라질에 선교사를 파송하고 감독하기 위해 세워졌던 선교 위원회 역시 주 파송 교회가 다른 교회로 바뀜에 따라 우리 교회에서는 자연스럽게 사라졌다. 또한 카운슬은 일정 기간 특정한 일을 처리하기 위한 임시 위원회를 둘 수 있는데, 그 예로 내가 있었던 때에 주변 지역의 한인 선교를 위해 한인 전도 위원회를 새로 설치하기도 했다. 기타 공식적인 위원회는 아니지만 교회 내에서 자치적인 모임을 통해 여러 가지 일을 맡기도 하는데, 예를 들면 교회의 커피 소셜이나 커뮤널 런치(15장 참조) 때에 음식을 준비하는 여성들의 모임인 레이디 서클이 있었다. 이런 모든 공식적/비공식적 교회 기관들의 업무를 관리, 감독하는 것이 바로 카운슬의 주된 일이고, 그것을 위해 직분자들이 모여 논의하는 것이 카운슬 회의이다.

이와 관련된 카운슬 회의의 한 장면을 묘사해 보면, 운영 위원회는 교회의 재정과 시설 관리 등에 대해 늘 카운슬의 감독을 받는다. 즉 운영 위원회는 매달 재정 상황을 카운슬에 보고해야 하며, 카운슬은 교회의 재정이 올바로 집행되고 있는지를 감독한다. 또 교회 건물이나 시설의 유지, 보수 등과 관련한 내용도 긴밀하게 카운슬에 보고함으로써, 예배당을 적절히 관리해 가는 일 역시 카운슬이 담당하게 된다. 한 번은 지역 소방서에서 공동 건물에 대한 시찰을 나왔는데, 이때 교회 지하에 아기들이 잠자는 공간에 스프링클러가

설치되어 있지 않아 문제가 될 수 있다고 경고를 했다. 따라서 해당 공간에 스프링클러를 설치하던지, 아니면 그 공간 안에 있는 여러 개의 고정형 아기 침대를 철거하라고 했다. 운영 위원회는 이 사실을 카운슬에 보고했고, 카운슬은 회의를 통해 결국 아기 침대를 철거하기로 했다. 그 교회 건물은 지은 지가 오래되었고 지하에 수도관을 연결하려면 공사비가 너무 많이 들어가기 때문이었다.

　카운슬의 업무에는 당회와 집사회의 협력을 유도하는 부분도 포함된다. 그래서 회의 순서 중에는 당회 회의에서 결정된 내용 중에 집사들이 알고 있어야 할 부분이나, 혹 집사들의 협력이 필요한 부분이 있는지를 공유하고, 마찬가지로 집사회의 결정 중에 장로들에게 알려야 할 부분은 없는지 등을 함께 나누는 시간이 있다. 한 예로, 내가 맡았던 구역에는 낮은 수준의 정신 지체를 갖고 있는 남성이 있었다. 어린 시절에 캐나다 개혁교회 교인 가정에 입양된 분이었는데, 성인이 되어 스스로 독립하여 살고는 있으나 여전히 일정 부분 주변의 도움이 필요한 분이었다. 나와 또 한 명의 장로가 이분을 심방할 때 가장 주의 깊게 살펴보던 것은 바로 교회가 이분에게 적절한 도움을 베풀고 있는가 하는 것이었다. 그래서 카운슬 회의 때 이분에 대한 교회 차원의 도움이 어떻게 행해지고 있는지를 확인하고, 집사들에게 정기적으로 이분을 찾아가 줄 것을 당부했다. 또한 교인들 중에는 일시적으로 재정적인 도움이 필요함을 장로들에게 알리는 분들도 있다. 내 구역에서도 한 독신 여성이 갑자기 수술을 받게 되어 한동안 소득이 없게 되자 나에게 교회로부터의 도움을 청했다. 나는 카운슬 회의에서 이 사실을 집사들에게 알렸고, 이후에 집사들이 그 교인을 만나 상황을 들어본 후에 필요한 정도의 재정을 후원했다. 이처럼 서로 다른 영역에서 교인들을 돌보는 장로와 집사들이 카운슬 회의에서 만나 교인들의 상황을 나눔으로써 협력을 도모하는 것 역시 카운슬 회의의 중요한 부분이다.

그러고 나면 마지막으로, 교회로 오는 각종 서신들을 검토한다. 이 서신들 중에는 교회 운영과 관련하여 교인들에게서 오는 것도 있고 교회 밖에서 오는 요청이나 협조 공문 등도 있다. 회의 전 한 달간 교회로 도착한 각종 우편과 서신들을 의장이 잘 모아서 카운슬 회의 때 가지고 온다. 물론 미리 배포된 임시 의제에 그 내용이 기록되어 있어서 직분자들이 대충 살펴볼 수 있지만, 구체적인 내용은 회의 때 다 같이 하나하나 읽어본 후에 그에 대해 어떻게 대응해야 하는지를 결정한다. 대표적인 것이 바로 외부 기관에서 재정적인 후원을 요청하는 편지들인데, 이런 경우에는 대부분 집사회로 이관하여 집사들이 결정하도록 한다. 기타 기존에 후원하고 있는 단체나 기관들에서 보내오는 소식지 같은 것은 한 사람이 자원하여 교인 수대로 복사한 후에 교인들의 우편함에 일일이 넣어 주기도 한다.

또 한 가지 흥미롭고 중요한 것은, 노회나 총회가 끝나면 그 회의록도 우편물이나 전자 우편을 통해 소속된 모든 교회의 카운슬 앞으로 송달된다는 것이다. 그러면 카운슬은 그 회의록을 면밀히 살피는 일도 한다. 예를 들어, 3년마다 한 번씩 열리는 캐나다 개혁교회 총회가 끝나면 수백 쪽에 달하는 총회 회의록이 각 교회로 송달되어 오는데, 그러면 직분자들은 카운슬 회의로 함께 모일 때마다 조금씩 그 회의록을 정독하여 교단 내에 어떤 일들이 진행 중이며 그와 관련하여 어떤 결정들이 내려졌는지에 대해 상세하게 파악한다. 이 일은 길면 몇 달에 걸쳐 이루어질 수도 있다. 한 번 모일 때마다 일정 쪽수를 미리 읽고 와서 그에 대해 논의하고, 개교회에 미칠 영향에 대해서도 파악하는 일을 한다.

대표적인 것이 2019년 총회에서는 캐나다 개혁교회의 모교회라고 할 수 있는 네덜란드 자매교회와 공적인 관계를 완전히 단절하는 결정을 내렸다. 이것은 교회적으로 매우 중대하고 심각한 결정이 아닐 수 없었다. 그들의 자유화된 성경 해석과 그에 바탕을 둔 여성의 교회 직분 허용 등이 그 이유였다. 오랫동안 이 문제를 주시하던 캐나다 개혁교회는 여러 차례 경고와 권면을 했지만, 2017년 네덜란드 교회의 총회에서는 이 문제를 확정적으로 결정하였고, 이에 캐나다 개혁교회는 아픔을 머금고 두 교회의 공식적인 관계를 단절하는 결정을 내렸다. 이러한 총회 차원의 결정은 개교회에도 직접적인 영향을 미친다. 예를 들어, 이전에는 적법한 이명서를 가지고 오는 교인들은 자매교회 교인으로서 바로 이곳의 교인이 되거나 성찬상에 참여할 수 있었지만, 이제는 그렇게 할 수 없다. 또 목사의 경우에도 이전에는 자매교회의 목사는 노회에서 비교적 간단한 절차를 통해 청빙할 수 있었지만, 이제는 그것이 쉽지 않게 되었다. 이처럼 개교회에 실제적인 파급 효과가 나타나는 총회 및 노회의 결정을 각 교회의 카운슬 회원들, 즉 교회의 직분자들이 명확하게 알고 있는 것은 너무나 중요하다. 그에 따라 교인들에게 합당한 설명을 해줄 수 있어야 하며, 내 교회만이 아니라 연합체federation 안에 소속된 모든 교회들과 하나됨을 유지하기 위해서라도 개교회의 직분자들이 전체 교회의 결정을 숙지하고 있는 것은 공교회적으로 매우 중요한 일이다. 이처럼 카운슬 회의에서는 개교회의 일만이 아니라 연합체 안에서 일어나는 일도 늘 관심을 갖고 지켜보는 일을 한다.

이렇게 교회 안팎의 서신들을 검토한 후에는 기존의 안건들 중에 아직 해결되지 않은 일들이 있는지 다시 한 번 검토하고, 새로 시작해야 할 일들은 없는지 생각해 보는 시간을 갖는다. 그러고는 오늘 회의 전체 내용 가운데서 질문이 있는지 살핀 후에 당회 회의 때와 마찬가지로 '기독교적 견책'의 시간도 빼먹지 않는다. 그리고 이에 대해 특별한 의견이 없다면 다음 회의 일정을 정한 후에 역시 카운슬 멤버들이 정해진 순번에 따라 기도를 함으로써 회의를 마친다.

카운슬 회의 역시 당회 회의와 마찬가지로 회의록이 다 정리되면 전체 교인들에게 알리는 보고서를 작성해서 교인들의 우편함에 일일이 배부한다. 이것을 '간이 보고서'라고 부르는데, 이 보고서에는 회의의 모든 내용을 시시콜콜 다 담지 않고 중요한 결정 사항이나 교인들이 숙지하고 있어야 할 내용들 위주로 간략하게 담는다. 특히 당회 회의에는 민감한 개인정보 등이 포함될 수 있기 때문에, 특정인의 이름이나 구체적인 사안을 세세히 적지 않는다. 다만 어떤 일에 대해 당회가 살펴보고 있다는 정도에 그치고 이름이나 사건의 핵심은 철저히 비공개로 한다. 이렇게 함으로써 교인들도 교회의 운영 상황에 대해 무조건 배제되지 않으며, 필요한 경우 당회나 카운슬에 문의 및 제안을 할 수 있도록 길을 열어 둔다.

또 카운슬 회의 중에는 직분자 교육과 관련된 내용도 포함될 수 있다. 예를 들어, 이번에 새로 임명된 장로와 집사 중에 생애 처음으로 교회의 직분을 맡은 사람이 있는 경우에는 그들을 위한 교육 차원에서 함께 책을 읽고 토론하는 시간을 갖기도 한다. 그러나 앞서 언급한 것처럼 캐나다 개혁교회 안에서는 신자가 영적으로 성인이 되어 독립된 교인이 된 후에는 사실상 '교육education'이라는 개념이 거의 존재하지 않는다. 그저 '학습learning/studying'만 있을 뿐이고, 이는 성인이 된 신자 각자의 자유와 책임의 영역이다. 따라서 카운슬 회의 때 함께 직분과 직분자의 사명 등에 관한 책을 읽는 것도 각자 해당 부분을 읽고 스스로 연구해 와서 회의 시간에 서로 질문과 답을 하며 토론하는 방식이지, 목사나 장로, 그 누구도 자신만이 가르침을 독점하려고 하지 않는다. 자신을 특별하다고 생각하지 않으며, 자신도 형제 중의 하나요 모든 신자가 성령님에 의해 교훈받는다고 생각한다.

지금까지 캐나다 개혁교회 안에서 교회의 행정이나 운영을 관할하는 카운슬, 즉 집사를 포함한 당회의 회의 내용을 간략하게 살펴보았다. 지면의 한계상 기타 소위원회들이 어떤 일들을 하며 그들의 회의 모습은 어떤지에 대해 더 자세히 살펴보지 못한 아쉬움이 있다. 그러나 사람들의 모임이 크든 작든 간에 기본적인 회의의 골격이 늘 동일하다는 점은 참으로 놀라운 일이 아닐 수 없다. 나도 몇 년간 도서관 위원회에 들어가 의장을 맡아 일한 적이 있는데, 불과 두세 사람 밖에 없는 위원회라 해도 언제나 하나님의 말씀과 기도로 회의를 열고, 또 기도로 회의를 마친다. 그리고 이 모든 일이 다 교회와 교인들을 위한 봉사의 일이기 때문에 돈 한 푼 받지 않고도 모두가 헌신하는 마음으로 정해진 절차에 따라, 그리고 교회의 머리이신 그리스도의 권위에 순복하며 일해 나간다. 이런 질서와 규칙들이 성질 급하고 순종적이지 않은 누군가에게는 답답한 굴레처럼 느껴질 수도 있지만, 교회의 일이란 것이 효율과 결과로 말을 하는 세상일과는 전혀 다른 것이기에 이렇게 단정한 질서를 잘 따라가는 것만으로도 커다란 경건의 훈련이 된다. 나에게 장로의 직분과 기타 교회의 드러나지 않는 여러 가지 일들을 속속들이 가르쳐 준 한 노 장로님이 이런 말을 한 적이 있다. "교회의 일은 절대 서두르면 안 된다!" 사람이 왜 서두르는지를 잘 생각해 보면 그 말의 의미를 깊이 깨닫게 된다. 그리스도께서 자신의 몸 되신 교회 위에 선물로 주신 직분자들은 교회를 진정으로 사랑하는 마음으로, 교회를 마치 여리고 여린 신생아인 것처럼 조심스럽고 신중하게 다뤄야 한다. 그렇기에 어리석고 부족한 우리에게는 하늘의 질서가 필요한 것이다.

19장
교회 시찰단

캐나다 개혁교회에서는 교인들만 목사와 장로의 심방을 받는 것이 아니라 교회도 일종의 정기적인 심방을 받는다. 이에 관한 교회 질서의 규정을 먼저 보겠다.

제46조 교회 시찰단Church Visitors

노회는 매년 적어도 두 명의 보다 숙련되고 유능한 목사들을 임명하여 한 해 동안 교회를 시찰하게 한다. 이들의 임무는, 모든 일들이 하나님의 말씀에 따라 규제되고 행해지고 있는지, 직분자들이 선서한 대로 그 직무를 성실히 이행하고 있는지, 그리고 채택된 본 교회 질서가 모든 면에서 준수되고 유지되는지를 살핌으로써, 그것에 소홀한 자들에게는 적절한 때에 형제애적인 훈계를 하고, 또한 그들의 선한 조언과 권고를 통해 모든 것들이 그리스도의 교회에 덕을 세우고 교회를 보존하는 방향으로 향할 수 있도록 하는 일이다. 시찰단은 시찰 보고서를 서면으로 노회에 제출해야 한다.

이와 같이 노회에서 파송한 두 명 이상(대부분 두 명)의 경험 많은 목사들은 1년 동안 노회 내 모든 교회를 돌며 소속 교회들이 성경에 따라, 그리고 총회에서 합의된 교회 질서에 따라 교회를 잘 돌보고 있는지 살핀다. 개교회의 카운슬은 교회 시찰단의 연락을 받으면 방문 시기를 조율하여 확정한 뒤에 이를 전교인에게 공지함으로써 시찰단에게 하고 싶은 말이 있거나 건의 및 문의 사항이 있는 교인은 시찰단의 방문시에 참여할 수 있도록 권고한다. 시찰단을 맞이하여 대화를 나누는 주체는 개교회의 직분자 모임, 즉 카운슬이고, 따라서 목사와 장로, 모든 집사들이 다 그 자리에 참석한다.

내가 캐나다 개혁교회에서 장로로 봉사한 3년 동안에도 매년 빠짐없이 이 교회 시찰단의 방문을 받았고, 그때마다 나는 그들이 교회를 돌며 어떤 내용을 묻고 돌아보는지에 대해 세밀하게 살펴보았다. 그래서 이번 장에서는 2020년 교회 시찰단이 내가 봉사하던 교회를 방문하여 직분자들에게 실제로 물어보았던 질문지의 내용을 그대로 가져와 한 번 살펴보겠다. 물론 모든 질문을 빠짐없이 담은 것은 아니며, 또 정보 보호를 위해 대부분의 답변은 생략하고 이해를 돕기 위해 몇 가지 필요한 답변만 가져와 실었다. 포함된 답변에는 간략한 요지만 담았는데 통상 실제로는 질문에 대해 더 많은 대화를 나눈다.

마라나타 개혁교회의 카운슬 회의 중간에 쉬는 시간을 이용해 함께 찍은 기념 사진

Q : 교회 시찰단의 방문을 교인들에게 공지했나요?

Q : 카운슬 회원 모두 참석하였나요?

Q : 카운슬의 요청 사항이 있나요?

Q : 직분자 임직은 잘 되었나요?

Q : 교인 수는 안정적인가요?

Q : 목사는 어떤 직무를 하고 있나요?
A : 설교하고, 교인들을 심방하며, 교리문답 교육을 담당합니다.

Q : 설교에 대한 토론이 이루어지고 있나요?

A : 네, 석 달에 한 번씩 당회 회의 때 하며, 필요한 경우에는 더 자주 합니다.

Q : 설교에 대한 우려는 없나요?

Q : 목사님, 업무량이 부담되진 않으십니까?

Q : 목사님의 교리문답 교육 수업에 대해 좀 말씀해 주십시오.

Q : 목사님은 어떻게 심방을 하고 계십니까?

Q : 예배 출석이 어려운 교인이 있나요?

Q : 카운슬은 설교의 열매를 확인하고 있습니까?

Q : 집사도 교인들을 방문하고 있나요?

A : 그렇습니다. 하지만 최근에는 코로나 때문에 전화 통화를 많이 하고 있습니다.

Q : 목사님, 사례 지급은 잘되고 있나요?

Q : 목사님, 사례와 관련한 논의를 매년 하고 계십니까?

Q : 교회에 신학생이 있나요?

A : 네, OOO이라고 있습니다. 집에 올 때면 우리 교회에 출석합니다.

Q : 장로와 집사는 몇 명씩 있습니까?

Q : 직분자 훈련은 어떻게 하고 있나요?

Q : 구역의 크기는 어떻게 되나요?
A : 한 구역에 대략 열다섯 가정 정도 됩니다.

Q : 심방은 어떻게 진행되고 있습니까?
A : 잘되고 있는데, 코로나로 인해 아직 못한 가정도 몇 있습니다.

Q : 직분자 임직은 언제인가요?

Q : 투표 절차는 어땠나요?

Q : 교인들에게 투표 절차에 대해 미리 충분히 공지했나요?

Q : 장로의 직무가 존중받고 있나요?

Q : 교인들에 관한 염려는 없나요?
A : 있습니다. 불신자와 이성교제하는 청년들이 몇 있습니다.

Q : 교리문답 교육 때 이에 관한 것을 다루나요?
A : 네, 제7계명을 배울 때 합니다.

Q : 집사님들, 헌금은 어떻게 걷고 있습니까?

Q : 특별한 요구 사항은 없나요?

Q : 헌금 현황은 어떤가요?

Q : 교인들에게 헌금을 독려하나요?
A : 예배 시간마다 언급합니다.

Q : 장로와 집사 간의 협력은 어떻습니까?

Q : 회계 장부는 어떻게 감사하고 있습니까?

Q : 교회 회의는 정기적으로 하고 있나요?
A : 네, 카운슬, 당회, 집사회가 매달 각각 모입니다.

Q : 회의 의제는 미리 정해서 하나요?
A : 네, 회의 전에 이메일로 보내서 모두가 회의 내용을 파악할 수 있게
   합니다.

Q : 예산 회의를 했나요?

Q : 예산과 관련하여 문제는 없습니까?
A : 있습니다. 지난 두 해 동안 예산에 비해 헌금이 부족했습니다.

Q : 걱정될 만한 정도인가요?
A : 아닙니다. 아직은 어느 정도의 적립금이 남아 있습니다. 장로들이
   심방시에 헌금을 독려하고 있습니다.

Q : 회계 담당자가 있습니까?

Q : 모든 일이 순조롭게 진행되고 있나요?

Q : 목사님, 낙심 되는 일은 없으십니까?
A : 있습니다. 코로나로 인해 젊은이들과 노령층의 예배 출석이 어려운 점이 안타깝습니다.

Q : 이제롬 형제님, 한인 선교는 어떻게 되고 있나요?

Q : 다른 교회들의 지원이 좀 있습니까?

Q : 목사님, 교육 중인 새신자들이 좀 있나요?

Q : 예배와 찬송책에 대한 교인들의 불만은 없나요?

Q : 카운슬에서 총회 회의록을 검토했나요?

Q : 교인들의 청원은 없나요?

Q : 교회의 권징을 시행하고 있습니까?

Q : 카운슬 회원들이 직무를 잘 감당하고 있나요?

이상 시찰단 목사들의 질문이 끝나면 교회 카운슬에 추가적인 질문이 있는지 묻고 나서, 없다면 시찰단 중의 한 목사가 해당 교회를 위해 기도하고 전체 회의를 마친다.

온타리오 주 해밀턴에 있을 때도 이와 같은 교회 시찰단의 방문이 공지되었다. 그리고 혹시나 교인들이 이런 방문에 대해 편견이나 잘못된 생각을 갖지 않도록 하기 위해 다음과 같은 목사님의 글도 함께 실렸다.

가끔씩 이 교회 시찰church visits에 관한 오해가 있습니다. 교회 시찰단은 노회의 임명을 받고 노회에 그 업무를 보고하지만, 그렇다고 해서 그들이 개교회의 당회에 어떤 권위를 행사하기 위해 오는 것은 아닙니다. 교회 시찰단은 당회들을 '조사checking up'하는 것이 아니고, 따라서 당연히 무엇을 하라고 당회에 말할 권한도 없습니다. 대신 교회 시찰단은 교회들에게 조언을 해주고, 필요하다면 매년 이런 시찰을 통해 직분자들의 사명이 유지되고 주요 치리회의 결정들이 존중될 수 있도록 하기 위해 임명되는 것입니다. 우리는 교회의 연합체 안에서 살아가므로 서로에게 책임이 있습니다. 한 교회에 영향을 미치는 것은 우리 모두에게 영향을 미칩니다. 교회 시찰단의 일이 때로는 형식적으로 보이기도 하지만 사실은 그렇지 않습니다. 오히려 그것은 주 예수 그리스도께서 교회들 간의 유대를 위해서도 그 피를 흘리셨음을 알 수 있는 가시적인 표입니다.

"우리는 교회의 연합체 안에서 살아가므로 서로에게 책임이 있습니다." 나는 이 말을 통해 그리스도의 교회가 얼마나 공적인 성격을 갖는지 처음으로 진지하게 생각해 보게 되었다. 그리고 이 말이 캐나다 개혁교회 안에서 실제로 살아 숨 쉬는지 찾아내기 위해 참 많은 애를 썼다. 흔히 사도신경을 읊조리면서 무심코 반복하는 '거룩한 공회ᵃ holy catholic Christian church'를 믿는다는 말의 실제적인 모습을 그들의 현실 속에서 발견하기 위해 눈과 귀를 크게 열고 살았다. 이 책의 곳곳에서 간략하게 언급했지만, 이 교회 시찰단의 모습만큼 그 현현顯現을 뚜렷하게 볼 수 있는 것도 없지 않나 싶다.

이 책을 읽는 그리스도의 지체들이 앞에 있는 질문들을 하나하나 꼼꼼히 살펴보기를 진심으로 바란다. 마치 그리스도께서 그분의 교회에 직접 보내신 시찰단을 맞이하고 있는 것처럼 앞의 사항들을 처한 상황 속에서 몇 번이고 곱씹어 생각해 보기를 바란다. '나는 그리스도의 몸이신 이 교회에 대해 얼마나 온전한 생각을 하며 살아가는지.' '교회가 하나님의 말씀이신 성경 위에 바로 서기 위해서는 성도들에게 어떤 노력들이 필요한지.' '내가 속한 교회의 직분자들은 그리스도의 그 명령을 실행하기 위해 어떤 노력을 하고 있으며, 내 교회는 노회와 총회 등에서 다른 교회들과 그리고 다른 성도들과 얼마나 한 신앙 안에서 교제하며 연합과 일치를 위해 힘쓰고 있는지.' '나와 내 교회 교인들은 직분이 있고 없고를 떠나서, 우리가 속한 연합체 안에서 서로에 대한 책임을 지고 살아가고 있는지.' 그리고 더 나아가 '내가 속한 교회와 교단은 세상의 다른 교회들과는 어떤 믿음의 교제를 나누고 있는지.' '과연 이 나라 이 땅 밖에도 나와 동일한 믿음을 갖고 살아가는 사람들이 있는지.' '있다면 나는 한 명의 신자로서 그들과 어떤 책임을 나누어 지며 살고 있는지.' '그런 우주적인 공교회의 책임을 위해 한 사람의 성도로서, 하나의 교회로서, 그리고 교회의 연합체로서 내가 속한 교단은 어떤 노력을 기울이고 있는지' 등을 생각해 볼 수 있었으면 좋겠다.

일례로, 나는 2017년에 캐나다 개혁교회 총회로부터 '해외교회 관계 위원회(CRCA)The Committee on Relations with Churches Abroad'의 사절단으로 임명을 받아 이전에 내가 속했던 한국의 장로교회 총회를 방문했다. 이 두 교회는 공식적인 교회적 교제(EF)Ecclesiastical Fellowship, 소위 자매관계를 맺고 있는 교회로서, 3년에 한 번씩 서로의 총회를 방문하며 두 교회가 한 신앙 안에서 우호적인 관계를 유지해가기 위해 노력한다. 언어와 문화의 극명한 한계가 있음에도 이들은 전 세계에서 같은 신앙을 갖고 있는 것으로 고백하는 몇 안 되는 교회들과 연대하여, 그리스도의 한 몸을 이루어 가기 위해 참 부단히도 노력한다.

당시 우리가 한국의 장로교회를 방문할 때 가장 큰 화두가 바로

2017년, 한국에 있는 캐나다 개혁교회의 자매교회 총회에 사절로 참석한 저자

네덜란드 개혁교회와의 관계 문제였다. 네덜란드 교회는 캐나다 개혁교회는 물론, 우리가 방문했던 한국의 장로교회와도 공적인 관계를 맺고 있었고, 우리는 그들의 교리적 탈선과 비성경적인 총회 결정에 대해 함께 관계를 맺고 있는 교회로서 연대하여 권면하고 경고하기 위해 모였다. 이러한 교회적 연대 노력에는 역시 동일한 관계를 맺고 있던 호주자유 개혁교회와 남아공자유 개혁교회도 함께했고, 그 장로교회의 미주 총회에서도 우리와 한목소리를 내며 네덜란드 교회에게 형제애적인 권고안을 마련하기도 했다. 이후에도 의미 있는 회개와 돌아섬이 없자 호주 교회는 네덜란드 교회와 관계를 단절했고, 얼마 안 있어 캐나다 교회 역시 네덜란드 교회와 공적인 관계를 종료했다. 그리고 전 세계 개혁교회들이 함께 모여 회의하는 국제 개혁교회 협의회(ICRC)the International Conference of Reformed Churches 에서조차 창립 회원이었던 네덜란드 교회의 회원권을 정지시키는 조치를 취했다. 그리고 이들의 회개 여부와 그에 따른 적절한 조치에 대해서는 다음 회의(2021년)에 다시 살피기로 했다.

이처럼 성경적인 개혁신앙 위에 바로 서 있는 신자들은 "한 교회에 영향을 미치는 것은 우리 모두에게 영향을 미친다"는 사실을 너무도 분명하게 자각하고 있다. 우리 모두가 그리스도의 한 몸에 속해 있는 지체라는 것을 명확하게 깨닫고 있기 때문이다. 오늘날 교회의 지도자들과 신자들이 이 성경적 교리를 얼마나 바르게 알고 그에 헌신하고 있는지 되돌아 보아야 할 것이다. 개교회의 성도들뿐만 아니라, 하나의 믿음을 바탕으로 공적인 관계를 맺고 있는 많은 교회들이 서로에게 책임을 지고 있음을 깨닫고 그에 합당하게 살아가는 것이 진정한 사도신경적 공교회의 신앙이 아닐까 한다.

20장
캐나다 개혁교회가 직면한 도전들

배울 점이 참 많은 교회라도 약점과 고민거리는 있기 마련이다. 지상에 있는 교회 자체가 결국에는 사람이 사는 세상에서 사람이 모여 사람의 결정을 통해, 그리고 사람의 행위로 세워져 가는 곳이다 보니, 교회에도 맡고 싶지 않은 사람 냄새가 날 수밖에 없다. 마지막으로 이번 장에서는 캐나다 개혁교회가 당면한 현실적인 한계와 투쟁의 요소들을 일곱 가지 정도만 간략하게 살펴보겠다. 여기에는 객관적인 현실도 있지만, 지난 7년여 동안 나와 내 가족이 생활하며 느낀 부분들도 포함되어 있다.

1. LGBTQ+

이 로마자 묶음은 소위 성소수자들을 지칭하는 단어이다. LGBTQ 는 여성 동성애자를 가리키는 L^{lesbian}, 남성 동성애자를 가리키는

G^{gay}, 양성애자를 가리키는 B^{bisexual}, 성전환자를 가리키는 T^{transgender}, 그리고 자신의 성 정체성에 의문을 품은 사람을 가리키는 Q^{queer/} ^{questioning}의 머리글자이다. 여기에 플러스 표시를 더한 것은 이렇게 성 정체성과 관련하여 새로운 집단들이 계속해서 만들어지고 있기 때문이다. 예를 들어, 남성과 여성의 생식기를 모두 가지고 태어난 사람들을 가리키는 I^{intersex}와 무성애자를 가리키는 A^{asexual/agender/} ^{aromantic} 등도 덧붙여지곤 한다.

문제는 캐나다에서 이 모든 경우를 폭넓게 그리고 아주 긍정적으로 인정하고 있다는 점이다. 실제로 2019년 6월 4일자 캐나다 연방 정부의 발표에 따르면, 캐나다에 거주하는 시민이나 영주권자들은 스스로의 선택에 따라 여권, 여행 증명서, 시민권, 영주권 등에 자신

성소수자의 다양성을 주장하는
무지개 표시

의 성을 남성(M)이나 여성(F)이 아닌 X로 표시할 수 있으며, 기존의
성별 또한 아무런 추가 비용 없이 변경할 수 있다고 발표했다. 쉽게
말해서, 캐나다 내에서는 성 정체성에 관해 하고 싶은 것을 거의 다
할 수 있게 되었다는 뜻이며, 이 모든 경우를 다양성의 측면에서 인
정하고 받아들임으로써 이와 다른 생각들은 '차별'로 간주하고 있
는 실정이다. 물론 이것은 아직까지도 정치적인 차원의 거대담론^巨
大談論이고, 그 결과로 교회에 대한 직접적인 핍박이 거세게 불어닥치
고 있는 상황은 아니다. 그러나 다른 몇몇 주에서 실제로 이러한 법
제도하에서 구속을 받는 목사들이 간간이 나타나고 있는 것을 보
면, 전혀 멀리 있는 이야기만도 아니다.

또한 이런 상황에서 자녀를 기독교적 신앙 안에서 양육하는 일
역시 엄청난 저항에 부딪히고 있다. 정부의 교육 당국은 이러한 성
소수자의 정체성을 오히려 정상 범위로 가르치도록 일선 학교와 보
육 기관에 지시하고 있으며, 공공 도서관의 어린이 도서 섹션에는
두 명의 엄마 혹은 두 명의 아빠와 등하교 하는 아이의 모습을 자연
스러운 것으로 보여 주는 그림책들이 종종 전면에 전시되어 있다.
아내가 일했던 보육 기관들에서도 실제 이런 가정들을 종종 목격
할 수 있었는데, 더 이상 이런 현실을 이상하게 여기거나 뒤에서 수
근거리면 시대에 아주 뒤떨어지고 차별적인 사상을 가진 비문명인
취급을 당하기 쉽다. 이에 캐나다 개혁교회는 '알파(ARPA)Association for
Reformed Political Action'라는 단체를 만들어 이러한 정부의 비성경적인 정
책과 법제에 저항하는 운동을 펼치고 있다. 아직까지는 헌법적 권

리로서 종교의 자유가 인정되고는 있으나, 머지않아 교회의 설교와 기독교 학교의 교육 속에서, 그리고 가정의 부모들이 아이를 가르치는 데 있어서 이와 같은 정부의 정책과 반대되는 내용들이 핍박을 받게 될 날이 엄습해 올 것 같은 두려움이 있다. 그리스도의 모든 교회가 함께 기도하며 싸워야 할 중요한 문제이다.

2. 목회자 부족

캐나다 개혁교회 신학교에서는 매년 5명 안팎의 목사가 배출된다. 전임 교수가 5명인 것을 감안하면 결코 많은 숫자가 아니다. 그러다 보니 캐나다와 미국에 있는 교회들 중에 목사 자리가 비어 있는 교회들이 상당히 많다. 우리가 있던 캐나다 서부에서도 태평양

한 해 신학교 졸업생들과 교수진

서부노회 여덟 교회 중에 두 교회가, 그리고 태평양 동부노회 아홉 교회 중에 세 교회가 목사가 공석이다. 이 밖에도 캐나다 개혁교회에서 매년 발간하는 연감yearbooks을 보면 말씀 사역자가 없는 교회가 곳곳에 굉장히 많이 있다. 그래서 신학교에서는 매년 학교 방문의 날을 열고, 전체 교회들이 말씀 사역자의 길을 걷고자 하는 젊은이들을 추천해 줄 것과 이 교단에 목회자가 끊이지 않게 해달라는 기도 부탁을 자주 한다.

많은 원인이 있겠지만, 그중에 우리가 관찰한 한 가지 측면을 말해 보고자 한다. 잘 알려진 바와 같이 캐나다인들의 삶의 질은 굉장히 높다. 캐나다는 유엔이 선정한 살기 좋은 나라에도 매년 순위권에 오르는 나라이다. 그러나 이는 모두가 좋은 대학을 나와 좋은 직장을 얻고 살기 때문이 아니다. 전체 고등학생 중에 대학에 진학하는 비율이 40%도 채 되지 않으며, 이는 우리나라의 절반에도 미치지 못하는 수치이다. 그러나 일인당 국민소득(GNI)은 우리나라에 비해 50% 정도 더 많다. 그러나 비단 이러한 경제 지표만으로 모든 것을 판단할 수는 없다. 오히려 그들의 사상과 일상의 모습을 보면 그 차이가 더욱더 크게 드러난다. 고등학생들이 대학에 많이 가지 않는 이유는 20년 가까이 살면서 배운 삶의 가치관 때문이다. 그들은 아주 어려서부터 자신이 하고 싶은 일을 하며 자유롭고 행복하게 사는 가치에 대해 부모와 학교로부터 배운다. 따라서 그것을 인생의 가장 큰 가치이자 목표로 삼고 살기 때문에, 굳이 힘들고 돈 많이 드는 대학에 가지 않는다. 물론 높은 학위가 있으면, 연봉이 높은 직업을 얻을 가능성도 더 커진다. 하지만 그렇게까지 하지 않아도 충분히 잘 먹고 잘 살 수 있도록 정부가 돕고 있으며, 많이 벌어봐야 세금만 더 낼 뿐이니 적당히 벌고 하고 싶은 일을 하며 살자는 생각이 이들에게는 더 만연해 있는 것 같다.

그런데 캐나다 개혁교회에서 목사가 되려면 대학은 물론 대학원 과정에서 석사 학위까지 마쳐야 한다. 목회학 석사 과정에 입학하려면 성경 원어인 히브리어와 헬라어를 선수 과목으로 요구한다. 그래서 대학을 다닐 때 이 과목들을 미리 들어 놓아야 하고, 혹 대학 때 신학교에 갈 생각을 하지 못해서 이 과목들을 듣지 못했다면 졸업 후에 따로 이 과목만 한두 학기 더 들어야 한다. 그리고 외국 학생이나 아시아계 학생들에게는 요구되지 않지만, 많은 경우 영어권 학생들에게는 라틴어 수업까지 권장한다. 물론 필수는 아니지만 많은 학생들이 이 언어도 미리 듣고 간다. 그러다 보면 4년간 대학을 다닌 후에도 1~2년은 이 고전 언어를 위한 수업을 더 듣게 된다. 그리고 신학대학원에 입학하면 그때부터 다시 4년 동안 신학 수업을 듣는다. 수업을 마쳐갈 때 즈음부터 총 세 번의 시험이 있고, 이 시험들을 모두 통과하면 비로소 한 교회의 목사가 된다. 즉, 고등학교를 졸업하고 나서 족히 10년은 더 공부하고 시험을 치러야 목사가 될 수 있다는 말이다.

어쩌면 이런 현실 속에서 목사가 많이 나오기를 바란다는 것 자체가 참 쉽지 않은 일 같다. 그러나 이를 위해 교회의 성도는 끊임없이 기도해야 하고, 목사가 된 분들의 건강과 안녕을 위해서도 계속해서 기도해야 한다. 철저히 양이 아닌 질로 승부하는 그들이지만, 목회자 부족 문제는 여전히 온 교회의 변함없는 기도제목이다.

3. 서양의 개인주의와 세속주의

사람이 변하기 때문에 세상은 변한다. 따라서 교회도 변하지 않고 시종여일始終如一 하기란 쉽지 않다. 이 문제는 서양 사회에만 국한되지 않는다. 캐나다 개혁교회 안에서 나이 많으신 분들과 이야기하다 보면, 과거 네덜란드에서 살 때나 북미로의 이민 초기 때만 해도 지금과는 많이 달랐다는 이야기를 자주 듣는다. 그럼에도 어쨌든 우리는 늘 현실을 직시해야 한다.

지금 캐나다 개혁교회는 이민 3~4세대를 지나고 있다. 현재 2~30대의 젊은 층들은 자기들이 그저 캐나다인일 뿐, 네덜란드계라는 인식을 거의 갖고 있지 않다. 4~50대들 역시 부모나 조부모들에게서 전해 들은 이야기들 뿐이지 유럽에서의 삶과 언어를 거의 알지 못한다. 현재 캐나다 개혁교회의 다음 세대들은 그저 북미의 사람으로 살아갈 뿐이다. 이 말은 필연적으로 자기들보다 이민 역사가 200년이나 더 긴 초강대국 미국의 영향이 지대하다는 뜻이 된다.

교회의 젊은 세대들이 이 영향을 거부하기란 거의 불가능하다. 목사와 장로들이 문화를 거스르는 신앙인의 삶을 많이 강조하지만 결코 쉬운 도전은 아니다. 따라서 교회 생활이나 사람 간의 만남과 모임 역시 철저히 개인주의에 근거해 있다. 물론 성숙한 신앙 위에서 개인을 존중하는 의미의 개인주의라면 나쁘지 않다. 오히려 개인의 자유를 억압하는 파시즘적 혹은 집단이기주의로서의 공동체 문화가 끼치는 해악이 더 크다. 그러나 극단적 개인주의, 즉 내 일이 아니면 상관없다는 식의 생각은 교회 안에서 독소가 된다. 이들에게도 함께 모이기 위해 힘쓰기보다는 내가 편한 대로만 하려는 경향이 짙게 나타난다. 모두를 위해 자기를 희생하기보다는 자기가 원하는 것을 먼저 하고 남는 시간과 노력을 나누려는 경향이 뚜렷하다. 이 문제를 직면하고 해결하는 일이 어쩌면 교회가 세대를 거듭하는 가운데 한 번은 반드시 거쳐야 할 산이 아닌가 싶다. 이 때문에 더욱더 기독교 학교와 가정에서의 신앙 교육이 필수적임을 절감하게 된다.

4. 복음 전도

복음 전도와 관련한 문제는 위에서 본 개인주의와도 밀접한 관련이 있으며, 동시에 이민 역사가 짧은 교회에 특징적으로 나타나는 문제라고 할 수 있다. 극단적 개인주의 사회에서 남에게 이래라저래라 하는 것은 거의 범죄이다. 친한 친구 사이에서도 간섭할 수 있는 일이 있고, 해서는 안 될 영역이 있다. 한 번은 교회에서 아주 친한 친구 집에 가서 편안히 대화하는 시간을 가졌다. 우리는 뒷마당에 가스 화로를 피우고 차 한 잔의 여유를 즐기며 삶과 신앙에 대해 편안하고 유익한 대화를 나눴다. 그러다 잠시 실내로 들어갈 일이 있어서 그 친구에게 화로의 불을 꺼야 하지 않겠냐고 했더니, 친구는 그대로 두고 가도 괜찮다고 대답했다. 그래서 그러면 가스가 소비되지 않겠냐고 반문했더니, 그 친구가 만면에 미소를 지으며 이렇게 말했다. "네가 상관할 바가 아니잖아." 생각해 보니, 친구 말이 맞았다. 그 사람에게는 옳든 그르든 자기가 결정한 것에 대해 존중하지 않는 것으로 비춰질 수 있을 테니 말이다. 이것이 바로 우리 민족이 익숙하지 않은 성숙한 개인주의의 한 단면이다. 이런 문화 속에서 타인에게 복음을 전하는 일은 결코 쉽지 않다. 불신자 친구나 직장 동료에게 죄와 구원에 대한 이야기를 하다 보면, 한두 번의 오가는 대화 후에 굉장히 불쾌한 얼굴을 마주하게 된다. 이 또한 캐나다 개혁교회가 마주하고 있는 분명한 현실이다.

그리고 이민 역사가 짧은 캐나다 개혁교회는 그동안 교회와 학교를 세우는 일에 더 많은 힘과 노력을 쏟았다. 이민 1~2세대들이 초기 3~40년에 교회를 세우고 자녀들을 위한 학교를 세우는 일에 몰두했기에, 이제서야 그 다음 세대들이 조금씩 주변에 복음을 전해야 할 필요성을 깨달아 가고 있다. 내가 처음 해밀턴에 갔던 2012년 초에, 캐나다 개혁교회는 신학교에서 주최하여 처음으로 선교와 지역 전도에 관한 전국적 콘퍼런스를 열었다. 물론 그 전에도 산발적으로 그런 토론들이 있기는 했지만, 그때부터 비로소 캐나다 개혁교회 안에 공식적이고 전국적인 관심들이 일어나기 시작했다. 이처럼 이민 역사가 짧은 캐나다 개혁교회에서는 복음을 전하는 일에 대한 움직임이 최근에 들어서야 조금씩 크게 일어나고 있다. 방법은 다르겠지만 설교와 콘퍼런스 등을 통해 우리가 이웃에게 다가가야 함을 끊임없이 강조하고 있다. 이웃에게 친절을 베풀고 직장에서 동료에게 선한 행위를 함으로써 그리스도인이 세상 사람들과는 다르다는 것을 보여 주어야 한다는 것이 핵심이다. 물론 시간이 많이 드는 일이나, 포기할 수 없는 일인 것도 사실이다.

5. 자유주의 신학의 침투

이 사안은 오히려 캐나다 개혁교회 안에서는 그다지 심각한 문제가 아니다. 신학교의 교수들과 일선의 목사들 안에 신학적인 통일성이 놀라울 정도로 잘 유지되고 있기 때문이다. 물론 영어라는 언어의 광범위한 효용성 때문에 개개의 신자들이 미국의 복음주의나 기타 다른 신학적 사조를 쉽게 접할 수 있는 것도 사실이지만, 그럼에도 개인적으로 봤을 때 북미에서는 물론, 전 세계에 현존하는 교회들 중에 신학적으로 가장 건강하고 신자들의 삶이 가장 건전하다고 자신 있게 말할 수 있다.

그런데도 개혁교회 안에 자유주의 신학의 침투를 염려하는 것은 교회 역사의 자연스러운 흐름에 대한 경계심의 발로가 아닌가 싶다. 실제로 최근에 온타리오 주의 한 목사가 지역 선교를 표방하며 교회를 분립 개척해 나갔는데, 그곳에서 캐나다 개혁교회의 교리와 질서를 흔드는 일들을 독자적으로 벌여 나가고 있어 많은 논란이 되었다. 한동안 이 목사와 신학교 교수 간에 논쟁의 글이 캐나다 개혁교회의 잡지에 실렸고, 이 목사와 그의 교회에 대한 논의를 위해 전국의 캐나다 개혁교회 목사들이 모이거나 화상으로 회의를 한 적도 있었다.

이런 산발적인 흐름들을 그저 일순간의 해프닝으로만 떠넘길 수 없는 이유 중의 하나가 바로 캐나다 개혁교회의 모교회라고 할 수 있는 네덜란드 개혁교회의 현실 때문이다. 내가 네덜란드 유학을 갔던 2008년 당시에도 이미 심상치 않은 조짐들이 간간이 보이고 있었다. 신학교의 교수들도 그랬고, 교회의 목사들도 훨씬 더 열린 모습들을 많이 연출했던 기억이 난다. 물론 그 당시의 나로서는 그 모든 현상들을 자세히 관찰할 수 없었지만, 이미 캐나다와 호주의 자매교회들은 그들의 신학적 탈선을 감지하고 경계하기 시작했으며, 이후에도 계속해서 형제애적인 권고를 보냈지만 끝내 그들은 돌이키지 않았다. 그래서 결국 모든 자매관계가 단절되는 지경에까지 이르고 말았다. 이것이 그저 강 건너 불구경일 수는 없다. 그리스도의 교회에는 언제나 다른 가르침들이 호시탐탐 침범의 기회를 엿보고 있다. 자매교회가 저렇게 변질되어 가는 모습을 보면 참으로 마음이 아프다. 이런 상황 속에서 우리는 늘 자신을 돌아보고, 언제나 하나님의 말씀 위에 바르게 서 있을 수 있게 해달라는 간절한 기도를 멈추지 말아야 하겠다.

6. 음악

캐나다 개혁교회 안에는 젊은 층을 중심으로 찬송책에 대한 자조 섞인 비판과 조롱이 끊이지 않고 있다. 특히 1600년대에 만들어진 칼빈의 시편 곡조는 너무 진부하고 어려워 현대인들에게는 맞지 않으며, 더구나 불신자에게 소개하고 다가가는 데 거의 넘을 수 없는 장벽과 같다고 여기는 생각들이 갈수록 많아지고 있다.

최근에는 아주 오랫동안 통합을 추진해 오던 북미의 다른 개혁 교단과 논의가 최종적으로 결렬되었는데, 그 이유 가운데 하나가 바로 음악과 관련해서였다. 즉, 그들이 부르는 노래와 우리가 부르는 노래가 다른데, 그들은 자신들의 노래를 양보할 생각이 전혀 없었고, 특히 고리타분한 우리의 시편보다는 현대적인 곡조에 가사를 붙인 자신들의 시편을 더 선호했기 때문이다. 결국 그 교단은 미국의 장로교단과 힘을 합쳐 자기들만의 새로운 찬송책을 만들어 냈고, 이로써 여러 가지 이유와 함께 캐나다 개혁교회와의 통합은 일단락되었다.

지금도 캐나다 개혁교회 안에 새로운 시편 곡조와 새로운 찬송들을 추가하기 위한 작업이 전국 교회를 대상으로 이루어지고 있다. 시대의 흐름에 따라 경건하고 성경적인 음악을 찾아 하나님을 찬송하려는 신자들의 노력 자체는 결코 폄하해서는 안 될 것이다. 그러나 해 아래 새 것이 없는 이 세상에서(전 1:9) 끊임없이 새로운 것의 매력에서 벗어나지 못하는 인간의 본성은 어디에서 기인하는지도 한 번 생각해 보아야 하지 않을까 싶다. 그리고 새로운 그 모든 것들을 그리스도의 피로 씻는 일에는 과연 얼마나 많은 노력을 기울이고 있는지도 돌아봐야 할 것이다.

7. 성인 교육의 부재

마지막으로 캐나다 개혁교회의 신자로 살면서 크게 아쉬움을 느꼈던 한 가지를 나누어 보고자 한다. 그것은 바로 성인이 된 신자들에게 더 많은 배움의 기회가 주어지지 않는다는 현실이다. 앞에서도 이미 언급한 바가 있지만, 캐나다 개혁교회 안의 언약의 가정에서 태어난 자녀들은 가장 먼저 부모에게서 성경의 이야기를 배우고, 일정한 나이가 되면 기독교 학교에 들어가 선생님들로부터 성경과 교회의 역사 등을 배우며, 조금 더 성장하면 교회의 목사로부터 성경의 교리를 체계적으로 배운다. 그러고 나서 스스로 자신의 신앙을 고백하고 나면 더 이상 적극적인 가르침을 받을 만한 기회가 거의 없다. 매주일 목사의 설교와 개인 경건 생활, 그리고 교회 성도들 간의 자발적인 성경 공부 모임 등을 제외하면 성경이나 교리, 더 폭넓은 신자의 삶에 대해 깊이 있게 배울 수 있는 자리가 그리 많지 않다는 점이다.

그 정도의 교육을 받고 나면, 그 사람은 신앙적으로 성인이 되었음을 인정받게 된다. 이 때문에 성인 교육의 부재가 어느 정도는 이해가 된다. 성인이 되었다는 것이 꼭 완전해졌음을 의미하지는 않더라도, 적어도 그때부터는 스스로 할 수 있는 능력을 갖추었다고 간주하는 것이다. 때문에 주일에 설교를 듣고 스스로 묵상할 수 있고, 혼자서도 성경을 읽으며 그 의미를 알아갈 수 있다고 본다. 물론 필요한 경우 다른 책들을 읽거나 온라인 강의를 들을 수도 있겠지만 어디까지나 그 모든 것을 자신의 힘으로 감당해 낼 수 있는 성인이 되었기에, 교회는 더 이상 그를 앉혀 놓고 가르치려 하지 않는 것이다.

이런 부분은 그들의 상황 속에서 충분히 이해될 수 있고, 또 그 방식 자체가 갖는 놀라운 힘이 있음을 나 또한 인정한다. 그러나 모든 사람이 다 그렇게 핑크빛 이상을 잘 실현해 내기는 쉽지 않다. 신자의 가정에서 태어나 기독교 학교도 다니고 교리문답 교육까지 다 마쳤다 해도, 그 모든 과정을 흥미 없이 보낸 사람이라면 아무래도 그의 지식과 신앙이 기대에 미치지 못하게 되는 것은 당연한 일이기 때문이다. 또한 아직까지 수적으로 그리 많지는 않지만 가끔씩 불신자 가정에서 처음으로 신앙을 갖게 되어 캐나다 개혁교회에 나오는 사람도 있는데, 이런 분들에게는 성인이 되어 성경과 교리에 대해 제대로 배울 수 있는 기회가 거의 없다. 그렇다고 나이 먹은 어른에게 청소년들의 교리문답 교육 수업에 들어오라고 하기도 애매하다. 실제로 우리 가족이 다니던 교회에 일본에서 딸 둘을 데리고 유학을 온 여성이 찾아왔다. 처음에는 여름 방학 때 성경 학교 프로그램을 보고 찾아왔지만, 한국인 가정이 있는 것을 알고 난 뒤에는 자주 와서 우리와 함께 예배 드리고 또 다른 교인들과도 가깝게 지내는 손님 가정이 되었다. 나중에 이 여성이 캐나다를 떠나며 우리에게 고백처럼 한 말이 있었는데, 우리 교회가 외부인이 들어가기에 너무 어렵다는 것이었다. 물론 그 말에는 여러 가지 의미가 있겠지만, 그중에는 처음 신앙을 갖게 된 사람에게 더 깊이 배울 수 있는 과정들이 너무 없어서 아쉽다는 말도 있었다.

그 여성의 마지막 고백은 고스란히 우리의 고민이 되었다. 위에서 언급한 복음 전도와도 관련된 것인데, 이제 막 교회 밖으로 복음을 어떻게 전해야 할지 고민하는 이들에게 사실 불신자 가정에서 자란 사람이 교회에 들어와 잘 배우며 정착할 수 있는 프로그램을 튼튼히 마련해 놓고 있기란 쉽지 않은 상황인 것이 사실이다. 그럼에도 앞으로 캐나다 개혁교회가 북미의 새로운 환경 속에서 가장 건전하고 올바른 신학과 신앙을 증거하는 교회로 든든히 서 가기 위해서는 이제 이러한 고민도 함께 해 나가야 하리라고 본다. 더 이상 네덜란드계 이민자 가정에서 태어나 기독교 학교를 다니고 목사의 교리문답 교육까지 다 받은 수찬교인만 가득한 교회로 남아서는 안 될 것이다.

자, 이런 몇 가지 고민과 염려들 속에서도 나는 다시 한 번 캐나다 개혁교회가 현존하는 지구상의 어떤 교회들보다 가장 건전하고 바른 교회임을 확신할 수 있다. 그것은 그들이 많은 면에서 부족할지라도 오직 변하지 않는 본질 하나만큼은 그 어떤 교회들보다도 확고히 붙들고 있다고 생각하기 때문이다. 본질을 굳게 붙잡고 있는 한, 여타의 부수적인 것들은 끊임없이 싸워서 이겨 내야 할 도전 과제들일 뿐이다. 우리 가족이 굳이 가족과 친구를 떠나 캐나다라는 낯선 나라로 떠나야 했던 이유도 오직 그것 하나뿐이다. "교회와 학교!"

질문 1 : 가족 초대 모임 말고 성도들이 자발적으로 갖는 소모임은 없나요? 있다면 어떤 모임들인지 소개해 주세요. 자발적인 성경 공부 모임은 어떻게 이루어지며 어떻게 진행되는지 경험하셨던 것이 있으면 나누어 주세요.

답 : 개혁교회 신앙의 깊이와 전통의 견고함을 피부로 느낄 수 있는 부분이 바로 성도들의 자발성입니다. 교회를 세우는 일에서부터 그것을 유지해 가는 모든 과정에서 교인들 한 사람 한 사람의 자발성이 곧 핵심입니다. 직분자들의 권위를 통해 이루어지는 일은 예배와 심방, 그리고 헌금의 사용밖에 없습니다. 그 외의 나머지 일들은 전부 교인들이 각자 알아서 할 수 있는 자유의 영역이며, 기타 직분자들이 관여한다 해도 봉사의 일, 즉 다른 교인들을 대신해서 섬김의 일을 하는 것 정도이지 이끌어 가거나 주도해 가는 일은 많지 않습니다. 간단히 예를 들어 보겠습니다.

우선 본문에서도 언급한 바와 같이 개혁교회의 성경 공부는 전적으로 교인들의 자발적인 모임입니다. 즉, 성도들이 스스로 조직하고 구성하여 자발적으로 운영해 갑니다. 보통 성별과 연령에 따라 남성 성경 공부, 여성 성경 공부, 청년 성경 공부 등 다양한 그룹들이 존재합니다. 그리고 주중에 모이는 시간에 따라 남성 성경 공부도 몇 그룹이 있으며, 여성 성경 공부도 마찬가지입니다. 또한 성경 공부 교재도 모임 안에서 스스로 정합니다. 성경의 본문을 다루는 교재이든, 교리에 관한 것이든, 기타 경건에 관한 일반적인 것이든, 모든 것은 그 모임의 회원들이 결정합니다. 그리고 공부의 방식 또한 그룹에 따라 스스로 정할 수 있습니다. 회원들이 돌아가며 특정 본문에 대해 발제를 하고 그에 대해 다른 회원들과 토론하는 방식도 있고, 아니면 해당 본문이나 책의 일정 부분을 함께 읽어 와서 자유롭게 토론하는 방식도 있습니다. 가장 중요한 것은, 개혁교인들의 자발적인 성경 공부 모임에서 누구도 다른 이를 가르치려 들지 않는다는 점입니다. 다시 말해, 어떤 이유로도(예를 들어, 나이가 많다고, 직분이 있다고) 일방적으로 강의를 하거나 가르치는 사람은 없습니다. 모두가 동등한 위치에서 각자의 생각을 말하고, 이견이 있으면 토론을 통해 해결해 나가는 방식입니다. 또 한 가지 두드러지는 특징은, 그 모임에 목사가 참여하지 않는다는 점입니다. 시작부터 끝까지 오로지 교인들의 자발적인 참여를 통해 이루어지는 모임일 뿐, 직분자나 당회 등의 개입은 전혀 없습니다. 따라서 목사도 교회 성경 공부 모임에 일체 관여하지 않으며, 가르치려 들지도 않습니다. 다만 당회에서 정기적으로 장로의 방문을 통해 그 모임들이 자신들의 신앙고백 안에서 건전하게 이루어지고 있는지 살펴볼 뿐입니다. 이런 일이 가능하려면 소위 '내공'이 필요합니다. 어려서부터 가정에서 매일 저녁 경건 모임을 통해, 그리고 기독교 학교에서 12년 동안, 교회에서 5~7년간의 교리문답 교육을 통해 그 내공이 다져지지 않으면 성도들이 자발적으로 모여서 성경의 어떤 부분에 대해, 혹은 자기들의 신앙고백에 대해 자유롭게 토론하고 그 안에서 배워 간다는 것은 그저 비현실적인 이상에 불과할 뿐입니다.

공부하는 모임도 이러한데, 교제를 위한 모임은 더 말할 것도 없습니다. 교인들의 사적인 모임이야말로 그들의 자발성의 끝을 보여 줍니다. 이런 모임은 당회나 직분자들의 감독조차 받지 않기에, 말 그대로 사적인 모임이고 신자의 전적인 자유 영역에 해당합니다. 그 누구도 그 어떤 이유에서도, 신자들의 사적인 모임을 인위적으로 조직해 주거나 그 모임에 참여할 것을 권하거나 그 모임의 내용이나 전후 사정을 보고하라고 하는 일은 절대로 일어나지 않습니다.

교제를 위한 모임의 종류와 성격은 말 그대로 천차만별입니다. 사적인 모임이다 보니, 그 모임의 구성원들의 특성에 따라 모임의 성격도 다 다릅니다. 예를 들면, 교회에서 뜨개질을 잘하는 노부인은 뜨개질에 관심 있거나 배우고 싶은 사람은 주중에 언제 저녁 몇 시에 자기 집으로 오라고 주보에 광고를 냅니다. 그러면 많은 여성들이 저녁 식사 후에 아이들을 데리고 그분 집에 가서 뜨개질을 배웁니다. 그때 아이들은 아이들끼리 놀고, 함께 간식도 먹으면서 두세 시간 정도 즐거운 교제 시간을 갖습니다. 또 어떤 신자의 가정에 특별한 날이 있으면, 함께할 사람은 오라고 주보에 광고를 내기도 합니다. 예를 들어, 결혼을 앞둔 여성이 친구나 지인들과 함께 파티를 여는 브라이덜 샤워bridal shower라는 것이 있습니다. 이 자리에서는 지인들이 결혼하는 여성에게 선물도 주고 함께 게임도 하고 맛있는 음식도 나누며 즐거운 시간을 갖습니다. 비슷하게 출산을 앞둔 가정에서도 베이비 샤워baby shower라는 것을 합니다. 역시 지인들이 함께 모여 아이에게 필요한 물품들을 선물하고, 음식을 나누며 즐거운 시간을 갖습니다. 또 미성년 자녀들을 위해서는 부모들이 주축이 되어 만남을 주선하기도 합니다. 예를 들어, 부모들이 이웃의 몇 교회들과 연합해서 여자 청소년들의 만남을 주선하는 모임을 만들기도 하고, 남자 청소년들의 신체적인 활동이나 만남을 만들어 주기도 합니다. 또한 가정과 가정이 만나 교제하는 일은 늘 있습니다. 예를 들어, 주일에 오후 예배 마치고 두 가정이 근처 공원에 함께 자전거를 타러 가기도 하고, 여름철이면 주일 저녁에 다른 가정을 초대해서 s'more(마시멜로와 초콜릿, 크래커를 이용한 간식—편집주)를 같이 구워 먹으며 교제하기도 합니다. 이 외에도 이런 종류의 모임은 너무 많고 다양해서 일일이 다 언급할 수조차 없습니다. 개혁신앙인들은 세상에서 언거나 추구할 수 없는 진정한 의미의 교제는 오직 교회 안에서만 누릴 수 있음을 분명히 알기 때문에, 누가 하라 마라 안 해도 언제나 스스로 만나고 모임을 만들고 교제하려고 노력합니다. 이런 모임들이 자발적이냐 아니냐를 논하는 것 자체가 이들에게는 의미가 없죠.

질문 2 : 성찬 참여는 전교인이 그 성찬상에 다 앉아서 (1회) 진행하는지, 아니면 교대로 (1조, 2조) 진행하는지 궁금합니다.

답 : 성찬의 방식은 카운슬(집사를 포함한 당회)의 결정 사항입니다. 교인 수가 많지 않으면 여러 테이블을 붙여서 한자리에 모여 할 수도 있고, 반대로 교인 수가 너무 많으면 직분자들이 작은 빵 조각과 개인 컵을 자리에 앉은 교인들에게 가져다줍니다. 그렇게 하지 않으면 성찬만 1시간을 하게 될 수도 있으니 말이죠. 한자리에 모여 앉는 경우도 한 번에 전교인 수를 다 감

당할 수 있다면 한 번에 하고, 감당이 안 되면 몇 차례 나눠서 하기도 합니다. 제가 있었던 교회에서는 세 번까지 나눠서 한 적도 있습니다. 아마 세 번 이상 나눠서 해야 할 정도가 되면 직분자들이 교인들에게 가져다주는 편이 더 나을 것입니다.

질문 3 : 집사와 장로를 선출하는 과정은 어떠한지, 어떤 회의에서 이루어지는지 궁금합니다.

답 : 직분자 선출 역시 교회의 카운슬에서 합니다. 교회 질서 제3조 '직분으로의 부름'에서 대략적인 내용을 정하고 있습니다. 그 내용을 간략히 살펴보겠습니다.

• "직분자 선출은 전교인의 협력하에 하되" : 이에 따라 카운슬은 교인들에게 후보자 추천을 요청할 수도 있고, 후보가 결정되면 회중을 통한 투표를 실시할 수 있습니다. 그러나 회중이 추천한 후보자는 카운슬이 최종적으로 검토하여 뺄 사람은 뺄 수도, 더할 사람은 더할 수도 있기 때문에 마지막 후보는 회중의 협력과 일치하지 않을 수도 있습니다. 또한 투표 역시 최대한 회중의 참여로 이루어지지만 필요한 경우에는 카운슬이 독자적으로 결정할 수도 있는데, 예를 들어 카운슬에서 단독 후보를 올리는 경우에는 가부 투표를 할 수도 있지만 투표 없이 카운슬이 결정할 수도 있습니다. 일례로, 제 임기 말에 두 명의 장로가 공석이 되었는데 회중의 추천을 통해 카운슬이 최종적으로 정한 후보도 두 명밖에 없었습니다. 이때 카운슬은

저에게 장로직을 1년 더 맡아줄 수 있는지 물었습니다. 이는, 두 명의 후보 중에서는 1명만 뽑고 나머지 한 명의 공석은 제 임기를 1년 더 연장해서 채우겠다는 뜻이었습니다. 이렇게 한 배경에는 여기서 다 설명할 수 없는 특수한 상황이 있었지만, 요점은 직분자 후보 추천이나 선출은 회중의 협력을 통해 할 수 있는 것이지, 회중이 결정하는 것은 아닙니다. 결정은 언제나 카운슬의 권한입니다.

- "집사를 포함하는 당회가 이 목적을 위해 정한 규정에 따라 한다.": 모든 교회는 카운슬 안에 "이 목적을 위해 정한 규정"을 따로 갖고 있으며, 그 규정 안에 자세한 절차를 정해 놓고 그에 따라 진행해 갑니다. 카운슬의 권한이라고 해서 카운슬이 제멋대로 한다는 말은 절대 아닙니다. 정해진 규정이 있고 그 규정에 따라 직분자들이 서로를 늘 견제하고 있기 때문에 특정인의 전횡이나 횡포 따위는 있을 수 없습니다.

- "집사를 포함하는 당회는 자유로이 사전에 전교인들에게 기회를 주어 해당 직분에 적합한 자로 여겨지는 형제들을 당회에 알릴 수 있게 한다.": 카운슬은 넉넉한 시간을 갖고 교인들에게 후보 추천을 요청할 수 있습니다. 제가 있던 교회에서는 보통 5월 둘째 주 주일에 투표를 했고, 그것을 위해 4월 첫째 주에 직분자 선출에 대한 것과 교인들의 후보 추천 요청을 광고했습니다. 그러면 교인들은 추천할 때, 반드시 서면으로 자신이 추천하는 직분자의 이름과 그 이유에 대해 카운슬에 알립니다.

- "집사를 포함하는 당회는 공석인 숫자만큼, 혹은 최대 두 배 수의 후보들을 전교인에게 제시하여 그중에서 필요한 수를 선택할 수 있게 한다.": 교회 안에 필요한 장로의 수는 당회에서, 집사의 수는 카운슬에서 정합니

다. 직분자 수에 공석이 생길 경우에는 카운슬에서 공석인 숫자만큼만, 즉 1명의 직분자가 비었으면 단 1명의 후보만 올릴 수 있습니다. 그러나 보통은 두 배 수를 올립니다. 약 한 달간의 회중을 통한 후보 추천이 끝나면 카운슬은 회의를 통해 최종 후보를 결정하고, 후보에 오른 '형제'들에게 이 사실을 공지합니다. 그렇게 해서 후보가 확정되면 투표하는 주일로부터 최소 2주 전에 투표일과 결정된 후보를 공표합니다. 그리고 투표 전주에는 마지막으로 다시 한 번 교인들에게 직분자 투표에 진지하게 참여해 줄 것을 요청하는 광고를 주보에 싣습니다.

• "선출된 자들은 집사를 포함한 당회에 의해 임명을 받되 정한 규정에 따라 한다.": 새로 직분자들이 선출되면, 그들은 이전 직분자들과 신임 직분자들이 함께 참석하는 카운슬 회의에서 공식적인 문서(임명장 같은 것)를 받습니다. 그리고 이전 직분자들은 해당 업무에 대한 공식적인 인수인계를 하고 먼저 귀가하며, 카운슬은 새로운 직분자들과 함께 회의를 진행합니다.

• "안수나 임직에 앞서 임명된 형제들의 이름을 최소 2주일 연속 전교인에게 공포하여 동의를 얻도록 한다.": 이것은 투표 이후에 선출된 직분자에 대한 공식적인 이의 절차를 진행하는 것입니다. 2주간 이의가 제기되지 않으면 2주 후 주일 오전 예배 후에 임직을 합니다.

• "안수나 임직은 해당 예식서를 갖고 행한다.": 모든 공적인 예식은 다 정해진 예식서를 가지고 합니다. 개혁교회에서 오후 예배시에 하이델베르크 교리문답을 가지고 설교하도록 교회 질서에 정한 것과 동일한 이유입니다. 목사들은 제각각 관심사와 한계가 다르지만 신자가 알아야 하는 성

경의 교리는 훨씬 더 폭넓기 때문입니다. 즉 하나님의 구원의 교리가 인간의 한계로 인해 축소되지 않게 하는 것처럼, 공적인 예식을 행할 때도 인간의 말을 덧붙이거나 사적인 견해를 가감함으로써 불필요한 말실수나 교리적 오류를 낳는 일이 없도록 하려는 것입니다. 따라서 집례하는 목사들은 가급적 사견을 자제하고 예식문의 순서를 따라 행하는 것이 교회에 더 큰 유익이 됩니다.

마지막으로 제가 있었던 마라나타 개혁교회에서 정한 규정에 따라 행한 투표 절차를 간단히 살펴보겠습니다.

- 투표가 있는 주일 오전 예배시에 목사는 온 회중을 위한 기도 시간에 직분자 투표를 위해 기도한다.
- 예배 후에 카운슬 의장은 직분자 투표 회의가 있으니 남성 수찬교인들은 자리에 남아 달라고 요청한다.
- 이 회의에서 카운슬 의장은 카운슬 회원 중에 두 사람, 일반 회중에서 두 사람을 지명해서 투표 진행 및 개표를 도울 수 있게 한다. 그렇게 지명된 네 사람이 개표 위원회가 된다.
- 이후에 카운슬 의장은 기도함으로써 회의를 연다.
- 투표권이 있는 남성 수찬교인들은 투표자 명부에 서명을 하고 투표용지를 받는다.
- 의장은 투표 절차에 관한 규정을 읽어 주고 후보자 명단을 다시 발표한 후, 투표를 시작한다.

- 개표 위원회는 투표 결과를 의장에게 보고한다.
- 후보 중 유효 투표수 3분의 1 이상을 얻은 다득표자가 선출된다.
- 동수가 나오면 연장자가 선출된 것으로 간주한다.
- 개표 위원회와 카운슬은 득표수에 대해서는 절대 비밀로 한다.
- 회의를 마치며 카운슬 의장은 투표 과정에 이의가 없는지 묻는다. 회의 중에 제기되지 않은 이의는 받아들이지 않는다.
- 카운슬 의장의 기도로 투표 회의를 마친다.
- 투표 회의가 끝나고, 카운슬 의장은 임시 카운슬 회의를 짧게 열어 선출된 형제를 공식적으로 확인하고 그 형제의 해당 구역 장로를 통해 선출된 형제에게 그 소식을 전하게 한다.
- 이후 2주간 공식적으로 선출된 형제들의 이름을 공고하고, 회중에게 이의가 있는지를 묻는다.
- 적법한 이의가 제기되면 카운슬 회의를 열어 그것을 다룬다.
- 보통 6월 첫째 주 주일에 임직식을 갖는다. 직분자의 임기는 임직식 주일부터 다음 직분자가 선출되어 임직하는 주일까지이다.
- 직분자의 임기는 3년이며, 카운슬이 교회를 위해 필요하다고 여길 때는 특정 직분자를 연임시키거나 3년의 임기를 한 번 더 하게 할 수도 있다. 혹은 그 직분자를 곧바로 다음 투표에 적법한 후보로 올릴 수도 있다. 이는 교회 질서 제24조 '직분의 임기'에 따른 것이다.

제24조 직분의 임기

장로와 집사는 2년 이상 봉사하되 개교회 규정에 따르며, 매년 일정한 수는 퇴임한다. 퇴임하는 직분의 공석은 다음과 같은 사유가 없을 시에는 다른 사람이 채워야 한다. 즉, 집사를 포함한 당회가 여러 가지 여건상, 그리고 교회의 유익을 위해 바람직하다고 판단하는 경우 전임자의 연임을 권하거나 임기를 연장할 수 있고, 혹은 전임자들이 재선에 적합함을 곧바로 선언할 수 있다.

임기 중에 공석이 발생하는 경우에는 위의 규정에 따라 최대한 빨리 투표를 치러야 하고, 선출된 자는 남은 임기만을 채웁니다.

기타 이상의 규정에 정해져 있지 않은 것은 카운슬의 판단에 따릅니다.

질문 4 : 캐나다 개혁교회에서는 주일 예배에 대한 강조가 어느 정도인가요? 휴가 때문에, 일 때문에, 중요한 시험 때문에, 가족이나 친지의 장례식 때문에, 기타 공예배를 빠지는 것은 있을 수 없는 일인가요? 아니면 어느 정도의 선에서 불가피하다고 여기나요?

답 : 예배에 대한 강조는 장로들의 심방 때마다 반드시 있습니다. 잘하고 있는 분들에겐 격려로, 잘 안 되는 분들에겐 권고로 언제나 예배의 중요성을 강조합니다. 다만 그것이 자기 교회 혹은 자기 교회 목사에 대한 충성도를 뜻하는 것은 아닙니다. 그리스도에 대한 충성을 말하는 것이죠.

그리고 개혁신앙에서는 예배 한 번 한 번으로 그 충성도를 점치지 않습니다. 그들은 예배 참석에 주술적인 복과 저주가 달려 있다고 믿지 않습니다. 즉 신자의 평소 신앙과 양심, 그리고 실제의 삶과는 별개로 기계적으로 예배에 오느냐 마느냐가 신앙의 척도라거나 그 자체에 어떤 신비한 능력이 있다고 생각하지 않습니다. 따라서 개혁교인들 중에 경찰이나 간호사 일을 하는 관계로 한 번씩 예배에 참석하지 못하는 경우가 있으나, 그것에 대해 본인은 물론 교회에서도 부정적인 인식을 갖지는 않습니다. 물론 그 직업을 선택하기 전에 예배에 대해 더 우선순위를 두고 다른 직업을 택하는 것 역시 그 사람의 양심이고 신앙의 자유입니다.

당회와 장로들이 성도의 신앙을 판단하는 일은 매우 신중하고 조심해야 할 일입니다. 작은 행동 하나하나를 가지고 부화뇌동하듯 가볍게 처리하지 않습니다. 더 오랜 시간 성도의 삶 전체를 보려 하지, 교회 안에서 눈에 보이는 것으로 모든 것을 판단하려 하지 않습니다. 따라서 예배 출석도 마찬가지입니다. 당장 장로 눈앞에 안 보인다고 해서 신앙에 문제가 있다고 보지 않습니다. 예배에 참석하지 못하는 기간이 오래되거나 아무 언질도 없이 교회에 나타나지 않는 기간이 오래되면 비로소 조금씩 이상함을 느끼고 다가갑니다. 그럼에도 섣불리 판단하는 자세를 갖지 않고 대화를 통해 이야기를 나누며 문제와 해법을 함께 찾아가려 합니다. 그래서 한 사람의 권징이 이루어지기까지는 굉장히 긴 시간이 필요합니다.

질문 5 : 캐나다 개혁교회 교인들은 휴가를 길게 갈 경우, 주일 공예배에 어떻게 참여하나요? 인근에 자매교회가 없으면 수십 시간 차를 타고 와서라도 본 교회 예배에 참석하나요? 만약 본 교회에 출석하지 않고 자매교회의 예배를 참여한다면, 그 자매교회 예배를 참석하는 사람의 마음에는 전혀 거리낌이 없나요?

답 : 우선 캐나다 개혁교회 교인들은 휴가를 갔을 때 근처에 있는 자매교회(자매교회에는 같은 교단의 교회도 다 포함됩니다. 개혁교회는 교인에 대해 개교회의 당회가 최종적인 권위를 갖기 때문에 내가 속한 개교회가 아니라면 연합체 안에 있어도 자매교회라고 부릅니다. 이때, 우리가 흔히 생각하는 다른 나라의 자매교회는 해외교회 혹은 해외 자매교회라고 부릅니다.)에 출석을 하려고 노력합니다. 휴가 중에 근처에 같은 교단 교회가 있으면 그곳이 가장 일순위가 될 것이고, 없다면 공식적인 관계가 있는 다른 교단 교회를 찾아가겠지만, 그마저도 없다면 최대한 비슷한 신앙 색채의 교회를 찾아갑니다. 예를 들면 장로교회 같은 것이 되겠죠.

개혁교인의 신학과 신앙 속에는 우리에게 익숙한 '본 교회'라는 개념이 없습니다. 그보다는 오히려 '공교회'라는 개념이 더 크고 확고하게 자리 잡고 있습니다. 캐나다 개혁교회 안에서는 적어도 같은 교단의 교회라면 어디 가서 예배를 드려도 다 같은 신학과 같은 신앙, 그리고 같은 형식의 예배를 드릴 수 있기 때문에 오히려 신앙의 통일성이 지켜지고 있는 모습에 더 편안함과 위로를 얻을 수 있지 본 교회에서 예배 드리지 않는 것에 대한 거리낌이나 불안감, 압박감 같은 것은 전혀 없습니다. 오히려 그것을 신앙인이 누릴 수 있는 고귀하고 복된 자유라고 인식합니다.

교인이 한 개교회에 적을 두고 살아가는 것은 그 교회로부터 신앙과 삶에 양육을 받고 인도를 받기 위함이고, 또 꾸준한 성도의 교제를 통해 우리에게 주신 사랑의 빚을 함께 나누기 위함이지, 어떤 기관의 구속과 감시를 받고 살아가는 것이 아닙니다. 모든 신자는 스스로 하나님 앞에 신앙의 자유와 양심의 자유가 있기 때문에, 개교회의 당회가 그것을 좌지우지하거나 과도하게 억압하려 들지 않습니다. 따라서 예배 한 번 빠지는 것으로 신자의 신앙을 판단하지도 않습니다. 하물며 아예 안 드리는 것도 아니고 사정상 다른 곳에서 같은 신앙의 교회를 찾아가 예배를 드리는 것에 대해서는 전혀 이상하게 생각하지 않습니다.

그런 것을 단적으로 볼 수 있는 예가 있습니다. 한국과는 달리 캐나다라는 광활한 나라에 사는 이들은 멀리 다른 주에 사는 가족 중에 세례를 받거나 신앙고백을 하거나 결혼식 등의 중요한 행사가 있으면, 너무도 당연하게 그 가족을 방문하고 그 교회에서 예배를 드립니다. 그리고 우리나라처럼 하루 생활권이 아니기 때문에 멀리 있는 주나 호주나 네덜란드 같이 다른 나라에서 오는 경우에는 몇 주씩 머물다 가기도 하는데, 이런 경우에도 당연히 자기 교회를 떠나 가족이 있는 자매교회에서 예배를 드립니다. 설사 자매교회가 아니라 해도 그런 일에 대해서는 전혀 양심의 거리낌이 없고, 그가 속한 교회의 당회도 전혀 이상하게 보지 않습니다.

다만 다른 교회에 성찬에 참여하려 하거나 머무는 기간이 길다면, 혹은 긴 기간 동안 몇 군데의 다른 교회를 방문하는 경우에는 본문에서 언급한 것처럼 자기 교회로부터 여행 증명서를 떼어서 지참하고 다녀야 합니다. 이 증명서를 뗀다는 말 자체가 교회의 장로를 통해 당회에 알린다는 것이기 때문에 당회는 이 교인의 이동에 대해 주지하게 됩니다. 이후에 여행에서 돌아온 교인은 방문한 교회로부터 그 증명서에 서명을 받아 다시 자기 교회 당회에 제출합니다. 이것이 바로 공교회의 유익을 제대로 누리는 실제적인 모습입니다.

한편, 개인의 신앙에 따라서는 가급적 자기가 속한 교회를 떠나지 않으려는 신자도 물론 있습니다. 간혹 나이가 많이 드신 분들 중에는 멀리 휴가를 떠나는 것 자체를 꺼려해서 가급적이면 자기 교회에서 예배를 드리려고 합니다. 그럼에도 꼭 필요한 일이 있으면 몇 주나 몇 달씩 교회를 떠나기도 합니다.

개혁된 실천 시리즈 ───────

1. 깨어 있음
깨어 있음의 개혁된 실천
브라이언 헤지스 지음 | 조계광 옮김

성경은 모든 그리스도인에게 신분이나 인생의 시기와 상관없이 항상 깨어 경계할 것을 권고한다. 브라이언 헤지스는 성경과 과거의 신자들의 가르침을 바탕으로 깨어 있음의 "무엇, 왜, 어떻게, 언제, 누가"에 대해 말한다. 이 책은 반성과 자기점검과 개인적인 적용을 돕기 위해 각 장의 끝에 "점검과 적용" 질문들을 첨부했다. 이 책은 더 큰 깨어 있음, 증가된 거룩함, 삼위일체 하나님과의 더 깊은 교제를 향한 길을 발견하고자 하는 사람을 위한 책이다.

2. 기독교적 삶의 아름다움과 영광
그리스도인의 삶의 개혁된 실천
조엘 R. 비키 편집 | 조계광 옮김

본서는 그리스도인의 삶에서 정말로 중요한 요소들을 압축적으로 담고 있다. 내면적 경건생활부터 가정, 직장, 전도하는 삶, 그리고 이 땅이 적대적 환경에 대응하며 살아가는 삶에 대해 정확한 성경적 원칙을 들어 말하고 있다.

이 책은 주제들을 잘 선택해 주의 깊게 다루는데, 주로 청교도들의 글에서 중요한 포인트들을 최대한 끌어내서 핵심 주제들을 짚어준다. 영광스럽고 아름다운 그리스도인의 삶의 청사진을 맛보고 싶다면 이 책을 읽으면 된다.

3. 목사와 상담
목회 상담의 개혁된 실천
제레미 피에르, 디팍 레주 지음 | 차수정 옮김

이 책은 목회 상담이라는 어려운 책무를 어떻게 수행해야 하는지 차근차근 단계별로 쉽게 가르쳐준다. 상담의 목적은 복음의 적용이다. 이 책은 이 영광스러운 임무를 효과적으로 수행할 수 있도록 첫 상담부터 마지막 상담까지 상담 프로세스를 어떻게 꾸려가야 할지 가르쳐준다.

4. 장로 핸드북
모든 성도가 알아야 할 장로 직분
제럴드 벌고프, 레스터 데 코스터 공저 | 송광택 옮김

하나님은 복수의 장로를 통해 교회를 다스리신다. 복수의 장로가 자신의 역할을 잘 감당해야 교회 안에 하나님의 통치가 제대로 편만하게 미친다. 이 책은 그토록 중요한 장로 직분에 대한 성경의 가르침을 정리하여 제공한다. 이 책의 원칙에 의거하여 오늘날 교회 안에서 장로 후보들이 잘 양육되고 있고, 성경이 말하는 자격요건을 구비한 장로들이 성경적 원칙에 의거하여 선출되고, 장로들이 자신의 감독과 목양 책임을 잘 수행하고 있는가? 우리는 장로 직분을 바로 이해하고 새롭게 실천하여야 할 것이다. 이 책은 비단 장로만을 위한 책이 아니라 모든 성도를 위한 책이다. 성도는 장로를 선출하고 장로의 다스림에 복종하고 장로의 감독을 받고 장로를 위해 기도하고 장로의 직분 수행을 돕고 심지어 장로 직분을 사모해야 하기 때문에 장로 직분에 대한 깊은 이해가 필수적이다.

5. 집사 핸드북
모든 성도가 알아야 할 집사 직분
제럴드 벌고프, 레스터 데 코스터 공저 | 황영철 옮김

하나님의 율법은 교회 안에서 곤핍한 자들, 외로운 자들, 정서적 필요를 가진 자들을 따뜻하고 자애롭게 돌볼 것을 명한다. 거룩한

공동체 안에 한 명도 소외된 자가 없도록 이러한 돌봄이 잘 이루어져야 한다. 이 일은 기본적으로 모든 성도가 힘써야 할 책무이지만 교회는 특별히 이 일에 책임을 지고 감당하도록 집사 직분을 세운다. 오늘날 율법익 명령이 잘 실천되어 교회 안에 사랑과 섬김의 손길이 구석구석 미치고 있는가? 우리는 집사 직분을 바로 이해하고 새롭게 실천하여야 할 것이다. 그것은 교회 공동체를 향한 하나님의 거룩한 뜻이다.

6. 지상명령 바로알기
지상명령의 개혁된 실천
마크 데버 지음 | 김태곤 옮김

이 책은 지상명령의 바른 이해와 실천을 알려 준다. 지상명령은 복음전도가 전부가 아니며 예수님이 분부하신 모든 것을 가르쳐 지키게 하는 것까지 포함하는 포괄적인 명령이다. 따라서 이 명령 아래 살아가고 있는 그리스도인들은 모든 것을 가르쳐 지키게 하는 그러한 시스템을 구축하고 이를 실천해야 한다. 이 책은 예수님이 이 명령을 교회에게 명령하셨다고 지적하며 지역 교회가 이 일을 수행할 수 있는 실천적 방법들을 구체적으로 다루고 있다. 삶으로 그리스도를 따르는 제자들로 가득 찬 교회를 꿈꾼다면 이 책이 큰 도움이 될 것이다.

7. 예배의 날
제4계명의 개혁된 실천
라이언 맥그로우 지음 | 조계광 옮김

제4계명은 십계명 중 하나로서 삶의 골간을 이루는 중요한 계명이다. 하나님의 뜻을 따르는 우리는 이를 모호하게 이해하고, 모호하게 실천하면 안 되며, 제대로 이해하고, 제대로 실천해야 한다. 이를 위해 우리는 이 계명의 참뜻을 신중하게 연구해야 한다. 이 책은 가장 분명한 논증을 통해 제4계명의 의미를 해석하고 밝혀준다. 하나님은 그날을 왜 제정하셨나? 그날은 얼마나 복된 날이며 무엇을 하면서 하나님의 복을 받는 날인가? 교회사에서 이 계명은 어떻게 이해되었고 어떤 학설이 있고 어느 관점이 성경적인가? 오늘날 우리는 이 계명을 어떻게 지킬 것인가?

8. 단순한 영성
영적 훈련의 개혁된 실천
도널드 휘트니 지음 | 이대은 옮김

본서는 단순한 영성을 구현하기 위한 영적 훈련 방법에 대한 소중한 조언으로 가득하다. 성경 읽기, 성경 묵상, 기도하기, 일지 쓰기, 주일 보내기, 가정 예배, 영적 위인들로부터 유익 얻기, 독서하기, 복음전도, 성도의 교제 등 거의 모든 분야의 영적 훈련에 대해 말하고 있다. 조엘 비키 박사는 이 책의 내용의 절반만 실천해도 우리의 영적 생활이 분명 나아질 것이라고 한다. 그리고 한 장씩 주의하며 읽고, 날마다 기도하며 실천하라고 조언한다.

9. 힘든 곳의 지역 교회
가난하고 곤고한 곳에 교회가 어떻게 생명을 가져다 주는가
메즈 맥코넬, 마이크 맥킨리 지음 | 김태곤 옮김

이 책은 각각 브라질, 스코틀랜드, 미국 등의 빈궁한 지역에서 지역 교회 사역을 해 오고 있는 두 명의 저자가 그들의 실제 경험을 바탕으로 쓴 책이다. 이 책은 그런 지역에 가장 필요한 사역, 가장 효과적인 사역, 장기적인 변화를 가져오는 사역이 무엇인지 가르쳐준다. 힘든 곳에 사는 사람들을 긍휼히 여기는 마음이 있다면 꼭 참고할 만한 책이다.

10. 생기 넘치는 교회의 4가지 기초
건강한 교회 생활의 개혁된 실천
윌리엄 보에케스타인, 대니얼 하이드 공저

이 책은 두 명의 개혁과 목사가 교회에 대해 저술한 책이다. 이 책은 기존의 교회성장에 관한 책들과는 궤를 달리하며, 교회의 정체성, 권위, 일치, 활동 등 네 가지 영역에서 성경적 원칙이 확립되고 '질서가 잘 잡힌 교회'가 될 것을 촉구한다. 이 4가지 부분에서 성경적 실천이 조화롭게 형성되면 생기 넘치는 교회가 되기 위한 기초가 형성되는 셈이다. 이 네 영역 중 하나라도 교회의 삶은 혼탁해지며 교회는 약해지게 된다.

11. 북미 개혁교단의 교회개척 매뉴얼
URCNA 교단의 공식 문서를 통해 배우는 교회개척 원리와 실천

이 책은 북미연합개혁교회(URCNA)라는 개혁교단의 교회개척 매뉴얼로서, 교회개척의 첫 걸음부터 그 마지막 단계까지 성경의 원리에 입각한 교회개척 방법을 가르쳐준다. 모든 신자는 함께 교회를 개척하여 그리스도의 나라를 확장해야 한다.

12. 아이들이 공예배에 참석해야 하는가
아이들의 예배 참석의 개혁된 실천

대니얼 R. 하이드 지음 | 유정희 옮김

아이들만의 예배가 성경적인가? 아니면 아이들도 어른들의 공예배에 참석해야 하는가? 성경은 이에 대해 무엇을 말하는가? 아이들의 공예배 참석은 어떤 유익이 있으며 실천적인 면에서 주의할 점은 무엇인가? 이 책은 아이들의 공예배 참석 문제에 대해 성경을 토대로 돌아보게 한다.

13. 신규 목회자 핸드북
제이슨 헬로포울로스 지음 | 리곤 던컨 서문 | 김태곤 옮김

이 책은 새로 목회자가 된 사람을 향한 주옥같은 48가지 조언을 담고 있다. 리곤 던컨, 케빈 드영, 앨버트 몰러, 알리스테어 베그, 팀 첼리스 등이 이 책에 대해 극찬하였다. 이 책은 읽기 쉽고 매우 실천적이며 유익하다.

14. 마음을 위한 하나님의 전투 계획
청교도가 실천한 성경적 묵상

데이비드 색스톤 지음 | 조엘 비키 서문 | 조계광 옮김

묵상하지 않으면 경건한 삶을 살 수 없다. 우리 시대에 일어나고 있는 일이 바로 이것이다. 오늘날은 명상에 대한 반감으로 묵상조차 거부한다. 그러면 무엇이 잘못된 명상이고 무엇이 성경적 묵상인가? 저자는 방대한 청교도 문헌을 조사하여 청교도들이 실천한 묵상을 정리하여 제시하면서, 성경적 묵상이란 무엇이고, 왜 묵상을 해야 하며, 어떻게 구체적으로 묵상을 실천하는지 알려준다. 우리는 다시금 이 필수적인 실천사항으로 돌아가야 한다.

15. 마크 데버, 그렉 길버트의 설교
설교의 개혁된 실천

마크 데버, 그렉 길버트 지음 | 이대은 옮김

1부에서는 설교에 대한 신학을, 2부에서는 설교에 대한 실천을 담고 있고, 3부는 설교 원고의 예를 담고 있다. 이 책은 신학적으로 탄탄한 배경 위에서 설교에 대해 가장 실천적으로 코칭하는 책이다.

16. 개혁교회 공예배
공예배의 개혁된 실천

대니얼 R. 하이드 지음 | 이선숙 옮김

많은 신자들이 평생 수백 번, 수천 번의 공예배를 드리지만 정작 예배에 대해서 제대로 이해하지 못하는 경우가 많다. 당신은 예배가 왜 지금과 같은 구조와 순서로 되어 있는지 이해하고 예배하는가? 신앙고백은 왜 하는지, 목회자가 왜 대표로 기도하는지, 말씀은 왜 읽는지, 축도는 왜 하는지 이해하고 참여하는가? 이 책은 분량은 많지 않지만 공예배의 핵심 사항들에 대하여 알기 쉽게 알려준다.

17. 존 오웬의 그리스도인의 교제 의무
그리스도인의 교제의 개혁된 실천

존 오웬 지음 | 김태곤 옮김

이 책은 그리스도인 상호 간의 교제에 대해 청교도 신학자이자 목회자였던 존 오웬이 저술한 매우 실천적인 책으로서, 이 책에서 우리는

청교도들이 그리스도인의 교제를 얼마나 중시했는지 엿볼 수 있다. 이 책은 그리스도인의 교제에 대한 핵심 원칙들을 담고 있다. 교회 안의 그룹 성경공부에 적합하도록 각 장 뒤에는 토의할 문제들이 부가되어 있다.

18. 신약 시대 신자가 왜 금식을 해야 하는가
금식의 개혁된 실천
대니얼 R. 하이드 지음 | 김태곤 옮김

금식은 과거 구약 시대에 국한된, 우리와 상관없는 실천사항인가? 신약 시대 신자가 정기적인 금식을 의무적으로 행해야 하는가? 자유롭게 금식할 수 있는가? 금식의 목적은 무엇인가? 이 책은 이런 여러 질문에 답하면서, 이 복된 실천사항을 성경대로 회복할 것을 촉구한다.

19. 네덜란드 개혁교회의 자녀양육
자녀양육의 개혁된 실천
야코부스 꿀만 지음 | 유정희 옮김

이 책에서 우리는 17세기 네덜란드 개혁교회 배경에서 나온 자녀양육법을 살펴볼 수 있다. 경건한 17세기 목사인 야코부스 꿀만은 자녀양육과 관련된 당시의 지혜를 한데 모아서 구체적인 282개 지침으로 꾸며 놓았다. 부모들이 이 지침들을 읽고 실천하면 큰 도움을 받을 수 있게 하였다. 의도는 선하더라도 방법을 모르면 결과를 낼 수 없다. 우리 그리스도인 부모들은 구체적인 자녀양육 방법을 배우고 실천해야 한다.

20. 조엘 비키의 교회에서의 가정
설교 듣기와 기도 모임의 개혁된 실천
조엘 비키 지음 | 유정희 옮김

이 책은 가정생활의 두 가지 중요한 영역에 대한 실제적 지침을 포함하고 있다. 첫째, 공예배를 위해 가족들을 어떻게 준비시켜야 하는지, 설교 말씀을 어떻게 받아야 하는지, 그 말씀을 어떻게 실천해야 하는지 설명한다. 둘째, 기도 모임이 교회의 부흥과 얼마나 관련이 깊은지 역사적으로 고찰하면서, 기도 모임의 성경적 근거를 제시하고, 그 목적을 설명하며, 나아가 바람직한 실행 방법을 설명한다.

21. 장로와 그의 사역
장로 직분의 개혁된 실천
데이비드 딕슨 지음 | 김태곤 옮김

장로는 무슨 일을 하는 사람인가? 스코틀랜드 개혁교회 장로에게서 장로의 일에 대한 조언을 듣자. 이 책은 장로의 사역에 대한 지침서인 동시에 남을 섬기는 삶의 모델을 보여주는 책이다. 이 책 안에는 비단 장로뿐만 아니라 모든 그리스도인이 본받아야 할, 섬기는 삶의 아름다운 모델이 담겨 있다. 이 책은 따뜻하고 영감을 주는 책이다.

22. 개혁교회의 가정 심방
가정 심방의 개혁된 실천
피터 데 용 지음 | 조계광 옮김

목양은 각 멤버의 영적 상태를 개별적으로 확인하고 권면하고 돌보는 일을 포함한다. 이를 위해 교회는 역사적으로 가정 심방을 실시하였다. 이 책은 외국 개혁교회에서 꽃피웠던 가정 심방의 실제 모습을 보여주며, 한국 교회 안에서 행해지는 가정 심방의 개선점을 시사해준다.